KB203729

웨스트민스터신앙고백
STUDY

I

Study by Westminster Confession of faith

장대선

고백과 문답

웨스트민스터신앙고백 STUDY I
Study by Westminster Confession of faith

초판 1쇄 인쇄   2021년 5월 18일
초판 1쇄 발행   2021년 5월 18일

저자   장대선

발행처   고백과 문답
출판신고   제2016-000127호
주소   서울특별시 영등포구 신길동 120-32, 101호
전화   02-586-5451

편집   고백과 문답
디자인   최주호
인쇄   이래아트(02-2278-1886)

ISBN   979-11-971391-4-7   93230

값 20,000원

* 이 책은 저작권법에 따라 보호받는 저작물이므로 무단 전재와 무단 복제를 금지하며,
  이 책의 내용의 전부 또는 일부를 이용하려면 반드시 저작권자와 「고백과 문답」의
  서면 동의를 받아야 합니다.

* 잘못된 책은 구입한 곳에서 바꾸어 드립니다.
* 이 책에 대한 내용이나 오탈자, 잘못된 내용의 수정 정보등은
  largoviva@gmail.com으로 연락 바랍니다.

웨스트민스터신앙고백
STUDY

I

Study by Westminster Confession of faith

책을 묶으면서

장로교인들은 항상 우리의 신앙은 이러한 것이며 '우리는 성경의 이러저러한 말씀에 따라 이러이러한 신앙을 따르기로 고백합니다.'라는 믿음의 근거로서 '신앙고백' 혹은 '신조'라고 하는 것을 교회의 모든 규범의 기초로 삼고 있으며, 그것을 질문과 답변의 형식으로 작성하여 '교리문답'이라고 하는 것을 만들어서 세례를 받는 사람과 어린 자녀들에게 가르치도록 해왔습니다.

하지만 오늘날 그토록 많은 장로교회들에서 '교리' 혹은 '신조'라는 말을 찾아보기 힘들며, 오히려 '교리적'이라는 말로서 교리에 대한 부정적 견해를 나타내는데 사용하는 것이 고작인 것 같습니다.

그러나 그러한 현실들은 너무나도 안타까운 것입니다. 모든 기존의 개념들을 해체하는 것이 보편화되어 있는 이 시대 가운데에 기독교에 무엇보다도 시급하게 요청되는 것이 바로 굳건한 신앙의 체계와 내실이기 때문입니다. 그리고 그를 위해서는 그 어느 때보다 교리의 탄탄한 기반을 각자의 신앙의 기반으로 삼는 것이 요구되고 있습니다.

본 교재는 정작 잘 모르고 있으면서도 너무도 쉽게 뒷전으로 팽개쳐진 '장로교 교리'에 대한 재정비와 올바른 신앙의 기본을 갖추기 위한 기본적 지식의 틀을 담고 있습니다. 즉, 웨스트민스터 신앙고백서에서 사용된 성경구절들을 찾아보고, 로버트 쇼, A.A. 핫지와 G.I. 윌리암슨의 해설서 등을 참고하여 그 의미를 풀어내어 이해하도록 하는 것이 이 교재를 엮어낸 방식입니다. 아무쪼록 탄탄하고 요동치 않는 신앙의 밑거름으로 이 교재가 값지게 쓰이게 되기를 소망합니다.

장대선 목사

목차

'웨스트민스터 신앙고백서'와 본 교재의 사용법

'웨스트민스터 신앙고백서'와 '대·소교리문답'은 1643년 7월 1 일부터 1649년 2월 22일까지(약 6년 8개월) 영국의 장기 의회가 영국 웨스트민스터에 소집한 의회의 상원의원 10명과 하원의원 20 명, 신학자 121명과 경건한 학자 30명의 유명한 전국적 회의에서 작성된 것이니, 기독교 역사에 있어 가장 성경적이며 공신력 있는 교리서라 할 수 있습니다. 이처럼 공신력 있는 웨스트민스터 신앙 고백서는 전 세계 대부분의 장로교회들이 장로교 헌법에 명시하고 있는 표준 신앙고백서로서, 우리나라의 장로교단들의 헌법에도 신앙의 표준으로 명시하고 있습니다.

그러나 오늘날 대부분의 장로교단들과 신자들이 웨스트민스터 신앙고백서에서 언급하고 있는 신앙의 표준을 따르는가를 생각해 보면, 한 마디로 신앙고백서 자체를 모르는 경우가 허다한 실정인 것이 현실입니다. 그러므로 본 교재는 장로교 신자들 뿐 아니라 성경적인 신앙을 견지하는 신자들이라면 누구나 성경에 대해 웨스트민스터 신앙고백서가 정리하고 있는 바를 차분하게 살펴볼 수 있게 한 학습서로써, 매 주마다 '한 주간의 정리'를 통해 일주일 분량을 복습하고, '연구 과제'를 통해서는 회중으로 함께 모여서 발표와 토의수업을 진행할 수 있도록 함으로써 실질적이고도 폭넓게 교리를 이해할 수 있도록 했습니다.

아무쪼록 이 교재가 아직까지도 생소하기만한 실정인 웨스트민스터 신앙고백서를 잘 이해하고 숙지할 수 있는 유익한 신앙과 목회의 도구로 사용될 수 있기를 희망합니다.

"신경(Creed's)과 신앙고백"

'당신은 무엇을 믿습니까?'라는 질문을 받는다고 한다면, 당신은 어떻게 대답하시겠습니까? 또한 당신이 어떤 사람에게, 그가 구원을 받으며, 기독교인의 삶을 살며, 성숙한 기독교인으로 성장하기 위해서 반드시 알아 두어야 할 사항에 대해서 대답해야 한다면 그러한 것에 대해 어떻게 말하겠습니까? 마지막으로 당신이 속한 교회의 교단이 믿는 신앙을 요약해 볼 수 있습니까?

사람이 하나님에 대하여 믿어야 할 것과 하나님께서 사람에게 요구하시는 의무는 모두 성경에서 계시되었으며, 그 계시는 모두 믿어야 하며 순종해야 한다는 것이 웨스트민스터 신앙고백서 1장의 내용인데, 모든 장로교회들과 대부분의 기독교회들은 이러한 내용에 동의합니다. 그런 점에서 이 하나님의 말씀(성경)은 모든 교리의 유일한 표준이며, 사람의 양심에 대해서 고유한 구속력을 가진 유일한 권위가 되는 것입니다. 그러므로 모든 표준들은 오직 성경이 가르치는 것을 가르치는데 정비례해서 그 가치와 권위를 지니는 것입니다.

분명 성경이 하나님에게서 왔음을 우리들은 믿습니다. 물론 일부 기독교인들과 많은 수의 불신자들이 성경을 하나님의 말씀이라기보다는 특별한 신앙 혹은 뛰어난 사상을 기록한 인간의 저작물로만 인정하기도 하지만, 대부분의 기독교인들에게 성경이 하나님의 말씀이라는 것은 기정사실입니다. 하지만 그 해석은 표면적으로 사람이 하는 것입니다. 그러므로 우리는 성경의 각 부분을 힘자라는 대로 잘 해석하고, 성경이 각 문제에 대해서 가르치는 것을 결합해서 서로 일치되는 전체를 이루고, 다음에 여러 가지 문제들에 대한 가르침이 서로 조화를 이루는 체계를 얻어야 할 것입니다.

그런데 그러한 해석에 있어서 기독교회가 역사 가운데서 오래도록 노력해 자세히 진리를 밝히고 표현한 것들에서 도움을 받기를 원하지 않는 개인이 있다면, 그는 자기의 지혜만으로 자기의 신경(Creed's)을 작성하게 될 것입니다. 흔히 그러한 입장을 '주관주의'라 하고 조금 더 부정적으로는 '이단'이라고 합니다만, 그럴 경우에 진정한 문제는 하나님의 말씀과 사람의 신경 사이에 있는 것이 아니라, 하나님의 백성이 집단적으로 시험해서 증명을 얻은 신앙과, 그러한 것들을 부정하는 개인 신자의 자기만의 사사로운 판단과 지혜 사이에 있는 것입니다.

기독교회가 성경을 정확히 해석하며, 성경에 계시된 진리체계를 구성하는 위대한 교리들을 정의하는 일은 점차적으로 또한 아주 느린 속도로 진행됐습니다. 그리고 그처럼 점차적으로 복음의 진리를 분명히 식별하게 됨에 따라 교회는 각각의 시대에 분명하게 얻은 결과들을 '신경' 또는 '고백'(Confession)의 형식으로 정확하게 표현해서, 진리를 보존하며 가르치는데 사용했습니다. 그러므로 기독교회는 자기보존의 대원칙(진리의 사수)을 따라 모든 개개의 교리들을 정확하게 규정하여 잘못 전해진 것들을 낱낱이 밝히고, 모든 오류들을 제거하며, 진리 전체를 잘 포함하도록 했는데, 특히 자녀들을 가르치기 위한 표준문서를 작성해서 공적 권위를 부여하고 인증하여야만 했습니다. 그러므로 신경들과 고백서들은 교회의 모든 시대와 모든 교파에 필요했고, 악용하지만 않으면 다음과 같은 목적들에 도움이 되는 것이니, (1) 기독교의 진리를 알게 된 것을 표시하며 전파하며 보존하는데, (2) 거짓 교사들의 곡해와 진리를 구별해서 순수하고 균형이 있게 제시하며, (3) 서로 간의 견해가 접근해서 조화된 협력을 할 수 있는 사람들의 교제의 기초가 되며, (4) 새신자 및 자녀들을 가르치는 중대한 일의 수단으로 사용될 수 있는 것입니다.

웨스트민스터 신앙고백서의 구조

■ 성경론

웨스트민스터 신앙고백서의 시작이 성경론으로 시작하는것은 이후의 모든 교리체계의 근거가 성경에 있음을 나타냅니다. 즉, 신앙이란 우리의 인식의 문제가 아니라 하나님의 특별한 계시로서의 성경에서 시작되는 것입니다.

· 제1장 성경

■ 신론 (하나님과 그의 사역)

성경이 하나님의 특별한 계시임을 고백하는 바탕 가운데서 비로소 우리들은 스스로에 대해 알리신 하나님에 대한 지식을 쌓을 수 있게 되는데, 하나님의 작정과 섭리에 대한 이해의 출발은 철저히 하나님이 어떤 분이신지를 아는 것에서 비로소 믿을 수 있는 특성을 지닙니다.

· 제2장 하나님과 삼위일체
· 제3장 하나님의 영원한 작정(作定)
· 제4장 창조
· 제5장 섭리

■ 인간론 & 기독론 (인간의 죄와 중보자 예수 그리스도)

성경 가운데서 하나님이 어떤 분이시며 그가 율법을 통해 우리에게 요구하시는 바가 무엇인지를 아는 바탕에서 우리는 인간 자신에 대해 알게 되며, 그러한 인간이해를 바탕으로 그리스도께서 우리에게 어떠한 분으로 오신 것인지에 대한 앎과 그로인한 위로를 이해할 수 있습니다.

· 제6장 인간의 타락, 범죄, 형벌
· 제7장 인간에게 대한 하나님의 언약(言約)
· 제8장 중보자 그리스도
· 제9장 인간의 자유의지

■ 구원론 (성령과 구원사역)

그리스도에 대한 이해를 바탕으로, 그의 위로와 유익, 그리고 구원이 우리들에게 구체적으로 어떻게 적용되며 실재가 되는지를 이해하며, 궁극적인 구원에 대한 이해를 갖게 됩니다.

· 제10장 효과적인 부르심(소명)
· 제11장 칭의(稱義)
· 제12장 양자(養子)됨
· 제13장 성화(聖化)
· 제14장 구원에 이르는 믿음
· 제15장 생명에 이르는 회개

· 제17장 성도의 궁극적 신앙(성도의 견인)
· 제18장 은혜와 구원의 확신

■ 성도의 신앙생활

구원론까지가 우리 신앙에 대한 이해의 단계인데 반해 제16장 부터는 그러한 이해를 바탕으로 우리가 어떤 행실 가운데서 살아 갈 것인지를 다룹니다. 우리의 행실은 구원과 직접적인 관련이 있 는 것이 아니라, 성화 가운데서의 삶의 유익과 직접적으로 관계 가 있습니다.

· 제16장 선행
· 제19장 하나님의 율법
· 제20장 기독신자의 자유와 양심의 자유
· 제21장 예배와 안식일
· 제22장 합법적인 맹세와 서원
· 제23장 국가의 위정자
· 제24장 결혼과 이혼

■ 교회론 (비가시적 교회와 가시적 교회)

교회의 본질적이며 비가시적인 특성은 모두 제1~18장의 지식 을 바탕으로 하며, 가시적이며 실제적인 특성은 제 16~24장 가운 데서 구체적으로 드러나는 기본적인 특징을 가집니다.

■ 종말론 (최후의 상태와 심판)

앞선 모든 신앙고백의 내용들은 우리들 스스로 이해하고 깨달은 것이 아니라, 성경 가운데서, 그리고 하나님의 주권 가운데서 우리에게 주어진다는 사실이 하나님의 절대적인 주권의 영역으로 분명하게 들어나는 종말론 가운데서 명료해 집니다. 모든 역사는 우리가 지닌 믿음으로가 아니라 하나님의 주권으로 완성되는 성격입니다.

웨스트민스터 신앙고백서의 중요한 특성은, 모든 신앙고백의 체계가 '신론'에 대한 철저한 이해를 바탕으로 서술된다는 점입니다. 그리고 그처럼 중요한 바탕이 되는 신론은 개인적인 이론(철학적 인식론)으로서의 하나님에 대한 지식이 아니라, 오직 하나님께서 자신에 대해 계시하신 '성경'만을 근거로 한다는데 그 핵심이 있습니다. 그러므로 제1장에서 다루는 성경에 대한 믿음과 이해가 없이는 이후의 신론과 나머지 모든 교리체계에 대한 바른 이해와 깨달음이 불가능합니다. 한마디로 우리의 신앙고백서는 철저히 성경을 근거로 하는 하나님 중심의 신앙고백서입니다.

Chapter 1

성경에 관하여

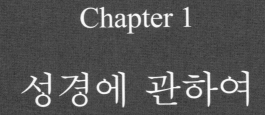

제1조

비록 자연(본성)의 빛과 창조하시고 섭리하시는 일들이 하나님의 선하심과 지혜와 권능을 나타내어 사람으로 핑계치 못하게 하나,…. 그것들은 하나님과 그 뜻을 알아 구원에 이르게 하는 지식을 충분히 드러내 주지 못한다. 그러므로 하나님은 그 기쁘신 뜻대로 여러 부분과 여러 가지 모양으로 자신을 드러내시고 그의 뜻을 그의 교회에 선포하시고 후에는 그것을 전체로 기록하게 하셨으니 이는 진리를 잘 보존하고 전파하며 이 세상과 사탄의 공격과 육신의 부패에서 교회를 보호하여 확고히 세우시고 평안케 하려는 것이다. 성경은 가장 요긴한 것이 되었으니, 이는 자기 백성에게 자기의 뜻을 드러내시는 하나님의 옛 방법이 지금은 그쳤기 때문이다.

요점 1

"비록 자연의 빛(본성의 빛)과 창조하시고 섭리하시는 일들이 하나님의 선하심과 지혜와 권능을 나타내어 사람으로 핑계치 못하게 하나"

↪ 자연의 빛, 창조하시고 섭리(보존과 통치)하시는 일들이 하나님의 선하심과 지혜와 권능을 나타낸다.

◆ ◆ ◆

1. 계시(啓示)란 무엇이라고 생각하십니까? [1]

■ '계시'라는 용어에는 가려진 것을 벗긴다는 의미가 내포되어 있습니다. 그러므로 '계시'라는 것은 처음부터 가렸던 분이 그 가린 것을 벗길 때에 비로소 가능한 성격입니다. 즉 하나님에 대해서는 기본적으로 하나님 자신이 스스로를 알리시기 전에는 우리에게 있는 본성으로 알지 못하는 것입니다.

2. 그러한 계시에는 일반적인 것과 특별한 것이 있으니, 이를 각각 (   )계시와 (   )계시라 합니다.

3. 자연(혹은 본성)의 빛, 창조하시고 섭리하시는 일들(보존과 통치)이란, 계시의 두 종류 중 어떤 계시를 말할까요?

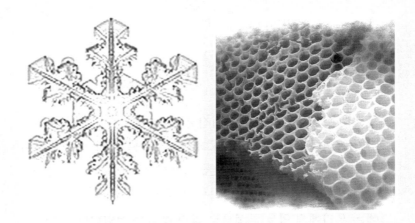

눈의 결정체와 벌집의 육각형 구조 : 육각형은 자연의 도형 가운데 가장 효율적이면서도 안정적인 도형으로서 눈의 결정이 갖는 구조나 벌집의 형태는 그 구성과 구조에 있어서 최적의 구조라고 합니다. 이 밖에도 소금평원에서 소금 결정지가 형성될 때의 구조나 비누거품들이 모인 구조 역시 전체적인 조직에 있어서 육각형 구조를 이룸으로써 가장 효율적으로 운집한 것을 볼 수가 있습니다. 이러한 자연의 질서를 통해서 우리는 창조주이신 하나님이 계심을 직관할 수가 있습니다.

적혈구의 구조 : 적혈구의 모양을 보면 둥그런 원반모양으로 가운데가 오목한 구조를 지니고 있습니다. 이는 가장 단순하면서도 표면적을 가장 넓게 할 수 있어, 혈액 중의 산소와 최대한 넓게 접촉하여 체내에서 원활하게 산소를 공급할 수 있습니다. 이처럼 자연은 무질서한 것이 아니라 아주 정교한 질서 체계가 숨어 있는 것을 볼 수 있습니다.

4. 그러한 계시(본성의 빛, 창조와 섭리)는 어떤 목적을 갖는 것이라 생각합니까? [2]

5. 그러한 계시가 드러내고 있는 사실은 무엇일까요? [3]

　- 참조: 시 19:1~4절, 롬 1:19~21,32절, 롬 2:1,14,15절

6. 일반계시의 대상은 (　　　　　　　　　) 입니다. [4]

7. 특별계시의 대상은 (　　　　　　　　　) 입니다. [5]

■ 하나님께서는 "본성의 빛과 창조하시고 섭리하시는 일들"을 통해 모든 사람에게 "하나님의 선하심과 지혜와 권능을 나타내"셨습니다. 바로 그러한 계시들을 배경으로 모든 사회와 문화마다 각양의 종교가 기원하게 된 것입니다.

◀ 왕의 판결모습을 새긴 상단부

◀ 법조문이 새겨진 하단부의 일부

함무라비 법전 : 기원전 1750년 무렵에 바빌로니아의 함무라비 왕이 제정한, 세계에서 가장 오래된 성문법전으로, 282조의 법조문이 약 2.25미터의 원주형 현무암에 설형 문자로 새겨져 있습니다. 이 법전의 배경이 된 것은 수세기 동안 문명사회를 이루고 살아온 수메르인들의 법체계로서, 현존하는 원전은 셈어에 속하는 아카드어로 되어 있습니다. 이와 유사한 법전이나 법조문들은 어느 사회에나 고래로부터 존재해 왔으며 그것은 인간사회를 정의롭고 평화롭게 유지시키는 기본적이고도 중요한 틀을 제공합니다. 그렇다면 이러한 법과 질서는 언제부터, 그리고 누구에 의해 시작된 것일까요? 함무라비 법전은 그것이 얼마나 오래 전부터 있어왔는지를 반증하고 있어서 고대사회는 법과 질서에 있어서 무질서했을 것이라는 막연한 현대의 추측을 완전히 깨뜨려 버립니다.

바빌로니아의 이쉬타르 문 : 고대 바빌로니아(기원전 6~7세기)의 이쉬타르 문을 복원한 것으로 화려한 색채와 문양 및 전체적인 디자인 등은 당시의 고도로 발달된 예술적 감각을 보여줍니다. 그런데 대부분의 문명들이 만들어 낸 예술과 문화는 대부분 신전(神殿)을 중심으로 하고 있음을 볼 수 있으며, 그러한 종교적 건축물을 중심으로 하지 않는 문명은 찾아보기 어렵습니다. 즉 인간 사회에서 종교는 항상 있었으며, 특히 고대사회에 있어서는 중심적인 위치에 있었던 것입니다.

■ 그러나 우리들이 살고 있는 현대의 사회는 종교에 있어서 뿐 아니라 모든 면에서 다원화된 사회를 이루고 있습니다. 따라서 기독교는 사회에 존재하는 많은 종교들 가운데 한 종교로서 인식되고 있는 것이 엄연한 현실입니다. 그러므로 자연의 빛과 창조, 그리고 섭리의 일들에 대해서도 기독교적으로 이해하고 해석하는 것만이 아니라 다양한 문화와 관점에 따라 이해하고 해석하는 것이 보편적인 상식을 이루고 있는 것입니다.

요점 2

"그것들은 하나님과 그 뜻을 알아 구원에 이르게 하는 지식을 충분히 드러내 주지 못하며"

↪ 자연의 빛, 창조하시고 섭리(보존과 통치)하시는 일들이 하나님의 선하심과 지혜와 권능을 나타내어 사람으로 하여금 그러한 것에 대해 모른다고 핑계하지 못하게 하지만, 그것들은 구원에 이르게 하는 지식을 충분히 드러내 주지 못한다.

8. 위 요점이 전제하는 구원의 수단은 무엇일까요? [6]

9. 자연의 빛과 창조와 섭리의 일들이 계시의 목적을 지니고 있음에도, 왜 구원에 관해 충분히 드러내지 못할까요? [7]

– 참조: 고전 1:21절, 2:13~14절

10. 그렇다면 자연계시 혹은 일반계시의 불충분성은 그것 자체의 불충분하기 때문입니까? [8]

11. 그렇다면 일반계시의 불충분함이란 어떤 의미일까요? [9]

■ 하나님께서는 신자들만이 아니라 불신자를 포함한 모든 천지만물들을 창조하시고 주관하시기 때문에, 자신을 계시함에 있어서도 신자 뿐 아니라 모든 사람들에게 동일하게 계시하셨습니다. 그러므로 아무도 하나님을 모른다고 핑계할 수가 없습니다. 자연의 경이로움과 그에 경탄하는 양심의 소리(20쪽 그림 참고)는 항상 하나님의 존재하심에 대해 알려주기 때문입니다. 비록 불완전한 것으로나마 여러 종교들이 있는 것도, 사실은 그러한 하나님의 일반적인 계시들로 말미암은 것입니다. 한마디로 많은 사람들이 일반계시 가운데서 하나님의 존재를 인식하지만, 하나님을 구체적으로 혹은 올바르게 알아 하나님께 영광을 돌리는 것이 아니므로, 자신들의 심판 가운데서 하나님의 계신 사실을 몰랐기 때문에 하나님께 영광을 돌리지 않은 것이지 하나님께서 계신 것을 알았더라면 그렇지 않았을 것이라고 핑계할 수 없는 것입니다.

알버트 아인슈타인(1879~1955)

 ■ 그는 유명한 상대성 이론의 주창자로서 자연의 원리들을 탐구하는 과정에서 '우주 종교'라는 과학적 탐구를 바탕으로 한 범세계적인 종교를 주창하기도 했던 인물입니다. 그가 말년에 이르러 소위 '만물의 이론'(Theory of Everything)이라는 것을 증명하기 위해 노력한 것은 이러한 그의 종교심에 기인하는 것이기도 한데, 끝내 그는 만물의 이론을 마무리 하지 못하고 사망했습니다. 우주에 대하여 심오한 통찰을 지닌 그였지만, 우주를 통하여 그는 인격적인 신도 없고 교리도 없는 종교적 감수성만을 발견할 뿐이었던 것입니다. 그에 따르면 미개한 민족에게 신앙심을 일으키는 것은 두려움이며, 그 다음 단계의 종교는 성경에서 볼 수 있는 도덕의 종교이고 제3단계의 종교는 종교적 체험의 종교인 '우주 종교'라 하였는데, 그것은 막연하고 주관적인 자연 종교였습니다. [10]

일반적으로 불교, 현대의 가톨릭 등 대부분의 종교들은 수행과 자연에 대한 경외가 중요한 줄거리(그래서 두 종교가 그렇게 친숙해졌는지도 모르겠습니다만)이지만, 기독교와 이슬람은 철저히 경(經)에 복종하는 신앙체계라는 점에서 여타의 종교들과 중요한 구분이 있습니다. 그러나 이슬람의 코란은 역사 가운데서 비교적 후기의 경전에 속하며, 성경은 오히려 태초에까지 소급되는 유래를 가집니다. 무엇보다도 성경은 시간의 역사 이전부터 영원토록 계시는 창조주 하나님에게서 유래하는 독특성이 있습니다. 그러므로 기독교가 점차 성경을 벗어나서 소위 말하는 '영성'을 추구하여 자연종교화하거나, 세속화 되는 것은 그 본질을 상실해 버리는 양상인 것입니다.

요점 3

"그러므로 하나님은 그 기쁘신 뜻대로 여러 부분과 여러가지 모양으로 자신을 드러내시고 그의 뜻(계시의 성격)을 그의 교회(계시의 대상)에 선포하시고 후에는 그것을 전체로 기록하게 하셨다"

↳ 자연의 빛, 창조하시고 섭리(보존과 통치)하시는 일들이 구원에 이르게 하는 지식을 충분히 드러내주지 못하므로 하나님께서는 하나님 자신의 기뻐하시는 의지대로 (특별히) 자신을 드러내시고 그의 뜻을 선포하시고 그의 뜻 전체를 기록하게 하셨다.

12. 위의 요점에서 전제하는 계시의 종류는 무엇일까요? [11)]

■ 자연은 하나님께서 쓰신 방대한 분량의 서적과도 같습니다. 그 안에는 하나님의 선하심과 지혜로우심, 곧 "그의 능력과 신성"(롬1:20)을 알만한 것들을 방대하게 포함하고 있습니다. 그러나 이미 앞에서 언급하였던 바와 같이 사람은 (그들의 조상 아담의 타락으로 말미암아) 자연에 기록된 그와 같은 정보들을 읽을 수가 없습니다.* 그러므로 하나님께서는 그러한 자연의 과정

---

* 인간이 타락하기 이전에는 초자연 계시(혹은 특별계시)가 없었다고 볼 수는 없습니다. 인간이 타락하기 이전에도 하나님께서는 자연으로뿐 아니라 말씀하심으

을 친히 간섭하시는 초자연적인 방법으로, 하나님 자신에 대하여 그리고 하나님 자신의 뜻을 알리셨습니다.

13. 여기서 **"여러 부분과 여러 가지 모양"**이란 무엇을 말하는 것일까요? [12]

- 참조: 히 1:1절

14. 한편, **"그의 뜻을 그의 교회에 선포하시고"**라고 하였는데, 그렇다면 처음 3,000년 동안에도 교회가 있었고, 그 교회에서 하나님께서 말씀하신 내용들이 선포되었다는 말입니까? [13]

- 참조: 잠2 2:19,21절

15. 그러면 **"후에는 그것을 전체로 기록하게 하셨"**다는 말은 어떤 것을 언급하는 말일까요? [14]

- 참조: 잠 22:20절, 사 8:20절, 마 4:4,7,10절

로(대표적으로 선악과 금지명령−창2:15~17절−) 자신을 계시하셨습니다. 즉 동물들의 본질을 통찰하여 이름을 지어줄 만큼 자연만물에 드러난 하나님의 지혜를 분별할 수 있었지만, 구원에 관계된 행위 계약(선악과 금지의 명령을 순종하는 것을 조건으로 하는)은 하나님의 특별계시(顯現과 말씀하심)를 통해서 비로소 알 수 있었습니다.

16. 그렇다면 여러 부분과 여러 가지 모양으로 드러내신 하나님 자신과 그의 뜻은 최종적으로 어디에서 파악할 수 있을까요? [15]

■ 우리들은 하나님께서 자기 자신을 얼마만큼 다양한 방법으로 알리셨는지에 대해 거의 실감하지 못하는 가운데 있지만, 사실 하나님께서는 그 창조하신 피조세계와 그에 대한 직관을 통해서 뿐 아니라 초자연적이고도 특별한 방식으로도 자신을 알리셨으며, 더욱 특별하게 이를 기록하도록 하시어서 객관적으로 확실하게 자신을 알리셨으니, 바로 그것이 계시로서의 '성경'입니다.

그런데 우리의 신앙고백서는 이처럼 특별한 것으로서의 성경 계시의 성격을 잘 정의하여 고백하고 있으니, 하나님께서는 그야말로 모든 방법들을 통해서 자기 자신을 충분히 알리셨을 뿐 아니라, 더욱 특별하고도 확실하게 성경으로 기록토록 하시어서 이를 통해 가장 확실하고도 분명하게(인간의 종교심으로 알기 어려운 하나님 자신의 속성(屬性)들까지) 하나님을 알도록 하셨다고 했습니다.

요점 4

"이는 진리를 잘 보존하고 전파하며 이 세상과 사탄의 공격과 육신의 부패에서 교회를 보호하여 확고히 세우시고 평안케 하려는 것이다"

 (하나님께서는 일반계시를 통하여서 자신을 알리셨다. 그러나 타락한 인간은 일반 계시를 제대로 읽지 못할 뿐 아니라 하나님의 뜻에 관하여는 더욱 알지 못하므로 초자연적이며 특별한 계시를 사용하시어서 자신을 알리실 뿐 아니라 자신의 뜻을 알리셨다. 그리고 그 계시의 내용을 기록하도록 하셨다.) 그것은 이미 분명하게 계시된 내용을 진리로 잘 보존하고 이미 분명하게 계시된 내용만을 전파하며, 그럼으로써 이를 흐트러뜨리려는 이 세상과 사탄의 공격에 대비하고 우리 자신의 영적인 타락과 부패로 말미암아 그 분명한 내용을 잃어버리지 않도록 하시어 진리에 근거하여 모인 교회가 또한 진리 위에 확고히 거하며 그 위에서 평안하도록 하시려는 목적에서 그렇게(특별계시의 내용을 기록하도록) 하신 것이다.

◆ ◆ ◆

17. 일반계시의 대상이 (   )¹⁶⁾ 인류라고 한다면 특별 계시의 대상은 오직 (   )¹⁷⁾에 속하는 (   )¹⁸⁾ 택함을 입은 백성들에 한정된 것이다.

18. 롬 15:4 말씀에 따르면 택함을 입은 백성들에게 특별계시
(성경)를 주신 목적은 무엇인가요?

- 참조: 사 8:19절, 잠 22:21절

■ 자연만물과 이성이 모든 인류에게 하나님을 계시하지만,
하나님의 백성들에게는 특별히 성경을 통해 하나님을 분명히
알게 하셨습니다. 그리고 이를 통해서 하나님께서는 하나님의
진리가 분명하고도 확실하며 가장 효과적으로 전파되게 하셨
을 뿐 아니라, 더욱 이러한 진리로 교회를 세우시고 보호하십
니다.*

* 이러한 성경의 특성 가운데서 우리들은 사단의 공격하여 우리에게서 빼앗으려고
하는 것이 성경의 '진리'이며, 교회는 진리의 터요 기둥으로서의 교회의 성격과 성
경의 진리를 잘 지켜나가는 것을 통해 사단을 대적할 수 있는 것을 깨닫게 됩니다.

요점 5

"성경은 가장 요긴한 것이 되었으니 이는 자기 백성에게 자기의 뜻을 드러내시는 하나님의 옛 방법이 지금은 그쳤기 때문이다."

 (하나님께서는 일반계시를 통하여서 자신을 알리셨다. 그러나 타락한 인간은 일반계시를 제대로 읽지 못할 뿐 아니라 하나님의 뜻에 관하여는 더욱 알지 못하므로 초자연적이며 특별한 계시를 사용하시어서 자신을 알리실 뿐 아니라 자신의 뜻을 알리셨다. 그리고 그 계시의 내용을 기록하도록 하셨다.) 그러므로 이제 성경은 하나님에 대하여서와 하나님의 뜻에 관하여 가장 명백하게 알리는 도구가 된 것이다. 그런고로 하나님의 백성들에게 하나님 자신의 뜻을 알리시는데 사용하셨던 옛 방법들(하나님의 출현, 음성, 꿈, 환상, 우림과 둠밈, 선지자들에게 주신 영감 등)을 또다시 사용하시어 자신의 뜻을 드러내실 필요가 없는 것이다. ※제6절 참조.

◆ ◆ ◆

19. 이제 역사(과거와 현재와 미래) 가운데서 하나님과 하나님의 뜻을 알리는 가장 유용한 도구는 무엇입니까? [19]

20. 가장 유용한 도구(방법)가 되었다는 말은 필연적으로 옛방법 (도구)이 어떻게 되었다는 말일까요? [20)]

■ '세 종교 이야기'라는 책이 출판된 적이 있는데, 그 책은 기독교와 유대교 그리고 이슬람에 대한 일종의 문화적 이해를 맥락으로 하여 쓰인 책입니다. 서문에서부터 비교적 조심스럽게 세 종교에 대해 소개하면서 각각의 종교가 공존할 수 있는 방안을 모색하는 가운데 유사성과 차이를 언급하는데, 그러한 접근은 어느 정도 종교적 다원성을 인정하는 배경으로만 가능한 것이며 실제적으로는 성립하기 어려운 주제입니다. 사실 기독교를 어떤 종교로 이해하는지에 따라서는 나머지 두 종교의 존립 자체가 어려운 것을 생각해 볼 수 있습니다. 흔히 기원후 1세기에 비로소 기독교가 시작된 것처럼 생각하기가 쉽지만 기독교는 기원후 1세기가 아니라 이미 태초에 에덴동산에서부터 시작된 종교라 할 수 있으며, 그런 만큼 유일한 종교란 기독교 외에 없습니다. 유대교는 히브리서에서 언급하는 바와 같이 예수 그리스도의 속죄를 거절하는 의미에서 구약을 오용하는데 머무른 종교이고, 이슬람은 예수 그리스도의 속죄로 말미암아 완성된 구속을 거절하는 의미에서 성경 전체를 오용하는 새로운 종교인데 비해, 기독교는 창세기에서부터 요한계시록까지의 성경 전체를 가로질러 예수 그리스도 안에서 완성된 모든 구속의 은혜를 따르는 참된 종교입니다.

그런데 이러한 구별은 성경에 대한 각각의 종교가 갖는 입장을 통해서 명백하게 되는데, 유대교는 신약성경을 인정하지 않고 모세오경을 비롯한 구약성경과 그 외의 유대문학서(미드라쉬, 탈무드)를 정경으로 하며 이슬람은 꾸란만을 정경으로 삼는데 비해, 기독교는 구약과 신약 66권만을 정경으로 합니다. 그러므로 웨스트민스터 신앙고백서 제1장 성경에 관한 본문 제2절에서는 기독교에서 정경으로 인정되는 66권의 성경들을 구약과 신약으로 각각 나누어 나열해 두고 있는 것입니다. 웨스트민스터 신앙고백서 제1장 제2절에서 언급하는 구약목록은 쿰란문서 등의 구약 사본들과 역본들을 근거로 하는 것으로, 이에 근거해서 유대교와 로마 가톨릭은 모두 정경적인 정당성을 가질 수가 없습니다.

한편, 웨스트민스터 신앙고백서 제1장 제1절의 말미에서 "…이는 자기 백성에게 자기의 뜻을 드러내시는 하나님의 옛 방법이 지금은 그쳤기 때문이다."라는 문구를 볼 수가 있는데, 바로 이 문구에 의해 이슬람의 경전인 꾸란 역시 그 존립이 불가하게 됩니다. 즉, 기원후 6세기에 무함마드가 받았다는 계시를 근거로 하는 꾸란은 "자기 백성에게 자기의 뜻을 드러내시는 하나님의 옛 방법(꿈, 환상, 비전 등)이 지금은 그쳤기 때문"이라는 문구에 근거해 하나님의 말씀인 정경으로 인정할 수 없는 것이라는 점에서 그 존립근거가 상실되는 것입니다. 따라서 웨스트민스터 신앙고백서 제1장 제2절은 곧장 정경에 포함되는 성경의 목록들을 나열하여 기록하고 있습니다. 이처럼, 바른 교리의 내용을 숙지하고 이해하는 것은 분명한 신앙의 근거와 틀을 가지도록 함으로써 참과 거짓에 대해서 분명한 위치와 입장을 가지도록 하여 흔들리지 않는 분명한 신앙의 입지(히 12:18-29절 참조)에 서도록 하는 것입니다.

제2조

성경 혹은 기록된 하나님의 말씀이라 하면 신구약에 들어 있는 책 전부를 가리키는데 그것은 다음과 같다.

구약:

창세기	열왕기상	전도서	오바댜
출애굽기	열왕기하	아가	요나
레위기	역대상	이사야	미가
민수기	역대하	예레미야	나훔
신명기	에스라	예레미야애가	하박국
여호수아	느헤미야	에스겔	스바냐
사사기	에스더	다니엘	학개
룻기	욥기	호세아	스가랴
사무엘상	시편	요엘	말라기
사무엘하	잠언	아모스	

신약:

마태복음	고린도후서	디모데전서	베드로후서
마가복음	갈라디아서	디모데후서	요한일서
누가복음	에베소서	디도서	요한이서
요한복음	빌립보서	빌레몬서	요한삼서
사도행전	골로새서	히브리서	유다서
로마서	데살로니가전서	야고보서	요한계시록
고린도전서	데살로니가후서	베드로전서	

이 모든 성경은 하나님의 감동으로 된 것으로 신앙과 생활의 규칙이다(이 모든 책들은 믿음과 생활의 규범이 되도록, 하나님의 영감으로 주신 것이다).

※제6절 참조

요점 1

"완결된 성경(정경)은 구약성경과 신약성경의 두 부분으로서 나열한 모든 책들이 포함된다."

⮑ 성경은 구약, 즉 옛 시대의 은혜의 언약과 신약, 즉 새로운 시대의 은혜의 언약으로서 이 모두는 다른 것이 아니라 한 하나님의 말씀이다.

◆ ◆ ◆

21. 위의 요점에서는 "완결된 성경"이라 했는데, 그 말은 이제 더 이상 추가로 성경을 쓸 수 없다는 말입니까? 21)

22. 위의 사실과 관련하여서 계 22:18~19절 말씀은 어떻게 기록하고 있습니까? 22)

23. 그런 성경은 크게 두 부분으로 나누어 각각 (   )과 (   )으로 분류할 수 있습니다 23)

■ 우리들이 살아가고 있는 시대의 기독교 신앙은 '하나님의 계시'에 대한 많은 혼란 가운데 처해있습니다. 그러한 혼란 가운데서도 하나님의 특별한 계시가 지금도 계속되고 있다는 생각이 대표적인 것입니다. 그렇지만 '계시'라는 것은 기본적으로 하나님께서 자기 스스로를 알리시는 것이며, 그처럼 알리고자 하시는 바를 역사(구약의 역사와 신약의 역사) 가운데 이미 충분히 드러내시고 이를 기록토록 하셨으니, 우리들은 이제 최종적으로 기록하신 '성경'을 통해서 하나님을 가장 잘 알 수가 있는 것입니다.

한 주간의 정리

1. 하나님께서 인간의 타락 이전부터 우리에게 자기 자신을 알리신(계시) 두 가지 측면이 무엇인지를 대답하고, 이에 관해 함께 나눠 봅시다.

2. '성경'은 위에서 언급한 두 가지 측면 가운데 어디에 속하며, 그 기능과 특성은 무엇인지를 함께 논의해 봅니다.

3. 타락하기 전의 인간은 성경 이외에서도 충분히 하나님에 대해 알 수가 있었습니까? 그 이유는 무엇입니까?

4. 타락 이후로도 인간은 성경 이외에서도 충분히 하나님에 대해 알 수가 있습니까? 그 이유는 무엇입니까?

5. 지금도 우리들은 하나님에게서 계시를 받아, 그것을 기록하여 성경에 포함시킬 수가 있습니까? 그 이유는 무엇입니까?

6. 위의 다섯 가지 질문들에 대한 답변의 근거를 웨스트민스터 신앙고백 제1장 제1절과 제2절에서 찾아서 그 문구의 의미를 함께 토의해 봅니다.

연구 과제

1. '하나님의 형상'으로서의 인간에 대해 설명하고 그러한 형상
   의 타락 전과 후의 변화, 그리고 그러한 가운데서의 계시(두
   가지의 계시)에 대해 설명합니다.

2. 구약 정경과 신약 정경을 설명하고, '외경'(Apocrypha)과 '위
   경'에 대해 설명합니다.

3. '과학'과 '성경'과의 관계를 설명해 봅니다.

요점 2

"신앙과 생활의 규칙(표준)은 하나님의 감동으로 된 성경이다."

↪ 성경은 하나님의 감동으로 기록된 것인 만큼 신앙과 생활의 가장 중요한 규칙이자 표준이다.

◆ ◆ ◆

24. 성경이 우리들의 신앙과 생활의 규칙(표준)인 근거는 무엇일까요? [24]

25. 성경이 우리들의 신앙과 생활의 규칙(표준)이라는 말은 실제적으로 무엇을 의미할까요? [25]

■ 우리의 신앙고백서에서는 신앙에 있어서 성경이 부수적인 자리가 아니라 절대적인 자리에 있습니다. 우리의 모든 신앙과 생활의 원리와 근거가 바로 성경에 있으며, 우리의 신앙고백도 철저히 성경에 근거해서만 그 정당성을 주장할 수 있기 때문입니다. 한마디로 우리들은 개인 신앙에 있어서 뿐 아니라 더욱 공적인 신앙에 있어서 더욱 성경을 바탕으로 하는 신앙의 풍토가 절실히 요구되는 것입니다.

그러나 우리시대의 현실들을 보면 성경과는 동떨어진 것들이 너무도 많습니다. 따라서 우리들이 그러한 시대를 거스르고 개혁하는 방향 또한 성경이어야 마땅한 것입니다. 즉 우리들의 모든 삶이 성경에 충실한 삶과 태도여야 마땅한 것입니다.

■ 웨스트민스터 신앙고백서 제1장 제1-2절의 의미에 관해

흔히 기원후 1세기에 비로소 기독교가 시작된 것처럼 생각하기가 쉽지만 기독교는 기원후 1세기가 아니라 이미 태초에 에덴동산에서부터 시작된 종교라 할 수 있으며, 그런 만큼 유일한 종교란 기독교 외에 없습니다. 유대교는 히브리서에서 언급하는 바와 같이 예수 그리스도의 속죄를 거절하는 의미에서 구약을 오용하는데 머무른 종교이고, 이슬람은 예수 그리스도의 속죄로 말미암아 완성된 구속을 거절하는 의미에서 성경 전체를 오용하는 새로운 종교인데 비해, 기독교는 창세기에서부터 요한계시록까지의 성경 전체를 가로질러 예수 그리스도 안에서 완성된 모든 구속의 은혜를 따르는 참된 종교입니다.

그런데 이러한 구별은 성경에 대한 각각의 종교가 갖는 입장을 통해서 명백하게 되는데, 유대교는 신약성경을 인정하지 않고 모세오경을 비롯한 구약성경과 그 외의 유대문학서(미드라쉬, 탈무드)를 정경으로 하며 이슬람은 '꾸란'만을 정경으로 삼는데 비해, 기독교는 구약과 신약 66권만을 정경으로 합니다. 그러므로 웨스트민스터 신앙고백서 제1장 성경에 관한 본문 제2절에서는 기독교에서 정경으로 인정되는 66권의 성경들을 구약과 신약으로 각각 나누어 나열해 두고 있는 것입니다. 웨스트민스터 신앙고백서 제1장 제2절에서 언급하는 구약목록은 쿰란문서 등의 구약 사본들과 역본들을 근거로 하는 것으로, 이에 근거해서 유대교와 로마 가톨릭은 모두 정경적인 정당성을 가질 수가 없습니다.

한편, 웨스트민스터 신앙고백서 제1장 제1절의 말미에서 "…이는 자기 백성에게 자기의 뜻을 드러내시는 하나님의 옛 방법이 지금은 그쳤기 때문이다."라는 문구를 볼 수가 있는데, 바로 이 문구에 의해 이슬람의 경전인 꾸란 역시 그 존립이 불가하게 됩니다. 즉, 기원후 6세기에 무함마드가 받았다는 계시를 근거로 하는 꾸란은 "자기 백성에게 자기의 뜻을 드러내시는 하나님의 옛 방법(꿈, 환상, 비전 등)이 지금은 그쳤기 때문"이라는 문구에 근거해 하나님의 말씀인 정경으로 인정할 수 없는 것이라는 점에서 그 존립근거가 상실되는 것입니다.(아울러 계 22:18-19절 참조) 이처럼, 바른 교리의 내용을 숙지하고 이해하는 것은 분명한 신앙의 근거와 틀을 가지도록 함으로써 참과 거짓에 대해서 분명한 위치와 입장을 가지도록 하여 흔들리지 않는 분명한 신앙의 입지(히 12:18-29절 참조)에 서도록 하는 것입니다.

제3조

보통으로 외경이라 하는 책들은 하나님의 감동으로 된 것이 아니므로 성경 정경의 일부가 아니다. 그러므로 하나님의 교회에서 아무 권위가 될 수 없고 사람의 작품 그이상의 다른 것으로는 승인될 수 없고 사용될 수도 없다.

요점 1

"'외경'은 정경에 포함되지 않으며, 다른 인간적인 저작물들과 같은 것으로 성경과 같은 권위를 지니지 못한다."

    ↳ 흔히 '외경'이라고 불리는 것이 가톨릭 성경에는 일부 포함되어 있으나 그것은 정경(Canon)에 들어있지 않는 것들이며, 성경과 같은 권위를 갖지 않은 여타 다른 인간의 저작물들과 다르지 않다.

26. 정경(Canon)과 외경을 구별하는 기준은 무엇입니까? [26)]

27. 구약성경 39권이 하나님의 감동으로 기록된 정경이라는 사

실을 가장 먼저 무엇으로 증명할 수 있습니까? [27)

– 참조: 눅 24:27,44절, 롬 3:2절

■ 사무엘하 23:2절 등 여러 구절들에서 알 수 있듯이 이미 구약성경 자체가 본문을 하나님의 말씀으로 언급하고 있습니다(내적 증거). 일반적으로 정경화(正經化)는 고대로부터 기원된 성경의 구분을 따르는데, 구약성경의 경우 신약시대 이전에 이미 정경화 되었고 예수 그리스도께서도 그러한 정경(구약정경)을 사용하셨을 뿐 아니라 사도들에 의해서도 인정되었습니다(외적 증거).

28. 요 14:26절에서 "보혜사 곧 아버지께서 내 이름으로 보내실 성령"께서는 사도들에게 어떠한 사역들을 수행하십니까? [28)

29. 또한 요 15:27절 말씀에 따르면 성령님의 증거하심과 함께 증인이 되는 자들은 누구입니까? [29)

■ 신약성경에 대한 정경으로서의 권위는 기본적으로 '사도적 권위'에 근거합니다. 그러므로 초대 교부(教父)들에 의해 그러한

사도적 권위를 가진 글들이 취합되어 목록으로 작성되었는데, 그렇게 작성된 것이나 오늘날 신약성경의 목록이나 기본적으로 모두 동일한 배열임을 볼 수 있을 뿐 아니라, 여러 고대역본들(고대 시리아어로 번역한 페쉬타-Peshitta, 고대 라틴어역인 이탈라-Itala, 제롬이 번역한 불가타-Vulgate역본 등)을 보아도 오늘날의 신약성경과 다르지 않음을 확인할 수 있습니다(이외에도 성경본문의 여러 가지 내적인 증거-사용한 언어와 문체의 일치, 세부적 형태의 상이함 가운데서의 본질적인 점들의 일치와 조화 등-를 통해 더욱 확실하게 성경의 정경성을 확인할 수 있습니다).

그러나 '외경'(Apocrypha)의 경우에는 대부분 저자가 불분명하거나(저자의 문제는 현대신학에서 첨예한 차이를 보이는데, 19세기 이후 본격적으로 등장한 소위 비평학자들은 대부분 성경의 기록자들에 대한 강한 불신을 표하고 있습니다) 그 내용에 있어서 정경의 전체적인 본질에서 크게 상이하며 근거가 없는 것들로 되어 있는 등의 이유로 '정경'에 포함되지 않으며, 사람들이 쓴 다른 문서들과 같은 일반적인 것으로 분류됩니다. 사실 교회사 가운데서 로마 가톨릭이 인정하고 있는 외경들은 중세기부터 비로소 로마 가톨릭 신자들의 관심의 대상이 되었는데, 1546년 4월 8일의 트랜트 종교회의(가톨릭 종교회의)에서 로마 교회는 외경들을 공식적으로 성경에 포함시켰습니다. 과거 소설과 영화로 관심을 모았던 다빈치 코드에 나오는 '도마복음'도 사실은 그 내용의 상이함과 저자의 불명확함 등으로 인해 외경으로 분류된 것입니다(기독교에 대하여 부정적인 어떤 분들이 이를 사복음서의 원본이라고까지 주장합니다만, 그러한 주장은 일고의 가치도 갖지 못하는 주장일 뿐입니다).

제4조

반드시 믿어야 하고 순종해야 하는 성경의 권위는 어느 개인이나 교회의 증거에 달려 있는 것이 아니라 저자가 되시는 하나님께 전적으로 달려 있다. 하나님은 진리 그 자체이시고 성경의 저자이시다. 성경은 하나님의 말씀이 므로 우리는 그것을 받아들여야 한다.

요점 1

"성경의 권위는 어느 개인이나 교회에 있는 것이 아니라 성경의 저자이신 하나님께 있는 것이다."

⤷ 로마 가톨릭 교회는 로마 교회의 권위에 의해 성경이 인정되지만, 오히려 성경의 권위는 교황이나 주교회의가 아니라 오직 저자이신 하나님에 의한 것이며, 그러한 성경의 권위에 의해 교회의 권위도 성립할 수 있는 것으로 고백한다.

30. 벧후 1:21에서 말하는 "예언"이란 무엇을 말하는 것일까요? [30)]

31. 벧후1:21은 예언이 어떻게 기록됐다고 했습니까? [31]

32. 성경의 기록에 대하여 딤후 3:16은 또 어떻게 말합니까? [32]

33. 딤후 3:16에 따르면 하나님의 감동으로 기록된 것은 몇몇 성경의 구절들만이 아니라 (   ) [33] 성경입니다.

■ 이처럼 성경은 사람들이 기록하였어도 그것은 사람의 뜻으로 낸 것이 아니며, 오히려 성령의 감동하심을 따라 하나님께 받아서 기록한 것입니다. 그러므로 그 권위는 철저히 하나님께만 있는 것입니다.

그런데 이처럼 성경의 권위를 강조하는 우리의 신앙은 단순히 개인의 신앙으로 끝나는 것이 아니라, 신앙과 생활에 그대로 적용이 되는 것입니다. 앞에서 살펴본 신앙고백서 제1장 제2 절의 "이 모든 책들은 믿음과 생활의 규범이 되도록, 하나님의 영감으로 주신 것이다"라는 문구와 같이, 성경은 그 권위에 있어서도 그 자체로서 권위를 지니는 것입니다. 따라서 우리들은 개인의 신앙 뿐 아니라 교회에 대한 개념과 그 구체적인 규정들에 있어서도 항상 성경을 유일한 기준으로 하는 것입니다. 하지만 로마 가톨릭의 경우에는 얼핏 성경의 권위를 인정하는 듯 하면서도 살짝 문구를 하나 더 포함시키는데, 그것은 "성경으로서는 확실성에 대한 보증이 필요했었는데 교회만이 그 보증을 해줄 수가 있었다"는 것입니다. 따라서 로마 가톨릭의 경우 모든 신앙과 생활의 기준과 권위가 성경이 아니라 성경의 권위를 보증하는 로마 가톨릭 교회에 있는 것입니다.

요점 2

"성경은 하나님의 말씀이므로 우리들은 그것을 받아 들여야 한다."

↪ (모든) 성경은 하나님의 말씀이므로(딤후 3:16) 우리들은 (모든) 성경을 받아 들여야 한다.

◆ ◆ ◆

34. 당신에게 교훈과 책망과 바르게 함과 의로 교육하기에 유익한 것은 경험과 성경 중 어디에 더 가까운가요?

– 참조: 딤후 3:16절

35. 그처럼 교훈과 책망과 바르게 함과 의로 교육하기에 유익한 것이 성경임에도 왜 많은 사람들이 그것을 통해 신앙의 열매를 맺지 못한다고 생각합니까?

– 참조: 고전 2:14절

36. 교훈과 책망과 바르게 함과 의로 교육하기에 유익한 성경은 이해가 되고 수긍이 가는 몇몇 성경구절입니까? 아니면 전체로서의 모든 성경구절들입니까? [34)](#)

■ 사람들이 보통 기독교 신앙의 핵심을 생각할 때에, 그것은 예수 그리스도라는 구세주를 믿음으로 인정하고 수용하는 것이라고 생각합니다. 즉 예수 그리스도라는 신적 대상에 대해 의지하고 신뢰하는 것입니다. 일차적으로 그것은 맞는 말처럼 들리지만 그러한 인식에는 한 가지 중요한 오해를 내포할 수 있는데, 그것은 기독교인이 된다는 것은 부처나 다른 이방 신들 대신에 예수 그리스도를 모시는 신앙이라고 생각하는 것입니다.

그러나 기독교는 예수 그리스도를 믿는 것을 바탕으로 하는 신앙이지만 동시에 그러한 예수 그리스도는 오직 성경 가운데서 알려지며, 또한 성경을 통해 예수 그리스도만이 아니라 삼위(성부, 성자, 성령) 하나님과 그 하나님께서 우리에게 요구하시는 마땅한 의무와 태도에 대해서도 배우고 확신하며 믿는 신앙입니다. 그러므로 기독교 신앙이란 항상 하나님의 말씀인 성경을 중심으로 하는 신앙입니다.

이처럼 우리의 신앙에 있어서 성경에 대한 이해와 그 권위에 대한 합당한 인식은 아주 중요한 것으로, 우리들은 막연한 종교적 대상으로서의 하나님을 믿는 것(경험 신앙)이 아니라 특별한 계시인 성경을 통해서 삼위 하나님을 알고, 그 하나님께서 요구하시는 마땅한 태도와 자세 가운데서 하나님을 아는 지식으로 믿음을 갖는 것(계시, 곧 성경 신앙)입니다.

제5조

우리는 교회의 증거로 말미암아 성경을 높고 중하게 여기게도 되고, 또한 그 문체의 신성함, 교리의 효능, 그 필체의 장엄성과 모든 부분의 통일성 및 전체적이고 총괄적인 목표(즉 모든 영광을 하나님께 돌리는), 또한 인간 구원의 유일한 길에 대한 충만한 발견, 그 외에도 비교할 수 없는 다른 많은 우수성과 전체적인 완전성 등만 해도 성경이 하나님의 말씀인 것을 증거하고도 남지만, 우리가 성경이 무오한 진리요 하나님의 권위임을 온전히 믿고 확신하게 되는 것은 우리 마음속에서 말씀을 가지고 말씀으로 말미암아 증거 하시는 성령의 내재하시는 역사에서 온 것이다.

요점 1

"우리는 교회의 증언에 의하여 성경을 높이 평가하도록 감동을 받으며 인도함을 받는다."

↳ 성경의 권위는 분명 개인이나 교회에 있지 않다. 그러나 교회에서 성경의 권위가 높여지는 것을 통해 우리들은 감동을 받아 성경을 신앙과 생활의 규칙(표준)높이도록 인도함을 받는다.

◆ ◆ ◆

37. 성경의 권위가 성경 자체에 있다는 것은 교회가 성경의 권위에 아무런 역할을 하지 않는다는 말입니까? [35]

38. 딤전 3:15은 살아 계신 하나님의 교회의 기둥과 터를 무엇이라 했습니까? [36]

39. 딤전 3:15로 볼 때 교회의 중심적인 역할과 관심은 무엇이어야 하겠습니까? [37]

■ 이처럼 교회의 증언에 의해 성경의 권위가 성립하고 인정되는 것은 아니지만, 교회는 성경의 권위가 높여지고 성경에 감동되도록 증언하는 역할을 계속해야 합니다. 로마 가톨릭의 경우에는 교회가 성경의 권위를 보증하는 위치에 있지만, 우리의 신앙고백서는 오히려 성경이 하나님의 말씀으로서의 권위를 지니므로 교회는 성경이 하나님의 말씀임을 선포할 수가 있는 것입니다. 따라서 교회는 항상 성경의 권위를 높이며, 성경의 권위에 근거하는 진리의 터전으로서의 역할을 수행해야 하는 것입니다.

현대사회에서 교회의 이미지는 곧잘 봉사와 섬김의 이미지, 즉 이웃들에게 선하고 좋은 사람들이 모이는 곳이라는 인식을 갖게 하려고 애쓰는 것을 흔히 볼 수가 있는데, 성경에 따른 교회의 가장 우선적인 역할과 목적이 성경의 진리를 확고히 고수하고 지키는 '진리의 터전'으로서의 이미지보다 앞서는 것이 되지 않도록 하는 것이 마땅하다 할 것입니다. 한마디로 교회는 진리를 선포하고 확증하는 곳이라는 이미지가 먼저인 것입니다.

요점 2

"성경이 하나님의 말씀이라는 내적인 증거들."

↪ 하나님께서 성경의 근원이시라는 사실은 이미 성경에서 분명하고 결정적으로 증거 되어 있다.

40. 고백서가 말하는 하나님께서 성경의 근원이신 내적 증거들은 무엇일까요? [38]

■ 성경은 한 권으로 되어 있지만 66권의 각각의 책들을 묶은 것입니다. 또한 그것들을 기록한 인간 저자들만 해도 40명에 달하며 장장 1,600년에 걸쳐서 기록된 것이 바로 성경입니다. 그럼에도 성경 66권은 전체적으로 통일되며, 교훈과 책망과 바르게 함과 의로 교육하기에 유익합니다. 이러한 내적인 증거야 말로 하나님께서 성경의 저자이시라는 확실한 믿음의 근거입니다.

41. 삼하 23:2 말씀에서 다윗은 자신이 한 말과 그 기록에 대해 뭐라고 했습니까? [39]

42. 눅 1:70은 구약의 말씀을 무엇이라 표현합니까? [40]

43. 딤후 3:16에서 말하는 성경은 어떤 성경이며, 무엇으로 된 것이라 했습니까? [41]

■ 성경은 무엇보다 본문 자체 가운데서 그것이 하나님의 말씀임을 반복적으로 강조하고 있습니다. 특히 딤후 3:14~17은 성경의 유익성에 대해 직접적으로 언급하고 있을 뿐 아니라, 그 본문이 기록된 신약성경을 포함하여 모든 성경을 "하나님의 감동으로 된 것"이라 했습니다. 이처럼 성경은 무엇보다 그 자체로서, 즉 내적으로 그것이 하나님의 말씀임을 분명하게 언급하고 있기 때문에 우리들은 성경을 읽을 때에 항상 인간 저자가 아니라(인간 저자의 사상이나 환경, 배경 등의 이해는 성경 본문에 대한 핵심이 될 수 없는 것입니다) 하나님의 관점에서 읽어야 마땅한 것입니다.

한 주간의 정리

1. 성경이 어떻게 신앙과 생활의 규범이 되는지 그 실재적 사례들을 생각하고 나눠 봅니다.

2. 성경의 권위에 대해 정리하여서 설명해 봅니다.

3. 성경의 권위에 대한 '내적 증거'에 대해 설명해 봅니다.

4. 성경의 권위에 대한 '외적 증거'에 대해 설명해 봅니다.

5. '계시'와 하나님의 '기도응답'이 어떻게 다른지 생각하여 보고 정리하여서 함께 나눠 봅니다.

6. 성경이 권위가 있다는 말은 신자들에게만 해당하는 것인지에 대해 생각해 보고, 성경의 권위에 대해 포괄적으로 정리하여서 나눠 봅니다.

연구 과제

1. '성경'의 권위와 관련해서 유대교와 로마 가톨릭과 개신교의
   입장은 각각 어떤 특성과 차이가 있는지 설명합니다.

2. 성경의 '영감'에 대해 정리하되, 특별히 성경의 영감이 성경
   의 권위와 어떤 관계인지를 중심으로 설명해 봅니다.

3. "말씀을 가지고 말씀으로 말미암아 증거 하시는 성령의 내
   재하시는 역사"라는 문구는 성령께서 성경말씀에 대한 전
   혀 새로운 진리를 우리 마음에 전달하신다는 의미인지 설명
   해 봅니다.

요점 3

"우리가 성경이 무오한 진리요 하나님의 권위임을 온전히 믿고 확신하게 되는 것은 우리 마음 속에서 말씀을 가지고 말씀으로 말미암아 증거하시는 성령의 내재하시는 역사에서 온다."

↪ 성경이 하나님의 말씀이라는 여러 내적인 증거들에도 불구하고 우리가 성경을 무오한 진리이자 하나님의 권위로 기록되었다고 믿고 확신하게 되는 것은 다름 아닌 성령의 내재하시는 역사로 말미암는다.

◆ ◆ ◆

44. 사 59:21에서 "네 입에 둔 나의 말(하나님의 말씀)과 함께 언급된 분은 누구신가요? [42)]

45. 요 16:13에서 성령님은 어떤 일을 하십니까? [43)]

46. 요 16:13은 성령님을 어떤 분이라 했습니까? [44)]

47. 이러한 언급들로 보건데 성령님의 사역은 하나님의 말씀
인 (   )과 관련하며 (   )과 함께하는
사역임을 알 수 있습니다. [45)]

■ 하나님의 계시(啓示)에 있어 성경계시의 방법은 모든 사람들
에게 열려있는 객관적인 계시의 방법이라 할 수 있습니다. 즉,
글을 읽을 수 있는 사람이라면 누구나 하나님의 말씀으로서의
계시를 접할 수가 있는 것입니다. 그러나 성경은 모든 사람들
이 읽을 수 있지만 누구나 읽고서 이를 하나님의 말씀으로 확
신하며 읽는 것은 아닙니다. 하나님의 말씀은 가장 객관적인
책(성경)을 통해 제시되어 있지만 대부분의 사람들은 성경을 하
나님의 말씀으로 믿고 확신하지 않는 것입니다.

우리의 신앙고백서는 성경은 그 자체로서, 즉 내적권위와 외
적권위 가운데서 하나님의 말씀으로 제시되어 있지만, 하나님
의 말씀으로서의 성경의 권위는 성령의 역사를 통해서 비로소
그리고 확실하게 증거 된다고 정의하고 있습니다. 이와 관련
하여 고전 2:14은 "육에 속한 사람은 하나님의 성령의 일들을
받지 아니하나니 이는 그것들이 그에게는 어리석게 보임미요.
또 그는 그것들을 알 수도 없나니 그러한 일은 영적으로 분별
되기 때문"이라는 말씀이 이를 단적으로 언급하고 있습니다.

제6조

하나님의 영광과 인간의 구원과 신앙과 생활에 필요한 모든 것에 관한 하나님의 뜻은 전부 성경에 분명하게 진술되어 있거나 조리있고 필연적인 이치로 성경에서 연역할 수 있다. 또한 우리는 어느 때를 막론하고 성령의 새로운 계시들이나 인간의 전통에 의하여 성경에 새로운 그 무엇을 첨가할 수 없다. 그 뿐만 아니라 말씀에 계시된 일들(구원에 이르는 지식)을 구원에 이르도록 이해하려면 성령님이 해주시는 내적 조명이 반드시 필요함을 우리는 인정한다. 그리고 하나님을 예배하는 일과 교회의 정치에 관한 일도 보통 사람의 행동이나 사회와 마찬가지로 일반적인 이성과 신자의 지혜로 처리되어야 할 경우가 있는데, 이것은 항상 지켜야 할 말씀의 일반적인 규칙에 의한 것이다.

요점 1

"하나님의 감동으로 된 신구약 전체성경은 하나님의 영광과 인간의 구원과 신앙과 생활의 분명한 규범이다."

⤷ 구약에서 신약까지의 모든 성경은 하나님의 감동으로 기록된 것으로 신자의 신앙과 생활의 완전한 규범이다.

48. 딤후 3:17 말씀의 "하나님의 사람으로 온전케 하며 모든 선한 일을 행하기에 온전케"하는 것은 무엇을 말하는 것입니까? 46)

49. "하나님의 영광과 인간의 구원과 신앙과 생활에 필요한 모든 것에 관한 하나님의 뜻"은 일부분만 성경에 진술되어 있습니까, 아니면 전부 다 진술되어 있습니까? 47)

50. 성경에 직접적인 진술이 없는 것(낙태의 문제, 안락사의 문제 등)이 있는데, 그러한 것들에 대해서는 어떻게 성경에서 알 수 있을까요? 48)

51. 결국 하나님의 영광과 인간의 구원 등과 연관한 하나님의 뜻을 위하여 필요한 것은 무엇입니까? 49)

52. 당신은 하나님의 영광과 인간의 구원, 믿음, 생활의 필요에 관련된 모든 뜻을 주로 어디에서 찾습니까?

■ 성경은 추상적인 것들이 아니라 구체적인 사례들을 언급함으로서 직접적인 원리를 드러내 보임과 아울러서 큰 틀의 원리

들을 예증해 줌으로서 구체적인 사례들을 연역(演繹)할 원리 또한 제공해 주므로, 성경은 문자적으로 만이 아니라 어느 시대든지 우리의 신앙과 생활에 적용할 수 있는 유일한 기준이 되어줍니다.

요점 2

"성경은 분명하며 완전하므로 인간의 전통에 따라 여기에 아무 것도 더할 수(뺄 수) 없으며 성령께서 더할 만한 새로운 계시를 하시지도 않으신다."

⤷ 성경은 이미 완전한 것이므로 거기에 더하거나 뺄 아무런 이유나 근거도 없다.

■ 이미 언급한 바와 같이 우리들은 현재의 상황에서 어떤 새로운 성령의 계시나, 무엇인가 새로운 규범을 필요로 하지 않습니다. 즉 신구약 성경 자체로 이미 만족스럽고 충족한 것입니다. 여기에 동의한다면 이러한 입장의 근거가 성경에서 찾아져야 마땅할 것입니다.

53. 갈 1:8~9은 복음에 대하여 어떠한 사실을 선언하고 있습니까? [50]

54. 갈 1:8~9의 선언은 결국 (   )성경과 (   )성경
의 내용 외에 더할 것이 없다는 말입니다. 51)

55. 살후 2:2은 우리의 신앙에 있어 어떠한 태도를 가르쳐주고
있습니까. 52)

■ 위와 같은 언급들 가운데서 결국 성경에 무엇인가를 더하지
않는 것(반대로 성경에서 무엇인가를 빼는 것도 마찬가지로)은 성경 자
체로 이미 분명하고 완전하기 때문입니다.

그런데 이러한 성경의 완전성에 대한 이해는 성경본문이 나
타내는 뜻이나 의미 또한 완전하다는 것으로 연계되는데, 하
나의 성경본문에는 하나의 완전한 뜻이 담겨 있는 것이지 여
러 가지의 불완전한 뜻을 내포하고 있는 것이 아닙니다. 그러
므로 우리들은 성경 본문을 이해할 때에 항상 새로운 것(새로
운 뜻, 새로운 의미 등)을 쫓을 것이 아니라, 이미 나타낸바 된 분
명한 뜻이 무엇인지를 정확히 이해하려고 애쓰는 자세를 취해
야 하는 것입니다.

요점 3

"성경 말씀에 계시된 일들을 구원에 이르도록 이해하기 위해서는 성령님의 내적 조명이 반드시 필요하다."

↪ 성경을 통해 구원에 이르는 믿음을 깨우치는 것은 우리 스스로 할 수 있는 것이 아니라 성령님의 내적 조명을 통해 비로소 가능한 것이다.

◆ ◆ ◆

■ 성경은 누구에게나 열려 있습니다. 심지어 신앙이 없는 사람들도 성경을 읽고서 그 가운데서 교훈이나 교양(敎養)을 쌓을 수도 있습니다. 그러나 하나님께서 성경을 통해 그의 백성들에게 주시고자 하는 것은 단순히 교훈이나 교양에 관련된 지식을 쌓는 것을 말하지 않습니다.

56. 사 64:4 말씀은 하나님에 대해 어떠하다고 말하고 있습니까? [53)]

57. 고전 2:9 말씀은 "하나님이 자기를 사랑하는 자들을 위하여 예비하신 모든 것은" 어떠하다 했습니까? [54)]

58. 고전 2:10 말씀에 따르면 하나님의 깊은 것이라도 통달하시는 분은 누구입니까? [55)]

59. 고전 2:10에서 하나님께서는 누구를 통하여 자기의 뜻을 알리십니까? [56)]

60. 고전 2:12 말씀에서 우리에게 "하나님께로 온 영"을 주신 것은 무엇 때문입니까? [57)]

요점 4

"예배하는 일과 교회의 정치에서 일반적인 이성과 신자의 지혜로 처리하여야 할 경우가 있지만, 이것은 하나님의 말씀의 일반적인 규칙에 의한 것이다."

↪ 성경에 직접적으로 언급하지 않은 세부적인 일들에 대하여서는 성경의 일반적이고 원리적인 면을 따라 이성과 지혜로 처리하여야 한다.

◆ ◆ ◆

61. 고전 11:13에서 "여자가(머리에 수건을)쓰지 않고 하나님께 기

도하는 것이 마땅"한지에 대하여 어떻게 하라고 했습니까? [58]

62. 고전 11:14 말씀에서 남자가 머리를 기르는 것이 자기에게 욕됨을 무엇이 가르친다고 했습니까? [59]

■ 이처럼 신약성경에는 교회 안에서 예배하는 일과 문화적인 것들의 세부적인 일들에 대하여서 일반적인 이성(본성)과 지혜(스스로 판단)로 처리하도록 기록하고 있는 구절들도 있습니다.

63. 고전 14:26은 모든 다양성이 무엇을 위하도록 언급합니까? [60]

64. 고전 14:40에서 모든 것들을 어떻게 하라고 했습니까? [61]

■ 성경은 우리의 이성과 지혜를 도외시하지 않습니다. 즉 성경은 사람에게 자유를 부여하고 있는 것입니다. 그러므로 그러한 자유함 가운데서 합리적으로 생각할 줄 아는 신앙의 자세 또한 요구되는 것입니다. 그러나 그러한 자유는 항상 성경을 향하는 것으로서, 성경에서 제시하고 있는 원리와 근거 가운데서의 자유여야 마땅한 것입니다. 그러므로 우리 신앙의 자유는 항상 성경(율법)에 부합하되, 때로는 문자적으로가 아니라 원리적으로 부합하게 적용할 수 있는 지혜와 합리성이 요구되는 것입니다.

제7조

성경에 있는 것은 다 똑같이 명백하지도 않고 모든 사람에게 다같이 확실한 것도 아니다. 그러나 구원에 이르기 위하여 반드시 알아야 하고 믿어야 하고 지켜야 하는 것들은 성경 여기저기에 아주 명백하게 설명, 공개되어 있<u>으므로</u> 학식이 높은 자만이 아니라 학식이 낮은 자라도 적당한 방법을 적절히 사용하면 충분히 이해하게 될 것이다.

요점 1

"성경은 모든 사람에게 다 똑같이 확실하거나 명백하지는 않다."

↳ 성경을 이해하는 분량은 저마다 다를 수가 있다.

65. 이 내용을 벧후 3:16은 어떻게 언급합니까? [62]

66. 위의 구절은 당신에게 어떤 개인적 교훈을 줍니까?

■ 성경은 이를 주의 깊게 읽으면 누구라도 이해할 수 있도록 대중적인 언어로 기록한 것입니다. 즉 구약은 유대인들의 대중적인 언어였던 히브리어로 기록되었고, 신약은 신약시대 당시 유대인들의 대중적인 언어였던 아람어가 아니라 당시의 공용어였던 헬라어로 기록됨으로서 더욱 더 대중적인 언어로 기록되었던 것입니다. 그러므로 성경을 주의 깊게 잘 읽는 것으로도 기본적인 이해가 충분히 가능했던 것입니다.

그러나 성경의 모든 구절들 혹은 내용이 그처럼 쉽고 분명하지는 않다는 것을 우리들은 성경 자체의 언급(벧후 3:16)을 통해 알 수 있을 뿐 아니라, 우리들의 경험 가운데서도 쉽게 공감할 수 있습니다. 그러므로 우리들은 이러한 성경의 부분들을 부지런하고 신중하게 탐구해야 할 것입니다. 특히 앞에서 이미 살펴본 바, 제5절의 "우리 마음속에서 말씀을 가지고 말씀으로 말미암아 증거 하시는 성령의 내재하시는 역사"를 통해서 그처럼 어려운 구절들을 잘 이해할 수 있도록 하는 것은 특별히 하나님의 택하신 백성들에게 주시는 큰 특권이자 복이라는 사실을 이러한 신앙고백서의 언급 가운데서 생각해 볼 수가 있는 것입니다. 이와 관련해서 로마 가톨릭에서는 하나님께서 성경 가운데서 사람들에게 말씀하시지만, 그 의미하는 바를 명백하게 밝혀 놓으신 것이 아니라고 말하면서, 그렇기 때문에 성경은 로마 가톨릭 교회의 권위에 의해 인증되고 해석되어야만 한다고 말합니다. 결과적으로 최종적이고도 분명한 하나님의 말씀은 성경이 아니라, 이를 해석하고 풀이하는 교회와 사제에게 있다는 것이지요.

하지만 우리의 신앙고백서는 모든 사람에게 명백하고 확실하지 않은 성경의 부분을 언급하면서도 곧장 이어지는 문구들을 통해서 성경 자체에 대한 신중하고도 주의 깊은 연구 가운데서 믿음의 백성 누구나가 성경을 이해할 수 있다고 말합니다. 그러므로 우리의 신앙고백서는 여전히 최종적이고도 분명한 하나님의 말씀으로 성경 자체를 인정하고 있는 것입니다. 이러한 신앙의 자유가 제5절에서 언급한 "성령의 내재하시는 역사"라는 문구 가운데서 우리에게 적용되는 것입니다.

한 주간의 정리

1. 성경을 오류가 없는 진리인 하나님의 말씀이라는 사실은 어떻게해서 알 수 있으며, 어디에서 오는 것입니까?

2. 웨스트민스터 소교리문답 제1문은 인간의 목적에 대해 어떻게 답합니까? 그리고 그 목적의 규범이 되는 것은 무엇입니까

3. 지금 우리들은 '성경'에 무엇을 더할 수 있습니까?

4. '성경'을 통해 구원에 이를만한 지식을 얻기 위해서는 무엇이 필요합니까?

5. '성경'에 직접적으로 언급되니 않은 일들에 대해서는 우리들이 어떻게 판단해야 합니까?

6. '성경'은 글을 아는 자라면 누구나 충분하게 이해할 수 있는 책입니까? 그렇다면 혹은 그렇지 않다면 이유는 무엇입니까?

연구 과제

1. 웨스트민스터 대교리문답 제4문과 답변에 대해 설명합니다.

2. 웨스트민스터 신앙고백서 강해, G.I. 윌리암슨/ 나용화 역, 개혁주의신행협회, p 22-3을 참조하여 성경의 '완전성'과 '충분성'에 대해 설명합니다.

3. 하나님의 계시의 종결 개념에 배치되는 '몰몬경'과 '코란' 등의 경전들은 어떤 점에서 문제가 있는 것인지 설명합니다.

요점 2

"구원을 얻도록 알아야 하고 지켜야 하며 믿어야 하는것들은 성경에서 명백하고 확실하게 배울 수 있으므로 학식이 높은 자만이 아니라 학식이 낮은 자들도 성경 가운데서 그와 같은 것들을 배울 수가 있다."

↳ 성경은 학식이 높은 사람만이 아니라 학식이 낮은 사람에게도 구원을 얻게 할 지식과 교훈을 얻게 한다.

◆ ◆ ◆

■ 분명히 성경에는 알기 어려운 내용들이 더러 있습니다(벧후 3:16). 그러므로 로마 가톨릭교회에서는 이르기를 "하나님께서는 성경을 통해 사람들에게 말씀하시지만 그 의미하는 바를 명백하게 밝혀 놓으신 것은 아니기에 하나님의 말씀 위에 반드시 교회의 권위 있는 해석이 있어야 한다"고 합니다. 즉 불분명한 하나님의 말씀이 로마 가톨릭교회의 분명한 해석에 의해 명확해 진다는 견해입니다.

그러나 웨스트민스터 신앙고백 제1장 7항의 고백은 비록 어려운 구절이 있기는 하지만, 부지런하고 착실하게(하다 말다 하지 않고 꾸준하게) 성경을 읽고 연구하면 학식이 낮은 사람이라도 구원을 얻으며 신자의 의무를 이행하는데 필요한 지도를 받기 위해서, 알아야 할 것들을 성경에서 배울 수 있다고 선언하고 있습니다.

67. 시 119:130에서 주의 말씀은 어떤 자에게 비추어 깨닫게 한다고 했습니까 [63)]

68. 아울러 행 17:11~12에서 당신은 말씀에 대한 어떤 태도를 엿볼 수 있습니까? [64)]

69. 위에 언급한 각각의 구절들 가운데서 당신은 어떤 생각을 할 수 있었습니까?

■ 분명 성경에는 이해하기 어려운 내용들이 많이 있습니다. 그러나 성경은 그러한 이유로 성경해석의 권위를 특정한 교회나 사람에게 일임하지는 않았습니다. 나중에 제9절에서 살펴보게 될 것이지만, 성경은 항상 어려운 내용에 대한 이해의 근거를 성경 자체 안에서 제시해 주고 있습니다. 그러므로 성경을 읽는 신자 개인이 부지런함과 신중함으로 잘 살피면, 얼마든지 그 정확한 이해를 찾을 수가 있습니다. 특히 우리시대의 경우에는 이미 성경의 정확한 뜻을 잘 살핀 선배들의 훌륭한 기록들이 있으므로, 그들의 기록들과 이를 연구하는 목회자를 통해서도 더욱 분명하게 성경을 이해할 수 있는 것입니다.

제8조

히브리어(옛적 하나님의 백성의 본 방언이었던)로 쓰인 구약과 헬라어(신약을 쓸 때 만국에 가장 널리 알려졌던)로 쓰인 신약은 하나님의 직접적인 감동하심으로 된 것이며 또한 그의 특별하신 보호와 섭리로 말미암아 만세에 순결하게 간직되어 있으므로 진정한 것이다. 그러니만큼, 신앙생활의 모든 논란에서 교회는 성경에 최후로 호소하게 된다. 그러나 하나님의 백성들이 이 원어를 다 알지 못하고 또 하나님의 백성은 말씀을 가지고 말씀에서 유익을 얻을 권리가 있으며 또한 하나님을 경외함으로 말씀을 읽고 연구할 의무가 있으니만큼 성경은 말씀이 들어간 각 나라 통용어로 번역되어야하며 하나님의 말씀이 모든 사람에게 충만히 거하여 옳은 방법으로 하나님을 예배하고 인내로 또는 성경의 안위로 소망을 가지게 되어야 한다.

요점 1

"구약성경의 히브리어와 신약성경의 헬라어는 각각의 시대에 대중적이고 공통적인 언어로서, 그러한 언어로 기록된 성경은 하나님에 의해 영감되고 보존되었다."

↳ 성경은 그 시대의 백성들이 알아볼 수 있는 대중적인 언

어로 각각 기록되었고, 그것은 하나님에 의하여 영감되고 순수하게 보존되었다.*

◆ ◆ ◆

70. 옛적 하나님의 백성의 본 방언으로 기록된 구약에서, 신약을 쓸 때 만국에 가장 널리 알려졌던 언어인 헬라어로의 변화에는 어떤 의미가 내포되어 있겠습니까? 65)

71. 하나님에 의하여 '영감'(靈感, Inspiration)된 것은 성경의
(   )입니다. 66)

72. '영감'된 하나님의 말씀의 원본을 우리들은 가지고 있습니까? 67)

73. '영감'된 하나님의 말씀의 원본을 가지고 있지 않은데 어떻게 해서 무오(無誤)하다고 할 수 있습니까? 68)

---

* 제8항의 명제들 가운데서 이 첫 문장들에 대한 설명은 두 가지 측면에서 생각해 볼 수 있는데, 그것은 성경 원본에 대한 사본학적 관점과 성경번역의 중요성 측면이 그것이다. 이 교재에서는 주로 라틴어본의 중요성을 강조하는 로마 가톨릭신학과의 차별성을 염두에 두고 후자에 중점을 두어 설명한다.

74. 결국 성경의 원본만이 아니라 사본도 오류 없이 정확히 필사되었다는 말입니까? [69]

■ 그러나 이처럼 신뢰할 만한 성경은 히브리어와 헬라어로 된 사본들을 말하는 것이지 한글성경을 말하는 것은 아님을 유의하시기 바랍니다.

요점 2

"성경은 영감과 보존에 있어서 신뢰할 만한 것이기에 신앙생활의 모든 논란에 있어서 교회가 궁극적으로 호소할 곳이다."

↪ 성경은 모든 신앙논쟁에 대한 궁극적인 근거이다.

75. 사 8:19~20 말씀에 의하면 교회가 어떤 일에 대해 마땅히 물을 대상은 무엇입니까? [70]

76. 요 5:46에서 예수 그리스도에 대한 믿음과 인식은 어디에서 온다고 했습니까? [71]

■ 이미 앞에서 여러 차례 언급한 바와 같이, 로마 가톨릭의 신학에서는 신앙생활에 있어서 논란이 되는 것에 대한 해결의 권위가 로마 가톨릭 교회에 있다고 봅니다. 그러나 우리들은 신앙생활의 논란이 되는 것에 대한 이해와 해석의 근거를 오직 성경 가운데서 찾습니다.

하지만 만일 우리가 성경에 대한 신뢰를 잃어버리게 된다면, 우리들은 어디에서도 최종적인 신뢰의 근거를 찾을 수 없고 아무리 사소한 논란에 대해서도 명확한 해결을 볼 수가 없을 것입니다. 실제로 기독교와 일반적인 역사들을 살펴보면, 성경에 대한 신뢰가 무너짐으로 인해 수많은 혼란과 논쟁이 있었으나 최종적인 결론에 이르지는 못했던 것을 얼마든지 확인할 수 있습니다. 대표적으로 유럽의 역사 가운데서 성경에 대한 신뢰가 무너졌을 때에 사람들은 과학과 철학을 비롯한 인간 이성의 산물들 가운데서 그 나름의 답들을 찾았지만, 그 어떤 것도 최종적인 신뢰의 근거가 되지는 못했습니다. 이는 기독교 역사에서도 동일하게 확인할 수 있는 바로서, 서구의 신학이 성경의 영감사상을 부인하고 성경본문에 대한 신뢰를 잃어버린 결과 자유주의와 세속적인 신학으로 피폐해진 것을 쉽게 확인할 수가 있는 것입니다. 이처럼 성경에 대한 신뢰는 우리 신앙에 있어서 아주 중요한 것인데, 바로 그러한 중요성을 바탕으로 우리들은 성경을 부지런하고 열심 있게 읽고 연구할 수 있도록 일상적인 통용어로 번역하고 전파하는 노력들을 기울이는 것입니다.

요점 3

"하나님의 백성들은 성경에서 유익을 얻을 권리가 있으며 또한 성경을 읽고 연구할 의무가 있으므로 성경은 각 나라의 통용어로 번역되어야 한다."

➥ 성경이 각 시대의 대중적인 언어로 기록되었던 것처럼 성경이 들어간 곳의 대중적인 언어로 번역되어 성경을 읽고 연구할 권리와 의무를 잘 수행할 수 있도록 하여야 한다.

◆ ◆ ◆

77. 요 5:39에서 영생을 얻는 줄 생각하고 상고한 것은 무엇 입니까? [72)]

■ 그런데 중세 로마 가톨릭교회에서는 라틴어의 가치를 앞세워 성경을 라틴어 이외에 각국의 언어로 번역하는 일을 부정하였습니다. 그리하여 라틴어가 모국어가 아닌 지역에서도 성경은 반드시 사제들이 라틴어로 읽도록 하였습니다. 물론 대다수의 백성들은 라틴어를 읽을 줄도 쓸 줄도 모르기 때문에 성경의 내용이 어떠한가를 상고하기는 불가능하였습니다.

78. 위와 같은 일은 고전 14:6에서 언급하는 무엇과도 같다 할 수 있겠습니까? [73)]

■ 성경은 구약시대까지는 주로 히브리어로 기록됐으나, 신약시대 이후부터는 기독교가 널리 전파되면서 여러 다양한 언어들로도 번역이 되었는데, 그러한 번역 가운데에는 사마리아 5경, 서기 100년의 고대 시리아어로 된 페쉬타, 라틴어로 된 히에로니무스의 불가타, 고대 이집트어로 된 콥틱 성경과 서기 285년 헬라어 번역본인 70인역 등이 있습니다. 이러한 여러 번역본들의 존재들은 오직 라틴역 만을 고집하던 중세 로마 가톨릭교회의 견해가 잘못되었음을 시사해 주는 반증이기도 합니다.

이처럼 성경이 일상적인 통용어로 기록되었을 뿐 아니라* 일상적인 통용어들로 번역되어 온 것은, 그 만큼 우리들의 일상에 성경이 늘 읽히고 이해되어야 한다는 사실을 반증하는 것이기도 합니다.

---

* 이러한 성경의 특성은 본문해석에 대한 한 가지 단서를 제공하는데, 그것은 성경의 단어에 대해서 항상 일반적인 용법 가운데서 이해해야 한다는 점입니다.

제9조

성경을 해석하는 무오한 척도는 성경 그 자체이다. 그러므로 성경 어느 부분의 참되고 온전한 뜻을 알고자 할 때는 좀 더 명백하게 말씀하신 다른 부분들에 비추어서 연구하고 깨달아야 한다.

요점 1

"성경을 해석하는 진정한 규범은 성경 자체다."

 성경을 해석하기 위하여 다른 자료를 찾으려 하지 말고 가장 일차적으로 성경 안에서 해석의 기준을 찾자.

◆ ◆ ◆

79. 벧후 1:20에서는 성경해석과 관련하여 어떠한 사실을 언급하고 있습니까? [74]

80. 계속되는 벧후 1:21의 말씀은 성경본문을 어떻게 말하고 있습니까? [75]

■ 흔히 성경본문을 성경이 기록될 당시의 문화나 자료들을 통해 해석하는 경우들을 볼 수 있는데 벧후 1:20~21절 말씀을 바탕으로 그러한 태도를 생각하여 본다면, 그것은 하나님께 받아 말한 것을 사람의 뜻 혹은 견해를 기준으로 해석하는 태도이며 성경의 예언을 사사로이(사람의 뜻을 기준으로 하는) 푸는 것이 될 수 있습니다. 실제로 현대신학에서 특히 성경신학에서 한동안 성서고고학과 고대 문화론을 바탕으로 하는 성경해석학이 유행한 적이 있습니다만, 그것이 유행함에 따라 성경을 본문의 문맥과는 전혀 동떨어진 배경 가운데서 해석하는 일들 또한 많았습니다. 심지어는 일반해석학을 성경에 적용하여서, 성경의 의미는 그 자체에 있는 것이 아니라 우리가 사는 시대 혹은 성령의 지도하심 가운데서 얼마든지 다양하고 다르게 해석될 수 있다고 생각하는 일도 있었습니다.

이미 언급한 것처럼, 로마 가톨릭의 신앙에서는 성경의 권위는 성경 자체에 있는 것이 아니라 성경에 권위를 인증하는 교회의 권위에 있는 것입니다. 그러므로 성경을 이해하는 근거를 성경이 아니라 고고학적 유물이나 고대 문헌에서 언급하는 당시의 문화 가운데서 찾는 것이나, 오늘 우리 시대의 문화와 필요를 근거로 해석하는 것은 모두 로마 가톨릭과 같은 맥락이라고 할 수가 있는 것입니다.

오늘날 우리들의 시대도 성경을 읽을 때에, 하나님의 말씀으로서 보다는 인간 저자의 사상이나 신앙을 중심으로 이해하는 성향이 강한 것 같습니다. 물론 하나님께서는 성경을 기록한 인간 저자들의 특성을 무시하시지 않으시지만, 정작 그것을 기록한 인간 저자들 자신이 그것이 자신들의 말이나 사상이 아니라 하나님의 말씀임을 누누이 반복하고 있는 것을 유념해야 할 것입니다(딤후 3:14-17 참조).

요점 2

"성경을 해석할 때는 성경 자체의 좀 더 명백한 본문을 찾아 해석해야 한다."

　　↳ 성경의 해석 기준은 성경 밖의 기준(사람의 뜻과 생각을 다루는 자료들)을 따르기보다 하나님의 말씀인 성경 그 자체의 좀 더 명백한 본문을 찾아서 대조하여 해석하도록 하여야 한다.

81. 성경 본문에 대한 해석에 있어서 성경 외의 자료들을 찾는 것은 어떠한 점에서 문제가 될 수 있습니까? [76]

82. 이처럼 성경을 성경으로 해석하는 아주 유용한 도구로 대표적인 것은 무엇일까요? [77]

83. 그렇다면 성경을 성경으로 해석하기 위해서는 교리나 신조들을 배제해야 하는 것입니까? [78]

84. 그처럼 대답하는 이유가 무엇입니까? [79]

■ 성경 어느 본문의 뜻과 의미하는 바를 정확하게 알기 위해서 우리들은 성경 외의 것들(교회의 권위나 고고학적 자료 등)에 의존하지 말고 좀 더 명백하게 언급되어 있거나 관련이 있는 본문을 성경에서 찾아, 이를 통해 이해하여야 한다고 신앙고백서는 언급합니다. 이것은 언뜻 신앙고백서와 모순이 되는 것이라고 생각하기 쉬울 것입니다. 왜냐하면 성경의 무오한 해석의 근거는 성경에서 찾아지는 것인데, 왜 성경이 아닌 교리나 신조를 근거로 성경을 이해하느냐고 생각할 수도 있을 것이기 때문입니다. 그러나 그러한 생각은 교리가 갖는 특성과 성경의 무오성의 차이를 인식하지 못한 오해입니다.

성경은 우리의 신앙과 생활의 유일한 표준입니다. 또한 특정 성경본문을 이해하는 근거는 다른 본문들 가운데서 찾을 수가 있습니다. 그렇지만 이를 잘 정리하고 요약하여 하나의 문장으로 표현하면, 바로 그것이 교리 혹은 신조가 되는 것입니다. 때문에 교리나 신조는 항상 성경에 근거해서만 그 신빙성이 있는 것이며, 성경은 합당한 교리나 신조에 대한 유일한 근거요 보증이 되는 것입니다. 즉 성경에 대한 이해와 해석에 대한 정의가 바로 교리와 신조인 것입니다. 그러므로 교리를 공부하고 이해하는 신자들은 항상 성경과 별도로 공부하는 것이 아니라, 성경 가운데서 교리를 찾고 이해하는 방식으로 공부해야 하는 것입니다. 왜냐하면 성경과 별도로 있는 교리란, 자칫 하나의 사변이나 논리에 그칠 수 있기 때문입니다.

한 주간의 정리

1. 구원을 얻도록 알아야하고 지켜야 하며 믿어야하는 것들은 어디에서 명백하고 확실하게 배울 수 있습니까?

2. 구약성경의 원어(히브리어)와 신약성경의 원어(헬라어)의 차이는 그 대상(독자)과 관련하여 어떤 차이이며, 그러한 성경의 영감과 보존은 누구에 의해 된 것입니까?

3. 우리 신앙생활에 있어 모든 의문과 논란은 궁극적으로 어디에서 그 해결점을 찾아야만 합니까?

4. 성경을 각 나라의 통용어로 번역하는 이유는 무엇입니까?

5. 성경 본문을 해석하는 진정한 규범은 무엇입니까?

6. 성경을 보다가 모호하거나 명백하지 않은 본문에 대한 해석은 최종적으로 어디에서 찾을 수 있습니까?

연구 과제

1. 중세시대 로마 가톨릭의 '성화'(聖畵)의 사용에 대해 조사하여 보고, 성경을 대체하는 교육수단이었던 성화의 사용이 주는 교훈을 현대의 시청각자료 활용과 접목하여 비판해봅니다.

2. 존 머레이 조직신학, 존 머레이 / 박문재 역, 크리스챤다이제스트, p 17-22을 참조하여 성경연구의 자세에 대해 설명해봅니다.

제10조

신앙 문제의 모든 논란을 결정하고, 종교 회의의 모든 결정과 옛 저자들의 의견과 인간의 교훈과 개인적인 영들*을 시험할 때 최종 선고를 내리는 최고의 재판관은 오직 성경 안에서 말씀하시는 성령뿐이시다.

요점 1

"기독교 신앙에 관한 모든 논쟁에 있어서 최고 심판자는 다름이 아닌 '성경'이다."

⤷ 기독교 신앙과 관련하여 생기는 문제, 특별히 성경의 해석과 관련해서 발생하는 문제들에 대한 최고의 심판관은 교회 조직의 권위나 교직자의 권위가 아니라 무오한 하나님의 말씀에 대한 신자 개개인의 양심이다.

◆ ◆ ◆

85. 로마 가톨릭 교회에 따르면 하나님의 무오한 말씀을 무오하게 해석할 권세를 (　　　　) [80] 가 가지고 있습니다.

---

* "private sprits"– 신앙 고백서에서 언급한 '개인적인 영들'이란, 성령께서 어떤 사람들에게 성경에 없고, 성경과는 모순되는 지식을 주신다는 견해를 말하는데, Swedenborg, Ann Hutchinson, Mary Baker Eddy 등의 사람들이 주장하는 내용이다.

86. 마 22:29에서 부활에 대한 사두개인들의 질문에 대하여 예수님께서는 (   ) [81] 과 하나님의 능력에 대한 그들의 몰이해를 지적하셨습니다.

- 참조: 마2 2:31, 엡 2:20, 행 28:25절

87. 행 28:25에 따르면 선지자 이사야로 사 6:9~10절의 말씀을 하도록 하신 분은 누구십니까? [82]

■ 위에서 언급한 여러 성경 구절들을 통하여 예수님께서 당시의 유대인들의 신앙의 문제를 지적하실 때에도 모두 성경(모세오경 선지서들과 사도들의 기록들로 언급되는)을 통해서였으며, 성령께서는 그러한 성경 안에서 말씀하시며 깨닫게 하시는 분이신 것을 알 수 있습니다.

유의할 것은 개인의 신앙은 교회 회의의 무오한 권위에 종속되는 것이 아니라는 것, 그러나 그렇더라도 개개인의 신앙이 성경에 없고, 또 성경과 모순되는 지식을 주시는 성령님에 의해서가 아니라 성경 안에서 성경을 통하여 말씀하시는 성령님의 판단을 받는다는 사실입니다. 현대주의의 신앙에서는 하나님의 말씀보다 종교적 감정을 앞세우고, 때때로 '실존적 만남'(existential encounter)이라는 것을 강조하지만, 그런 현대 신학의 사조들과는 정반대로 예수 그리스도와 사도들은 모두 신앙의 여러 문제들을 철저히 성경에 호소했었다는 사실을 우리들은 다시 한 번 유념하여야 할 것입니다. 아울러 웨스트민스

터 신앙고백서를 통해 정리된 성경적인 신앙생활 및 교회정치의 틀은 현대의 민주적인 틀과 유사하지만, 그것은 기본적으로 회원 모두의 주권을 인정하는 차원이 아니라, 누구라도 신앙생활이나 교회정치가 성경에 부합하도록 제안하거나 반대할 수 있도록 하는 틀이라는 점에서 양상의 차이가 있음을 유의해야 합니다. 한마디로 신앙생활과 교회정치에 있어 유일한 재판관은 조직교회도 직분자도, 회원 한 사람이나 모두가 아니라, 오직 '성경'인 것입니다.

지금까지 「제1장」의 신앙고백을 통하여
알게 된 성경에 대한 확신을
생각하고 정리해 봅시다.

....
....
....
....
....
....
....
....
....
....
....
....
....
....
....
....
....
....
....

Chapter 2

하나님과
삼위일체에
관하여

제1조

하나님은 오직 한분이시요, 살아 계시고 참되시며 무한하시고 온전하시고 가장 순수한 영이시요, 보이지 아니하시고 몸이나 부분들이나 성정(性情)이 없으시고, 변하지 아니하시고 지대하시며, 영원하시고 측량치 못할지며, 전능하시고 가장 지혜로우시고 가장 거룩하시며, 가장 자유로우시고 가장 절대적이시다.

그의 변하지 않고 가장 의로우신 뜻을 따라 그의 영광을 위하여 모든 것에 역사하시며, 가장 인애로우시고 은혜로우시고, 자비하시고, 오래 참으시고, 선과 진리가 풍성하시고, 악과 허물과 죄를 사해주시고 그를 부지런히 찾는 자에게 상을 주시며 이 모든 것에 더하여 가장 공의로우시고, 그의 심판은 두려우시며 모든 죄를 미워하시고 죄 있는 자를 결코 놓아 주시지 아니하신다.

■ 제1장에서 살펴보았듯 우리의 신앙은 철저히 성경에 근거하고 있습니다. 그러므로 이후의 신앙고백들 또한 철저히 성경에 근거하여서만 설명될 수 있는 조항들입니다. 특별히 하나님의 유일성과 관련한 제1절의 언급 또한 성경에 근거할 때에 명백히 확신할 수 있는 것입니다. 시 19:1의 "하늘이 하나님의 영광을 선포하고 궁창이 그 손으로 하신 일을 나타내는도다"라는 말씀과 같이 자연을 통하여 사람들은 하나님이 계심을 부인하지 못합니다. 그러나 그 하나님이 어떤 하나님인지에 대하여는 타락한 인간이 자연을 통하여 깨닫지 못하므로

여러 우상과 신들을 생각하는 것입니다.

이에 대하여 성경은 확고하고 일관되게(구약 뿐 아니라 신약에서도) 하나님은 한분이심을 선언하고 있습니다.*

요점 1

"살아 계시고 참되신 하나님은 오직 한분이시다."

↳ 오직 한분의 살아 계시고 참되신 하나님만이 계신다.

◆ ◆ ◆

1. 신 6:4은 하나님에 대하여 어떻게 말하고 있습니까? [83]

2. 고전 8:4은 하나님에 대하여 어떻게 말하고 있습니까? [84]

■ 삼위일체의 하나님을 아는데 있어서 먼저 알아야 할 것은, 하나님은 한 분이시라는 사실입니다. 이것은 하나님의 '단일

---

* 기타 신앙고백서에 언급한 하나님에 대한 본문은: 참되심-살전 1:9, 렘 10:10, 무한하심과 온전하심-욥 11:7~9, 26:14, 영이심-요 4:24, 보이지 아니하심-딤 1:17절 등으로, 모두 하나님의 자기계시(성경계시) 가운데서 파악할 수 있습니다.

성'이라고도 하는데, 한 분이신 하나님의 곧 유일하신 하나님, 다른 모든 것들과 구별되시는 유일하신 하나님의 속성을 말합니다. 그러므로 성경에서 천사들이나 사람(바로 앞의 모세), 이방의 신 혹은 우상들에 대하여서는 모두 '신들'(god's)이라고 하고, 오직 우리 하나님에 대해서만 '신'(God)이라고 했습니다.

하나님은 세상의 여러 신들 가운데 한 신이 아니라, 오직 유일하신 신으로서의 하나님이십니다. 즉, 하나님 외에 신이신 분은 없습니다.

요점 2

"이 하나님께서는 사람과 같이 신체를 가지시거나 사람과 같은 성정(性情)을 갖지 않으시는 자유로운 영이시다."

↪ 하나님은 영이시다. 그러므로 인간과 같이 신체의 일부를 가지시거나 인간과 같은 성정을 가지시지 않는 자유로운 영이시다.

◆ ◆ ◆

3. 신 4:15에 무어라 하였습니까? [85)]

4. 요 4:24에 하나님은 (   )이시라 하였습니다. [86)]

5. 눅 24:39에서 예수님께서는 '영'(靈)에 대하여 무어라고 하셨습니까? [87]

6. 행14:11~15에서 사도바울은 자신들이 사람일 뿐임을 말하기 위해 무엇을 가진 것으로 호소합니까? [88]

■ 이처럼 하나님이 '영'(靈)이신 사실을 아는 것은 아주 중요합니다. 왜냐하면 '영'에 대하여 아는 것이 하나님에 대하여 아는 중요한 부분이기 때문입니다. 오늘날 많은 사람들이 하나님에 대하여서 자신의 눈으로 보고 마음으로 느끼며 상상하는 대로의 하나님으로 이해하려 하지만 하나님은 정반대로 눈으로 볼 수 없고, 마음대로 느낄 수 없으며, 우리가 상상할 수 없는 무한하신 분이십니다. 아울러 '지체'와 '성정'을 지녔다는 것은 공간과 사고 및 생각에 제한을 받는 존재임을 전제로 하는 것인데 반해, '영'이시라는 것은 하나님께서 그와 대비되는 자유로운 존재이심을 시사하는 것입니다.

7. 시 115:3은 하나님의 자유로우심을 어떻게 표현하고 있습니까? [89]

요점 3

"이 하나님께서는 자기 자신의 본성을 따르는 절대적 완전성 (absolute perfection)을 가지셨다."

⤷ 그처럼 하나님은 사람과 결코 공유(公有)할 수 없는 그의 본성을 따르는 절대적인 완전성을 가지셨다.

■ 하나님의 절대적인 완전성이란 피조물과 전혀 공유하지 않는, 오직 하나님만이 지니신 완전하심을 말합니다. 모든 것에 있어서 원형(元型)이신 하나님은 세상의 어떤 것으로도 다 표현할 수 없으며, 오히려 하나님 안에서 비로소 세상의 모든 것들이 표현되며 이해될 수 있는 것입니다.

이처럼, 하나님의 속성을 우리가 아는 것은 신앙에 있어서 아주 중요합니다. 성경을 통해 하나님의 속성을 아는 것은 그 하나님께서 우리에게 요구하시는 바, 그 하나님께서 우리 가운데서 행하시는 바를 이해하고 아는 가장 큰 바탕이 되기 때문입니다. 사실, 우리가 하나님을 불신하는 것은 곧 우리가 하나님을 그만큼 모르기 때문입니다.

◆ ◆ ◆

8. 웨스트민스터 신앙고백서 제2장 제1절에서 피조물과 전혀 공유하지 않는 절대적인 완전성에 해당하는 언급들을 추려 보

세요. [90)]

■ 이러한 것들은 피조물이 전혀 가지지 못한 하나님만의 고유의 속성 혹은 성품들입니다. 이러한 비공유적인 성품들은 창조 세계 안에서는 결코 동일한 것을 발견할 수 없으며, 철저히 하나님께서 알려 주셔야만 알 수가 있으며, 동시에 알려주시는 대로만 알 수 있는 성품입니다.

9. 욥 11:7~9은 어떠한 성품을 말해주고 있습니까? [91)]

10. 말 3:6, 약 1:17은 어떤 성품을 말하고 있습니까? [92)]

11. 시 90:2은 하나님의 어떤 성품을 말하고 있습니까? [93)]
– 이외에 왕상 8:27, 렘 23:23~24, 시 145:3, 창 17:1, 롬 16:27, 사 6:3, 시 115:3, 출 3:14절 등을 참조하라.

■ 이처럼, 하나님은 무한하시므로 모든 면에 있어서 한계가

없으시며, 완전하신 분이시므로 불변하시며, 시작도 없고 끝도 없으신 영원하신 분이시므로 시간의 제약이나 구애를 전혀 받지 않으실 뿐 아니라, 모든 일들이 전혀 그분의 일로 드러나지 않도록 하시면서도 그분이 원하시는 대로 이루시는 전능하신 분이십니다. 이러한 하나님의 속성을 이해할 때, 우리들은 진정으로 하나님을 신뢰할 수 있는 것입니다. 이런 점에서 '신앙(信仰)'에는 반드시 '지식(知識)' 곧 하나님에 대한 신지식(神知識)이 포함되는 것입니다.

그런데 이러한 하나님의 속성들은 모두 우리에게는 없는 속성들로서, 하나님께서만 지니시는 속성들입니다. 그렇다면 우리가 어떻게 이러한 하나님의 비공유적 속성들을 알 수 있을까요? 그것은 바로 하나님께서 자기 자신을 알리셨기 때문입니다. 즉 하나님께서는 자기 자신을 알리시되, 바로 그처럼 우리와 전적으로 다른 비공유적 속성을 지니신 분으로 알리셔서 이를 성경으로 기록토록 하신 것입니다. 그러므로 우리들은 이러한 하나님에 대한 지식을 성경 이외에 다른 데서는 얻을 수가 없는 것입니다. 오직 성경을 통해 하나님 자신이 친히 드러내신 것을 그대로 우리들이 믿고 받아들일 때에, 그것이 바로 하나님 앞에서 합당한 하나님에 대한 신지식이 되는 것입니다.

이처럼 성경을 하나님의 말씀으로 받아들이는 신앙은 곧장 '삼위일체'로서의 하나님과 그 하나님의 속성을 이해할 수 있는 유일한 바탕을 이루는 것입니다.

제2조

하나님은 생명과 영광과 선함과 복이 그 안에 있고 그로 말미암으며 홀로 자존하시며 무엇이 부족한 것처럼 그가 만드신 피조물의 섬김을 받으시지 않고 자존하시며, 피조물들에게로부터 유익을 거두시지 아니하시며, 오직 그의 영광을 그들 위에, 그들에게, 그들 안에, 그들로 말미암아 드러내실 뿐이니, 이는 하나님은 홀로 만물의 원천이시며 만물이 그에게서 나오고 그로 말미암고 그에게로 돌아감이다. 그는 만물을 다스리시는 대주재이시요 그 기쁘신 뜻대로 무엇이든지 그들에게, 그들을 위하여, 그들로 말미암아 하신다.

그의 눈앞에는 만물이 벌거벗은 것같이 드러나는데 그의 지식은 무한하고, 무오하며, 피조물에게서 떠나 있으므로 아무 것도 그 앞에 알려지지 않음이나 불확실한 것이 없다. 그는 그의 모든 뜻과 모든 역사와 모든 계명에 가장 거룩하시다. 천사들과 사람들과 그 외 모든 만물은 저희에게 하나님께서 요구하시기를 기뻐하신 경배와 봉사와 순종을 돌리는 것이 마땅하다.

요점 1

"이 하나님께서는 또한 피조물들과 관련하는 상대적인 완전성을 가지셨다."

하나님께서는 피조물과 결코 공유할 수 없는 절대적 완전성만이 아니라 피조물들과 공유하는 상대적 완전성도 가지셨다.

■ 하나님의 상대적인 완전성이란 피조물과 어느 정도 공유하는 속성들을 말합니다. 대표적으로 사람들과 천사들이 지닌 지혜, 의, 인애, 자비, 인내, 성실, 공의 등의 속성들이 여기에 속합니다.

그런데 이러한 상대적 완전성은 사람과 천사들이 하나님에게 얼마만큼 의지(依支)되어 있는지를 나타내는 것이기도 합니다. 즉 사람과 천사들이 지닌 속성들은 철저히 하나님의 속성에서 기원하는 것이기 때문입니다. 우리가 하나님을 의지한다는 것은 막연한 기대나 의존이라기보다 이처럼 하나님의 속성(우리와 공유하시는 속성) 가운데서 우리와 세상을 아는 것을 말합니다.

12. 사람이나 천사가 지닌 지혜, 의로움, 자비, 사랑, 성실, 공의 등은 하나님과 동일한 것입니까? [94)]

13. 욥 22:1~3의 말씀은 위의 사실을 어떻게 말하고 있는 지를 살펴보세요. [95)]

■ 이러한 하나님의 상대적 완전성은 하나님의 완전성에 대하여 우리가 생각하고 이해할 수 있는 근거가 되는 것입니다. 왜냐하면 상대적인 것이지만 그러한 완전성을 통하여 하나님의 진정한 완전성에 대한 이해와 사모하는 마음을 구체화 할 수 있기 때문입니다. 그러므로 인간은 전적으로 하나님과 별도로 있는 독립적인 존재가 아니라 하나님께 전적으로 의존된 존재입니다. 하나님을 부정하고 자기 스스로 홀로선 철학자들이 깨닫는 것들의 대부분이 고독(孤獨)과 공허(公許)인 이유가 바로 여기에 있습니다. 이런 점에서 '신앙'(信仰)이란, 하나님에게 얼마나 의존되어 있느냐를 말하는 것인데, 우리의 호흡도 철저히 하나님께 의존되어 있습니다.

14. 그러면 유일하게 독립적인 존재는 누구이겠습니까? [96)]

■ 하나님의 비공유적 속성과 달리, 하나님의 공유적 속성은 우리가 하나님에 대해 이해하거나 인식할 수 있는 근거가 되는 것이지만, 동시에 이러한 공유적 속성조차도 하나님께서 지니시는 것과는 전적으로 다른 차원으로 있는 것이 우리 가운데 공유된 하나님의 속성입니다.

이처럼 하나님의 공유적 속성이 지니는 양면적인 성격, 즉 우리와 공유하시는 속성이므로 이에 근거해서 우리가 하나님을 이해하고 인식할 수 있지만 원래의 하나님의 속성과는 본질에 있어서 현저한 차이를 보이는 우리의 속성에 대한 이해는, 우리가 하나님께 영광을 돌린다고 할 때에 어떤 식으로 생각해야 하는지에 대한 근거를 제시합니다. 즉 우리가 하나님께 영광을 돌리는 것은 하나님과 독립된 어떤 개념으로서의 영광을 돌리는 것이 아니라, 하나님께서 원래부터 지니신 영광을 하나님께로 되돌리는 것입니다. 한마디로 피조물 가운데에는 하나님에 관한 정확한 모사(模寫)란 없으며, 그런 만큼 하나님에 대해서는 하나님께서 알리시는(계시하신) 그대로 알 수가 있는 것이고, 하나님께서 지니시는 영광만큼(혹은 아는 만큼) 하나님께 영광을 돌릴 수 있는 것입니다.

요점 2

"하나님께서는 스스로 존재하시며, 모든 피조물들의 유일한 지지자와 소유자와 처리자이시다."

↪ 모든 피조물들은 스스로 존재하지 못하나 하나님께서는 스스로 존재하시는 유일하게 독립적인 분이시다. 그러므로 모든 피조된 세계는 전적으로 하나님께 의지하고 있다.

15. 롬 11:36은 만물의 근원을 어디에 둡니까? [97]

16. 단 4:25, 35에 따르면 만물을 다스리는 분은 누구이심을 분명히 하고 있습니까? [98]

17. 그러한 하나님에 대하여 출 3:14은 어떻게 설명하고 있습니까? [99]

■ 이처럼 하나님의 속성을 우리들이 아는 것을 통해 깨닫게 되는 우리 마음의 감정은 '두려움'입니다.

사실, 두려움은 부정적인 것이 아닙니다. 하나님 앞에서 두려움을 느끼는 것은 당연한 인간의 모습입니다. 우리와 무한한 격차를 지니신 하나님의 공유적 속성만으로도 우리들은 하나님을 두려워해야 마땅합니다. 더군다나 하나님의 본질적 속성은 우리로서는 도저히 감당조차 할 수 없습니다. 오늘 우리들의 신앙이 잃어버린 것 가운데는 이러한 하나님에 대한 두려움이 있을 것입니다. 그러므로 우리가 하나님을 아는 지식을 가짐에 있어서 항상 잊지 말아야 할 것이 바로 무한하신 하나님에 대한 경외심인 것입니다. 하나님은 우리가 탐구할 대상이 아니라, 우리가 경외하고 의지할 분이신 것입니다.

한 주간의 정리

1. 로마 가톨릭(천주교)에서는 성경이 무오한 말씀인 것은 무엇 때문입니까?

2. 살아 계시고 참되신 하나님은 몇 분이십니까?

3. 하나님께서는 인간과 같은 성정과 신체를 지니십니까?

4. 우리와는 전혀 다른 하나님의 속성을 무엇이라 말합니까?

5. 우리와 유사한 하나님의 속성을 무엇이라 말합니까?

6. 모든 피조물들에 대해 하나님께서는 종속(從屬)적입니까, 독립(獨立)적입니까? 반대로 모든 피조물들은 하나님께 대해 종속적입니까, 독립적입니까?

연구 과제

1. 존 머레이 조직신학, 존 머레이 / 박문재 역, 크리스챤다이
   제스트, p 23-30을 참조하여 성경의 무오성에 대해 보충합
   니다.

2. Swedenborg, Ann Hutchinson, Mary Baker Eddy 등의
   사람들에 대해 조사하여보고 그들이 주장했던 신비주의의 방
   식에 대해 설명해봅니다.

3. '삼위일체'에 대한 잘못된 설명의 예들을 조사하여 설명해봅
   니다. (예: 양태론에 대하여)

제3조

단일한 신성에는 삼위가 계시는데 본질과 권능과 영원성이 동일하신 성부 하나님, 성자 하나님, 성령 하나님이시다. 성부는 누구로 말미암지 않았고 태어나시지도 않았고 나오시지도 않았으며, 성자는 하나님 아버지로 말미암아 영원 전에 탄생하셨으며, 성령은 아버지와 아들에게서 영원히 나오신다.

요점 1

"단일한 신성의 하나님은 성부와 성자와 성령의 각각 삼위의 동일하신 한 하나님이시다."

↪ 삼위의 하나님은 각각 동일하신 완전한 하나님이시며, 동시에 단일한 신성의 한 하나님이시다.

※ 다음의 각 성경구절들이 설명하고 있는 위격(位格)을 찾아보라.

18. 요일 5:7은 어느 위격에 대한 설명인가? [100)]

19. 마 3:16은 어느 위격들에 대한 설명입니까? [101]

20. 마 3:17의 '하늘의 소리'는 어떤 위격의 소리입니까? [102]

21. 마 28:19에서 세례는 누구의 이름으로 줍니까? [103]

22. 다음 빈칸을 채우시오.

"(   ) [104] 의 은혜와 (   ) [105] 의 사랑과
(   ) [106] 의 교통하심이 너희 무리와
함께 있을지어다." - 고후 13:13

23. 요 10:30에서 성자와 성부와의 관계를 어떻게 설명하고 있
습니까? [107]

■ 이처럼, 성경은 삼위의 하나님에 대하여 각각 구별(區別)하
여 언급하고 있을 뿐 아니라 각각의 위격에 대하여 동일한 하

나님으로 말하고 있으며, 동시에 삼위 하나님을 구분(區分)함이 없이 언급하고 있기도 합니다. 바로 이러한 성경의 언급들을 종합하여 얻은 것이 바로 '삼위일체'로서, 이는 오직 성경 안에서만 도출되는 것입니다. 따라서 우리들은 이러한 삼위일체 하나님에 대하여서 자연계에 있는 예를 찾아서 이해하려고 할 것이 아니라, 성경의 언급한 바를 따라서만 이해하도록 하는 것이 타당하다 하겠습니다. 초기 기독교 내에서는 삼위일체와 관련한 이단설들이 많았는데, 이는 대부분 삼위일체에 대해 쉽게 이해하고자 성경 외의 예들과 논리 가운데서 삼위일체를 설명하는 가운데서 그렇게 한 것들이었습니다. 바로 이러한 하나님을 언급하는 성경 외에 우리가 하나님에 대해 풍성하고도 정확하게 이해할 수 있는 근거는 어디에도 없는 것입니다.

요점 2

"하나님의 삼위는 한 하나님이시면서 각각 구별될 뿐 아니라 존재와 행동에 있어서 일정한 순서에 의해 계시되신다."

➥ 삼위일체의 하나님은 구별되지 않거나(각 위격을 각각으로 설명하는 '양태(樣態)론'의 부정) 각각으로 구분되지 않지만('삼신(三神)론'의 부정), 본질적 속성으로서가 아니라 각 위격에 따라서 존재와 행동의 일정한 순서에 의해 역사 가운데 계시되셨다.

◆ ◆ ◆

24. 요 1:18은 성부(聖父)와의 관계에 있어서 성자(聖子)에 대하여 어떻게 말하고 있습니까? [108)]

25. 요 15:26에서 보혜사를 보내시는 분은 누구입니까? [109)]

■ 이처럼 성자는 성부로 말미암아 낳으신바 되셨고, 성령은 아버지와 아들에게서 보내신바 되어 나오심을 알 수 있습니다. 물론 성자께서 마리아에게 잉태되도록 하심은 성령을 통하여 된 것으로서 그 기원이 인간적(육체적 부모를 통해 잉태되는)이지 않음을 성경은 나타내고 있으나 삼위(三位) 간의 관계에 있어서

는 성부와 성자와 성령으로 시간(역사) 가운데 계시되었습니다.

오늘날에는 '삼위일체'에 대하여 올바르게 알고 있는 신자가 아주 드물며, 심지어는 별로 필요 없는 사변(思辨) 정도로 생각하는 경우가 많으나 삼위일체의 하나님에 대하여 알지 못하면 이후에 전개되는 하나님의 작정과 섭리를 올바르게 이해하지 못하게 된다는 점에서 결코 사변으로 취급될 수 없다는 것을 알아야 합니다. 삼위일체의 하나님을 올바르게 이해할 때에, 우리들은 성경에서 등장하시는 하나님의 일하심을 이해할 수 있으며, 삼위일체의 하나님의 각각의 속성과 구별을 알 때에, 우리들은 하나님의 무한하신 능력과 역사하심을 실감(實感)할 수 있는 것입니다. 일례로 '양태론'으로 삼위일체의 하나님을 이해하는 경우, 성자이신 예수 그리스도께서 아버지라고 부르신 성부 하나님과 보내시리라고 하신 성령 하나님을 설명할 수가 없게 됩니다. 더군다나 예수께서 세례를 받으실 때, 그 시간과 공간 안에 성부 하나님의 음성과 성령 하나님의 비둘기같이 임하심이 성자 예수 그리스도와 함께 동시에 드러난 것은 설명할 길이 없게 됩니다. 그러므로 철저히 하나님께서 주권적으로 계시하신 성경을 따르는 신본주의(神本主義)신학과 성경의 내용까지 인간의 이성과 합리성에 맞춰서만 이해하고 설명하는 인본주의(人本主義)적인 신학의 차이는 근본적으로 삼위일체의 하나님에 대한 이해 가운데서 작정과 섭리로서의 하나님의 주권을 철저히 믿느냐, 아니면 단지 시시때때로 인간을 도우시기만 하면 족한 막연하고 피상적인 하나님을 믿느냐의 차이라고도 볼 수 있습니다.

본과의 내용을 정리해 보고
의문점을 메모해 보세요.

....

....

....

....

....

....

....

....

....

....

....

....

....

....

....

....

....

....

....

Chapter 3

하나님의
영원한 작정에
관하여

제1조

하나님은 영원 전부터 그의 마음의 원대로 가장 지혜롭고 거룩한 뜻을 따라 자유롭게 장차 될 일을 불변하게 정하셨으나, 그로 말미암아 하나님이 죄를 만드신 자가 아니요 위법이 피조물의 의지 속에 주어진 것도 아니요, 또한 제2의 원인들의 자유와 우연성이 결코 제거되는 것이 아니라 확보되고 확립되는 것이다.

■ 우리가 앞장에서 살펴본 삼위일체 하나님에 대한 이해는 하나님의 속성과 하나님의 속성 가운데서의 사역(성경에 계시된 하나님의 일하심 혹은 역사)에 대한 이해에 필수적인 부분입니다.

인간의 의지를 강조하고 인간의 기쁨만을 중심으로 하는 많은 현대의 신앙 가운데서는, 하나님에 대해서 우리를 도우시는 분으로 밖에는 이해하지 못하지만, 하나님은 자신의 모든 뜻과 의지를 온전히 이루시는 전능(全能)하시고 무한(無限)하시며 전지(全知)하신 하나님이십니다. 그러므로 하나님의 신적 작정은 그의 전능하심과 전지하심 가운데서 필연적으로 성취되는 것입니다.

요점 1

"하나님께서는 자신이 창조하신 모든 피조물들에 대하여 이미 영원 전에 변하지 않는 계획을 세우셨다."

↳ 하나님께서는 친히 창조하신 피조세계에 대한 계획을 창조 전에 세우셨으며 그 계획은 변치 않는다.

◆ ◆ ◆

1. 엡 1:11 말씀에 따르면 우리가 하나님의 기업이 되는 것은 직접적으로 무엇 때문이며, 그것은 무엇을 따라 되는 것입니까? 110)

– 히 6:17; 롬 9:15,18절 참고.

2. 하나님의 영원한 작정에 대하여 롬 11:33은 어떻게 설명합니까? 111)

■ 흔히 이해하기 힘든 어떤 시련 앞에서(욥의 경우처럼) '하나님이 계시다면 어떻게 이런 일이 생기는가?'라고 말하는 경우를 볼 수 있습니다. 그러나 모든 일들은 하나님의 뜻에 무관하게 생기는 것이 아니라, 오히려 **"그의 마음의 원대로 가장 지혜롭고 거룩한 뜻을 따라 자유롭게 장차 될 일을 불변하게 정하신"** 하나님으로 말미암는 것이며, 그러한 **"하나님의 지혜와 지식의 부요함"**과 **"그의 판단은 측량치 못할 것이며 그의 길은 찾**

지 못할 것"이라고 성경은 말합니다.

사실 우리들의 이성과 지혜로는 하나님의 작정에 대하여서 다 알지도 못할 뿐 아니라, 이해하지도 못합니다. 비록 하나님께서 성경을 통해서 그 작정하심에 대해 언급하셨어도, 우리들은 하나님께서 성경을 통해 언급하신 것조차도 온전하게 다 알지를 못하는 것입니다. 하지만 그러한 하나님의 작정하심(창조하신 모든 피조물들에 대한 변하지 않는 계획)이 없다면, 이후의 '창조'에서부터 '섭리'까지의 모든 내용들 또한 확고하고 분명한 것이 될 수 없을 것입니다.

요점 2

"하나님의 작정은 영원하다."

↳ 하나님께서 영원 전에 세우신 피조물들에 대한 계획은 영원한 것이다.

3. 엡 3:9 말씀에 따르면 "하나님 속에 감취었던 비밀의 경륜"에 대해 언제부터로 말하고 있습니까? [112]

4. 엡 3:11 말씀은 "그리스도 예수 안에서 예정하신 뜻"에 대하여 언제부터라고 했습니까? [113]

5. 골 1:26 말씀에서 "이 비밀"의 감추임을 무어라고 했습니까? [114)]

■ 영원하다는 것은 시작과 끝이 없는 것, 곧 시간적인 순서나 시간의 제약이 전혀 없는 것을 말합니다. 이처럼 영원 전에 계획하신 하나님의 뜻과 그리스도 예수 안에서의 예정은 비밀하며 시간을 넘어서는 영원한 것으로 성경은 기록하고 있습니다. 그러므로 성경의 사건들이 비록 시간적인 순서로 기록되어 있어도 그 일들을 계획하신 하나님의 작정은 시간적인 순서 혹은 인과관계에 따라서 A → B → C 의 순서로 즉, A라는 원인이 있어야만 B라는 사건이 가능하고, B라는 원인이 있어야만 C라는 사건이 가능할 수 있는 방식이 아니라, 때로는 모든 원인이나 시간을 초월하여 전적인 하나님의 주권에 따라 일들이 일어나는 것입니다.

우리들의 이성과 사고는 항상 신체기관을 통해서 구체적으로 드러나는 형태를 취합니다. 즉 우리 자신의 생각하는 것은 팔과 다리 혹은 얼굴의 표정 등을 통해서 실현되는 구조를 취한다는 것입니다. 그러나 하나님의 뜻과 지혜에 있어서는 전혀 도구나 수단이 없이도 실현되고 성취될 수 있다는 데서 하나님의 형상으로서 부여받은 공유적 속성인 이성과 사고능력과는 근본적인 차이가 있는 것입니다. 이러한 하나님에 대해서는 삼위일체 하나님에 대해 배운 제2장의 내용 중 '공유적 속성'에 대한 이해와, 앞으로 배우게 될 제4장의 내용인 하나님의 창조에 대한 내용들 중 특별히 '무(無)로부터의 창조'와의 연관성 가운데서 이해해 볼 수가 있는데, 특별히 '무로부터의 창조'에 대한 이해

가운데서 하나님의 무한하신 능력과 그 능력의 영원성('시간'이라는 개념을 뛰어넘는)을 유추해 볼 수 있습니다. 한마디로 하나님께서는 아무 수단이나 도구가 없이도 모든 만물들을 창조하실 수 있는 분이시기 때문에, 그 하나님께서 작정하신 일은 아무런 변경이나 제약이 없이 전적으로 영원한(시간을 넘어서) 것입니다.

요점 3

"하나님의 작정은 크고 작은 모든 일들을 말한다."

➥ 하나님께서 작정하신 일들은 큰 일이건 작은 일이건 모두를 포함한다.

◆ ◆ ◆

6. 엡 1:11에서 "그 마음의 원대로 역사"하시는 일은 특정한 어떤 일입니까, 모든 일입니까? [115)

■ 우리의 일상들을 보면 마치 모든 일들이 우연적으로 이루어지고 있는 것처럼 보입니다. 우연히 누군가를 마주치기도 하고, 우연히 어떤 일을 하기도 하는 것처럼 말입니다. 또한 우리들의 일상에는 계획하고 생각하여 하는 행동보다 별다른 이유 없이 무심히 행하는 일들이 훨씬 많음을 알 수 있습니다. 어떤 때 우리 자신을 보면 마치 자동적으로 움직이는 것 같기도 합니다. 이러한 자잘한 일들에 대하여 성경은 어떻게 말하고 있을까요?

7. 마 10:29~30에서 예수께서는 어떻게 말씀하십니까? [116)]

8. 잠 16:33에서 제비를 뽑는 것과 같은 작은 일도 누구의 작정으로 말미암는다 했습니까? [117)]

■ 이처럼 성경에서는 우리의 일상적인 거래나 아주 사소한 일 혹은 제비뽑기와 같이 그야말로 우발(偶發)적인 듯 보이는 일들까지도 모두 하나님의 작정에 따라 이루어진다고 하였습니다. 우리는 이해되지 않는 일들에 대해서는 무의미하게 생각하기가 쉽지만, 하나님 안에서는 무의미하며 우연적인 일이란 없습니다.

9. 잠 21:1은 왕(사람)의 마음이 누구에 의해 인도된다 했습니까? [118)]

10. 빌 2:13은 우리의 의지(소원을 두고 행하는 것) 또한 누구에 의해 인도된다고 했습니까? [119)]

■ 이처럼 성경은 우리 일상의 사소한 일이나 우발적으로 일어나는 일들이나, 심지어 우리의 의지에 의한 자유로운 행동까지도 하나님의 계획에 따라 이뤄진다고 하였습니다. 뿐만 아니라 행2:23; 4:27,28절에 따르면 사람의 죄에 대해서도 하나님의 작정은 예외가 아님을 알 수가 있습니다.

11. 창 45:7,8로 보건데 창 37:28에서 요셉을 이스마엘 사람에게 팔려고 할 때에 미디안 상인들이 지나게 된 것은 우연적인 일입니까? [120]

12. 사 10:5~11에서 이스라엘의 죄를 벌하시기 위해 사용된 앗수르 사람들의 의지는 어떠한 것이었습니까? [121]

■ 이처럼 사람이 자발적으로 행하는 죄에 대해서도 하나님의 작정은 예외가 아님을 알 수가 있습니다. 악인들의 악한 생각마저도 하나님의 계획을 결코 벗어나지 않는 것입니다. 오히려 하나님께서는 악인들의 악한 의지와 계획을 도구로 사용하시어 하나님 자신의 계획을 착오 없이 이루십니다.

그러나 우리들의 사고와 이성으로는 하나님께서 크고 작은 모든 일들을 다 계획하셨다는 것을 전혀 실감하지 못합니다. 이미 시간과 섭리 가운데서 인식하며 사고하는 우리들로서는 하나님의 영원한 작정 가운데서 지극히 작은 일들까지도 계획하셨다는 사실이 도무지 이해되지 않는 것입니다. 왜냐하면 우리의 일상적인 행동들은 대부분이 마치 내 스스로 판단하고 생각한대로 이뤄지는 일들로만 보이기 때문입니다. 하지만 우리의 일상과 같은 지극히 작은 일들까지 하나님께서 계획하지 않으신다면 결국에는 큰 일도 결코 계획할 수 없을 것인데, 이는 제4장과 제5장, 즉 '창조'와 '섭리'에 대한 언급들에서 더욱 확인할 수 있습니다.

요점 4

"모든 일들에 대한 하나님의 작정은 하나님께서 죄에 대하여 원인이 된다는 말은 아니다."

↳ 하나님께서 크고 작은 모든 일들을 계획하시고 실행하시지만, 죄에 대하여 서는 하나님의 작정이 원인이 되는 것은 아니다.

◆ ◆ ◆

13. 사 10:12~14에 의하면 이스라엘의 죄를 심판하는 도구로 쓰인 앗수르가 받을 벌의 근거는 무엇입니까? [122]

14. 예수 그리스도를 십자가에 못 박히도록 한 이스라엘 백성들과 빌라도와 헤롯의 행동은 하나님에 의하여 강요된 것이었습니까, 그들의 의지에 따라 자발적으로 된 것이었습니까? [123]

15. 행 4:27~28에 따르면 헤롯과 빌라도와 이스라엘 백성들은 무엇을 이루려고 그렇게 한 것입니까? [124]

16. 결국 하나님의 예정은 인간의 의지를 어떻게 사용하시며, 죄는 누구에게 물어야 합니까? [125]

17. 예정론의 관점에서 마 18:7을 설명해 보십시오.[126)]

■ 모든 일들(지극히 작은 일들까지)을 하나님께서 계획하셨다면 죄와 관련한 일들도 틀림없이 하나님께서 계획하신 일이라고 해야만 할 것입니다. 하지만 하나님의 속성 가운데에는 '죄'와 관련한 것이 전혀 없기 때문에, 하나님께서 죄를 계획하실 수 없으리라고 판단할 수 있습니다. 그런데도 모든 일들을 하나님께서 다 계획하실 수 있는 것은 오직 하나님의 속성(완전성, 전능성, 전지성 등)에 대한 이해 가운데서 가능하다 할 것입니다.

한 주간의 정리

1. 성부와 성자와 성령 하나님의 신성과 위격은 각각 동일하십니까, 각각 다르십니까?

2. 성부와 성자와 성령 하나님은 결국 구별이 안 되는 것입니까? 구별된다면 어떻게 구별됩니까?

3. 하나님께서는 자신이 창조하신 모든 피조물들에 대한 계획을 언제 세우셨습니까?

4. 하나님께서 자신이 창조하신 모든 피조물들에 대해 계획하신 것은 상황과 때에 맞춰 적절한 융통성이 있는 것입니까?

5. 하나님께서 세우신 피조물들에 대한 계획은 영원한 것입니까? 일시적이고 임시적인 것입니까?

6. 하나님께서는 큰 틀에 대한 계획을 세우시고, 작은 일들에 대해서는 피조물들의 재량에 맡겨두셨습니까?

연구 과제

1. '삼신(三神)론'에 대해, 그리고 '아리안주의'(Arianism)와 '소키누스주의'(Socinianism)에 대해 설명합니다.

2. '작정' 혹은 '예정'에 있어 영원하다는 말이 의미하는 바를 그 실행인 '섭리'와 관련하여 설명해 봅니다.

3. 하나님의 작정이 크고 작은 모든 일들에 대해 이뤄진 것과 '이 신론'(理神論)의 차이를 비교해 봅니다.

요점 5

"하나님께서는 인간의 행동을 강제하시지 않기 때문에 죄악도 하나님께서 인간이 범하도록 강제하신 것이 아니다."

↳ 하나님께서는 그의 계획(예정)을 위해 인간을 강제적으로 행동하도록 하시지 않으셨으니, 인간의 죄도 강제적으로 범한 것이 아니다.

◆ ◆ ◆

18. 행 2:23 말씀에 따르면 예수께서 십자가에 달리신 것은 몇 가지의 원인에 의한 것입니까? 이를 구체적으로 기록해 보십시오. [127]

19. 예수님을 십자가에 못 박아 죽게 한 이스라엘 사람들의 행동은 예정된 것입니까? [128]

20. 그렇다면 예수님을 십자가에 못 박아 죽게 한 이스라엘 사람들의 행동은 강제(强制)된 것입니까? [129]

21. 결국 예수님 당시의 유대인들은 ( ) [130] 으로 죄를 범하였으되, 그러한 그들의 죄는 예수 그리스도를 향한 하나님의 계획을 ( ) [131] 수 없었던 것이다.

■ 우리들은 하나님의 영원한 작정에 대해 살펴볼 때에 우리의 논리로는 납득하기 어려운 상황에 직면하기 쉬운데, 하나님께서 죄에 대하여서 작정하시되 그것을 강제가 되도록 하신 것이 아니라는 사실에서 바로 그러한 모순에 직면하게 됩니다. 왜냐하면 우리의 논리 가운데서는 사전에 계획한 어떤 일을 그대로 이루기 위해서는 그 계획에 맞춰 반드시 모든 일들을 강제해야만 가능할 것이기 때문입니다.

그런데 성경은 하나님께서는 인간의 행동을 강제하시어서 죄를 범하도록 하신 것이 아니라 인간이 스스로 자발적으로 죄를 범했으며, 그러나 그러한 죄가 하나님의 작정하심을 벗어나지 않는다고 말하고 있습니다. 즉 예수 그리스도께서는 이미 창세전에 하나님의 영원하신 작정 가운데서 택하신 백성들을 대속하시기 위하여서 십자가에 달리시는 일을 이루는 계획 가운데 있었지만, 그를 십자가에 달리도록 한 유대인들의 죄는 하나님께서 강제하신 것이 아니라, 그들이 자발적으로 그렇게 한 것이라고 기록하고 있는 것입니다. 한마디로 하나님께서는 영원한 작정 가운데서 예수 그리스도께서 택하신 백성들을 위해 십자가에 달리시어 대속하시는 일을 계획하셨지만, 그것은 강제에 의해서가 아니라 그들(예수님을 십자가에 단 유대인들) 스스로 자발적으로 예수님을 미워하고 대적하는 방법을 통해 그렇게 하신 것입니다.

요점 6

"하나님으로 인하여 인간들에게 허락하신 자유 또는 인과 관계가 파괴되지는 않는다."

 하나님의 계획과 그 실행이 인간을 강제하지 않으며 또한, 인간의 자유가 하나님의 계획을 저지하거나 변경하거나 앞당길 수 없다.

◆ ◆ ◆

22. 삼하 17:1~14에서 "압살롬과 온 이스라엘 사람들"이 후새의 모략을 택한 것은 무엇 때문이라 했습니까? [132]

23. 그렇다면 압살롬과 이스라엘 사람들은 자유롭게 후새의 모략을 택한 것입니까, 자유롭지 못한 가운데서 택한 것입니까? [133]

■ 압살롬의 경우처럼 인간에게는 그가 원하는 것을 선택하고 행할 의지의 자유가 있습니다. 그러나 그러한 자유로 인해 하나님의 계획이 방해를 받거나 가로막히는 일은 없으며, 하나님의 계획도 인간의 자유를 가로막고 억지로 따르도록 하는 것이 아닙니다. 하나님의 작정의 신비로움은 이처럼 사람들에게 자유를 허락하시면서도 동시에 하나님은 모든 사람들이 행하게 될 것을 모두 예정하신다는 점입니다.

그러나 여기서 인간의 자유를 가로막고 억지로 따르도록 하는 것이 아니라고 할 적에 그러한 자유는 타락 이전의 '자유의지'의 상태를 말하는 것으로, 타락 후의 존재들인 우리들의 경우에는 나면서부터 항상 악할 뿐(창 6:5)이라는 사실을 간과하지 말아야 합니다. 그러므로 작정에 있어 부여된 자유의지의 상태는 태초에 인류의 대표인 아담이 지녔던 자유의지의 상태로서, 아담은 하나님의 작정에 의해 강제적으로 죄를 범한 것이 아니라, 그의 마음으로 생각한 계획 가운데서 스스로 하나님의 금령을 범하는 죄를 범하고 만 것입니다. 또한 그로 말미암은 타락과 부패 그리고 죽음에 이르는 일련의 인과적인 일들 또한 하나님의 작정 안에서 어김이 없이 이뤄진 것입니다. 이러한 점에서 하나님의 작정은 하나님의 속성(전지, 전능하심 등)을 알기 전에는 결코 이해하기 어려운 신비입니다. 우리의 이성과 논리 가운데서는 하나님의 작정에 인간의 범죄조차 예외가 아니면서 그것이 강제적으로가 아니라 피조물인 인간이 자발적으로 그리고 고의적으로 죄를 범함으로 말미암아 이루어진 것이라는 사실이 쉽게 납득이 되지 않는 것입니다. 그러나 우리들이 이러한 하나님의 작정에 대해 인정하는 것은, 그것이 일차적으로 성경이 드러내는 내용이기 때문이며, 좀 더 숙고(熟考)적으로는 하나님의 전능성(全能性)과 전지성(全知性) 가운데서는 그런 작정이 얼마든지 실현될 수 있는 것이라는 점을 인정할 수밖에 없기 때문입니다. 또한 이러한 작정은 영원 전 곧 창세전에 이뤄진 것이기에 논리적 제약이나 시간적 제약이 없이 계획된 일이기도 하다는 점에서, 우리들은 이를 판단할 것이 아니라 인정하고 수용해야 마땅한 것입니다.

제2조

하나님은 현재나 장래에 될 일을 무엇이나 다 아시지만, 하나님께서는 그 일어날 모든 것을 미래로 예견하셨거나 그와 같은 조건하에서 일어날 것으로 예견하셨기 때문에 그 어떤 것을 작정하신 것이 아니다.

요점 1

"하나님께서는 현재에나 미래에 일어날 일들을 모두 다 아신다."

하나님께서는 아무리 사소한 일이라도 다 아신다. 그러므로 하나님께는 우연 혹은 미처 얘기치 못한 일이란 없다.

24. 삼상 23:11~12에서 다윗이 여호와 하나님께 물은 것은 과거의 일입니까 아니면 미래의 일입니까? [134)]

■ 이처럼 한 개인의 일에 대해서도 하나님께서는 일어날 일을 모두 아십니다.

25. 행 15:15~18에서 구약의 선지자들을 통하여 미리 알게하신 사실은 무엇입니까? [135)

26. 행 15:16~17의 내용을 말한 선지자는 누구입니까? [136)

27. 이방인들의 구원을 미리 말씀하신 하나님께서 이를 깨닫도록 한 도구는 무엇입니까? [137)

■ 하나님께서는 한 개인의 일 뿐 아니라, 이방인들과 열방의 일들까지도 모두 아십니다. 또한 하나님께서는 이방인들의 구원에 대한 일을 선지자들을 통해 미리 말씀하시고, 또 이를 기록한 성경을 통해 나중에 깨닫도록 하셨습니다. 이처럼 사도들의 시대에 하나님께서 앞으로 일어날 일을 성경을 통해 깨닫도록 하신 것은 오늘 우리들의 신앙에도 아주 중요한 교훈(경험이나 신비적인 체험과 비전을 바탕으로 하는 것이 아니라 성경을 바탕으로 하나님의 뜻과 계획을 깨닫는)이 된다 하겠습니다. 즉, 앞으로 일어날 일들은 환상가들이나 점쟁이들에 의해 알려지는 것이 아니라 하나님의 말씀인 성경에 이미 알려져 있는 것입니다.

한편, 하나님께서 한 개인의 일 뿐 아니라 열방들의 일들까지 일어날 모든 일들을 다 아신다는 것은 하나님의 의지와는 별개로 있는 일들의 결과를 미리 예견하신다거나, 각 개인 혹은 집단들의 성품이나 성향을 파악하여서 그 결과가 어떠할 것을 미리 아신다는 것이거나, 일어날 일들 혹은 결과들을 미리 앞서서 확인하고서 아신다는 그런 의미가 아닙니다. 오히려 하나님께서 한 개인의 일 뿐 아니라 이방인들과 열방의 일들까지 모두 아신다는 것은, 오직 하나님께서 각각의 모든 일들을 예정하심, 곧 하나님의 의지(意志) 안에서 아신다는 것입니다. 그러므로 작정(특히 '선택'과 '유기'의 이중예정)과 그 결과로 있는 창조와 섭리에 있어서 모든 원인은 하나님과 별개로 있는 각각의 개체들이 아니라, 오직 하나님 자신의 의지에만 있는 것입니다.

요점 2

"하나님께서 현재에나 미래에 일어날 일들을 모두 아시는 것은 예지(豫知)하신 어떤 것에 얽매이지 않는다."

↪ 현재에나 미래에 일어날 일들은 하나님의 계획에 무관하나 하나님께서 이를 미리 아시는 것이 아니다(오히려 하나님의 계획과 뜻으로 말미암아 현재에나 미래에 어떤 일들이 일어나며, 일어날 일들에 대해 하나님께서는 이미 아신다).

28. 롬 9:11에 따르면 야곱과 에서에 대한 선택은 언제 이루어진 것입니까? [138)

29. 그러면 야곱과 에서의 일에 대한 근거는 무엇입니까? [139]

30. 롬 9:18은 야곱과 에서의 일을 어떻게 말합니까? [140]

31. 결국 하나님의 예지(豫知)의 근거는 무엇입니까? [141]

■ 합리주의자들과 소키누스(Socinus)파의 사람들은 하나님께서 인간의 자유로운 행동을 확실하게 예견할 수는 없다고 주장합니다. 왜냐하면 자유로운 인간이 어떤 행동을 할 것인지는 행동을 하는 시점 전에는 확정적이지 못하다고 보기 때문입니다. 또 아르미니우스(Arminius)파의 사람들은 하나님께서 인간의 자유로운 행동을 예지하신다고 해도 그 행동을 결정하는 것은 여전히 사람이라고 합니다. 하나님의 예지는 단지 그 사람의 자유로운 행동을 미리 예견하는 것이라는 말이지요. 그러나 위에서 살펴본 바와 같이 성경은 합리주의자들과 소키누스파와 아르미니우스파의 주장들과 다르게 예정의 근거를 '하나님 자신의 뜻'에 두고 있습니다. 그러므로 하나님의 예정은 인간의 그 어떤 것도 고려하지 않은 순수한 하나님의 의지만을 반영하는 가운데서 인간의 자유로운 행동을 파괴하지 않지만, 피조물인 인간이 장차 행동할 일들을 하나님께서 확정해 두셨다는 것이 성경이 말하는 예정의 내용입니다.

32. 합리주의, 소키누스파, 아르미니우스파의 견해에 따르면 예정은 확정적입니까, 불확정적입니까? [142)

■ 하나님의 '예지'는 단순히 미래에 일어날 일들을 하나님께서 미리 아신다는 것이 아니라, 하나님 자신이 하실 일을 미리 아신다는 의미인 것입니다.

제3조

하나님은 그의 영원하신 작정에 의하여 얼마간의 사람들과 천사들은 영생에로 예정하셨고 다른 이들은 영원한 죽음에로 미리 정하셨으니, 이는 하나님의 영광을 위한 것이다.

요점 1

"하나님의 작정(예정)*은 하나님의 영광을 위한 것이다."

↳ 하나님께서는 아무리 사소한 일이라도 다 아신다. 그러므로 하나님께는 우연 혹은 미처 얘기치 못한일이란 없다.

33. 엡 1:6에 따르면 "그 기쁘신 뜻대로 우리를 예정"하심에 대해 어떻게 말하고 있습니까? [143)]

34. 엡 1:12은 또 무어라 했습니까? [144)]

---

* 포괄적으로는 '작정'이지만, 그 가운데서 천사들과 인간들에 대한 것은 '예정'이라고 구별되게 용어를 사용한다.

■ 이처럼 하나님께서 하시는 모든 역사에 있어서 최종적인 목적은 바로 하나님 자신의 영광을 나타내심에 있는 것입니다. 이것을 아는 것이 아주 중요합니다. 모든 역사가들이 사람의 도전과 응전의 역사를 기록하고 말하지만, 성경은 그러한 모든 역사가 사실은 하나님의 영광을 위한 역사임을 증거하고 있습니다.

요점 2

"하나님의 작정(예정)에는 영생의 '선택'과 멸망의 '유기'가 있다."

↳ 하나님의 예정은 '선택' 과 '유기'의 두 국면이 있다. 그리고 그것은 하나님께 영광이 되는 것이다.

35. 엡 1:6,12은 택하심을 입은 백성들을 언급하고 있습니다. 마 25:41은 어떤 자들을 언급합니까? [145]

36. 마 25:41에 언급한 자들에 대해 롬 9:22은 어떤 이유로 그렇게 하신 것이라 했습니까? [146]

- 잠 16:4절 참조.

■ 모든 역사를 인간에게 두는 신학에서는 어떤 사람들을 영생으로 선택하시고, 어떤 사람들을 멸망으로 정하신다는 것만큼 부당한 것은 없다고 말합니다. 그러나 예정은 하나님의 예정으로, 하나님의 의를 거스르는 것이 아니라 의(공의)를 이루는 것입니다. 앞으로 살펴보게 될 것이지만, 영생의 선택은 모든 죄로 말미암아 죽은 자들 가운데서의 선택이지 죄 없는 자들 가운데서의 선택이 아닙니다. 그러므로 영생의 선택 가운데서 우리는 하나님의 자비와 사랑을 볼 수 있고, 멸망의 유기 가운데서 우리는 하나님의 공의(죄와 악을 반드시 심판하심)를 볼 수 있는데, 이러한 일은 오직 전능하신 하나님 안에서만, 더 구체적으로는 전능하신 하나님의 의지 가운데서만 예정될 수 있는 것입니다. 성경은 하나님의 예정 안에서의 선택과 유기에 대해 간단히 언급하기를 "하나님께서 하고자 하시는 자를 긍휼히 여기시고 하고자 하시는 자를 완악하게 하시느니라"(롬 9:18)고 했습니다. 즉 선택뿐만 아니라 유기에 대해서도 피조물에게서 원인을 말씀하지 않으시고 하나님 자신의 의지 가운데서 궁극적인 원인을 말씀하시는 것입니다.

그러나 하나님께서 하고자 하시는 자를 완악하게 하셨다고 해서 그 책임이 하나님께 있는 것이 아니라는 사실은, 앞에서 이미 충분히 다룬 내용들입니다. 하나님께서는 죄의 원인자도 아니시고, 죄의 원인을 죄인들에게 부여하신 분도 아니실 뿐 아니라, 무엇보다도 죄인들의 제2의 원인들이 제거되지 않고 확보되도록 하시는 가운데서 그 모든 일들을 예정하신 것입니다. 바로 이처럼 놀랍고 신비스런 예정을 준비하시고 또한 이루심으로써 모든 영광이 하나님께 돌려지도록 하신 것이 바로 하나님의 예정입니다만, 이 모든 내용들에 대해서 우리들은 성경을 통해 확인할 뿐이며 계속해서 강조하는 바와 같이, 피조물인 우리들과 무한히 대조되는 하나님의 속성에 대한 바른 이해가 없이는 이 모든 예정의 목적 또한 바르게 견지할 수 없는 것이 바로 우리의 신앙인 것입니다.

한 주간의 정리

1. 하나님의 신적 작정은 하나님께서 인간이 죄를 짓도록 이끄셨다는 말입니까?

2. 하나님의 신적 작정은 사람들이 행하는 것들의 인관관계를 깨뜨리는 것입니까?

3. 하나님의 신적 작정이라도 예기치 않은 돌발적인 일들이 일어 날 수 있습니까?

4. 하나님께서 현재에나 미래에 일어날 일들을 모두 아시는데, 그것은 다만 하나님과 무관하게 벌어지는 일들에 대해 하나님께서 미리 아시는 예지(豫知)에 따른 것입니까?

5. 인간에 대한 하나님의 예정은 인간의 영광과 기쁨을 위하도록 계획된 것입니까?

6. 하나님의 작정 혹은 예정의 두 국면은 무엇입니까?

연구 과제

1. 하나님의 예정에 있어서 그 모든 원인은 하나님께 있으며, 조건적이 아니라는 것의 의미하는 바를 설명해봅니다.

2. '예지(豫知)예정'에 대해 설명하고, 그 문제점이 무엇인지 설명해봅니다.

3. '결정론'(determinism)과 '예정'의 차이를 설명합니다.

제4조

이와 같이 예정되고 미리 예비된 천사들과 사람들은 개별적으로 불변하게 계획되었으니 그들의 숫자는 확실하고 확정되어 늘릴 수도 없고 줄일 수도 없다.

요점 1

"예정에 있어서 선택과 유기는 확정적이며 불변하다."

 하나님께서는 천사들 가운데와 사람들 가운데 구원받는 자와 구원받지 못하는 자를 예정하셨으며 그 수는 처음부터 확정적이므로 또한 불변한다.

◆ ◆ ◆

37. 롬 9:11에 의하면 하나님의 택하심은 어느 때에 이루어졌습니까? [147)

38. 엡 1:4은 "그리스도 안에서 우리를 택하심"을 언제 이루어진 것으로 말합니까? [148)

39. 이로보건데 예정은 언제 확정되었습니까? [149]

■ 하나님의 작정 혹은 예정은 시간이 있기 전에 이미 삼위 하나님의 의논 가운데서 확정된 것이기 때문에, 오직 하나님 안에서 주권적으로 그의 영광을 위하도록 불변하게 성취되는 것입니다. 또한 하나님의 작정이 삼위 하나님의 의논 가운데서 하나님의 주권으로 된 것이니 만큼 그 내용을 피조물인 우리들은 전혀 알 수 없는데, 다만 우리들(그리스도인)은 하나님께서 성경 가운데서 드러내신 바를 통해 그러한 하나님의 작정(예정)이 '확정적'이며 '불변'하다는 것을 배울 수가 있습니다.

그런데 다른 한편으로 '예지(豫知)예정론'과 같이 하나님의 예정이 피조물들이 시간 가운데서 시행할 가능성 내지는 역량을 미리 보시고, 혹은 단순하게 피조물들이 행한 일에 대하여서 미리 확인하거나 아시는 정도의 차원에서만 하나님의 예정이 성립한다는 주장이 이미 오래 전부터 주장되어 왔습니다. 특히 하나님의 은혜로운 '선택'에 대해서는 하나님의 주권적인 선택에 동의하면서도 '유기'에 대해서는 하나님께 원인을 두는 것이 하나님을 불의하게 만드는 것이라는 생각 가운데서, 유기의 원인은 피조물인 인간의 죄를 범할 능력을 하나님께서 미리 아시고 그들을 유기하신다는 입장을 취한 것입니다. 인간의 주체성을 강조하는 현대인의 사고 가운데서는 이러한 예지예정의 입장이 더욱 매력적이고 합리적으로 들릴 것입니다. 그러나 그처럼 예지예정의 입장을 취하는 것은 결국 하나님의 절대적인 예정이 아니라 피조물의 성격을 고려한 예정을 말하는 것이며, 확고하고 불변하는 예정이 아니라 피조물의 최종적인 변화에 따라서는 변할 수도 있는 예정을 말하는 입장이라는 사실을 우리들은 알아야만 합니다. 즉 예지예정과 같이 피조물을 고려한 예정의 입장을 지지하는 순간, 하나님의 중요한 속성 가운데 하나인 전능성과 불변성, 그리고 전지성까지 모두 불완전하게 되고 마는 것이므로 결국에는 하나님의 영광 또한 축소되고 말 것입니다. 왜냐하면 불변하지 않으며 변동 가능한 하나님의 예정이란, 하나님의 능력 또한 그러하다는 말이며, 바로 그러한 능력으로 완성하게 되는 하나님의 영광 또한 그러하다는 말이기 때문입니다. 하지만 우리들은 피조물일 뿐입니다. 하나님께서는 피조물인 우리들의 판단을 고려하시는 것이 아니라, 하나님 자신의 전능하시고 지혜로우신 의지 가운데서 모든 일들을 예정하신 것입니다.

제5조

하나님께서는 인류 가운데 생명에로 예정된 사람들을 이 세상을 창조하시기 전에 그의 영원하고 변함없는 목적과 그의 뜻의 비밀한 계획과 기쁘신 뜻을 따라 그의 무조건적 은혜와 사랑으로 그의 영원한 영광을 위하여 그리스도 안에서 선택하셨으니, 이는 우리의 믿음이나 선행을 미리 보아서도 아니요, 그 두 가지 중 어느 하나를 잘 보전할 것을 미리 보아서도 아니며, 피조물에 있는 어떤 것이나 처지나 이유들이라도 하나님을 그렇게 하도록 움직이지는 않았으며 이는 그의 사랑과 거저 주시는 은혜에서 난 것이요 모든 것이 그의 영광스러운 은혜를 찬미하기 위하여 선택된 것이다.

요점 1

"예정에 있어서 선택은 피조물의 그 어떤 것도 조건으로 하지 않는 것이다."

↳ 하나님의 선택은 우리의 그 어떤 것도 조건으로 하지 않는 은혜로써 된 것이다.

40. 만일 하나님께서 그 사람의 믿을 것을 미리 아시고 예정 하신 다(예지예정)고 한다면 예정은 언제 확정될까요? [150)

41. 만일에 예정이 시간(역사) 안에서 비로소 확정된다면 그전까지 예정은 불변적입니까, 가변적입니까? [151)

42. 딤후 2:19의 "주께서 자기 백성을 아신다"는 말씀은 자기 백성의 수가 확정되었다는 말입니까? [152)

43. 요 13:18의 "내가 너희를 다 가리켜 말하는 것이 아니라"는 말씀으로 보건데 합 2:14의 "대저 물이 바다를 덮음같이 여호와의 영광을 인정하는 것이 세상에 가득하리라"는 말씀은 온 세상에 결국 여호와의 영광을 인정하며 믿게 된다는 말입니까? [153)

■ 흔히 이러한 예정의 교리는 선교와 전도에 큰 저해가 된다고 주장하는 것을 볼 수 있습니다. 분명, 선교와 전도에 있어서 우리들은 '모든 사람들을 구원하기 위한 선교와 전도'를 하는 것

이 아닙니다. 성경은 예정에 있어 선택과 유기는 확정적이며 불변하다고 말하기 때문입니다.

그런데 하나님의 예정에 있어서 선택은 피조물의 그 어떤 것도 조건으로 하지 않습니다. 그리스도인을 핍박하던 바울의 악행까지도 고려됨이 없이 전적인 하나님의 택하심으로 그리스도인 사냥꾼 바울은 사도로 부르심을 입은 것입니다. 그러므로 우리가 보기에는 도저히 구원의 가망이 없어 보이는 사람에게도 복음을 전해야 마땅합니다. 따라서 예정의 교리는 선교와 전도에 저해가 되는 것이 아니라 오히려 더욱 적극적으로 땅 끝까지 복음을 들고 나갈 수 있는 큰 힘이 되는 것입니다.

요점 2

"예정에 있어서 선택은 하나님의 영광스러운 은혜를 찬미하는 것에 있다."

↳ 하나님의 선택은 궁극적으로 하나님의 영광이며, 택함을 입은 자들에 대해서는 하나님의 영광스러운 은혜를 찬미토록 하는데 있다.

44. 엡 1:4~5에서 말하는 우리에게 주신 "하늘에 속한 모든 신령한 복"은 어떤 것입니까? [154)

45. 엡 1:4~5에서 말한 "하늘에 속한 모든 신령한 복"은 모두 누구로 말미암은 것입니까? [155)](#)

46. 엡 1:6,12에 따르면 이러한 은혜로운 선택의 목적은 무엇입니까? [156)](#)

■ 눅 10:21-24에는 예수님의 감사기도의 내용이 기록되어 있는데, 예수께서는 "아버지 외에는 아들이 누구인지 아는 자가 없고 아들과 또 아들의 소원대로 계시를 받는 자 외에는 아버지가 누구인지 아는 자가 없나이다"라는 말씀을 하셨습니다. 또한 제자들을 돌아 보시면서 이르시기를 "너희가 보는 것을 보는 눈은 복이 있도다"라는 말씀도 하셨는데, 이처럼 헤롯과 그의 궁전을 드나들던 당시의 종교지도자들도 보지 못한 그리스도를 그의 제자들이 보고 있는 것은 전적으로 예수 그리스도의 소원대로 계시를 받았기 때문이었습니다. 한마디로 천지의 주재이신 아버지 하나님께서는 "지혜롭고 슬기있는 자들에게는 숨기시고 어린아이들에게는 (그리스도를) 나타내셨"으니, 그렇게 된 것이 다 하나님 아버지의 뜻으로서 그것은 옳은 일일 뿐 아니라 예수 그리스도께서 친히 감사하신 일입니다. 그러므로 그리스도 안에서 하늘에 속한 모든 신령한 복을 받은 우리들 또한 마땅히 "지혜롭고 슬기있는 자들"이 아니라 "어린아이들"을 택하신 하나님 아버지를 높이며 감사해 마땅할 것인데, 성경(엡 1:6,12)은 이에 대해 "우리로 그의 영광의 찬송이 되게 하려 하심"이라 했습니다.

제6조

하나님께서는 그 택하신 자를 영광에 이르도록 정하신 때에 그 마음의 영원하시고 가장 자유로우신 뜻을 따라 거기에 이르는 모든 방편들을 미리 예비하셨다. 그러므로 택함을 입은 사람은 아담 안에서 타락했으나 그리스도로 말미암아 구속을 받으며, 때를 따라 역사하시는 성령으로 말미암아 효력있는 부르심을 받아 그리스도를 믿음에 이르고 의롭다 하심과 양자되는 것과 거룩하게 하심을 얻고, 그의 권능으로 말미암아 믿음으로 구원에 이르도록 보존된다. 오직 택한 자 외에는 효력있는 부르심과 의롭다 하심과 양자됨과 거룩하게 하심과 구원을 받아 그리스도로 말미암아 구속될 자가 없다.

요점 1

"하나님께서는 그 택하신 자를 영광에 이르도록 정하신 때에 그 마음의 영원하시고 가장 자유로우신 뜻을 따라 거기에 이르는 모든 방편들을 미리 예비하셨다."

➥ 예정에 있어서 최종적인 목적들을 정하실 때에, 필연적으로 그 목적들을 이루기 위한 수단들도 정하셨다.

47. 살후 2:13에 따르면 하나님께서 택하신 백성들에게 예비하신 구원의 수단은 무엇입니까? [157)]

48. 엡 1:5은 예수 그리스도에 대하여 어떻게 설명합니까? [158)]

49. 엡 2:10로 보건데 우리들이 그리스도 예수 안에서 선한 일을 하는 것은 누구로 말미암습니까? [159)]

■ 위의 성경 구절들에 따르면, 하나님께서는 우리들에 대한 예정 가운데서 그 목적을 이루는 방편도 예비하셨음을 성경이 언급하고 있는 것을 알 수가 있습니다. 어떤 사람들은 하나님의 선택과 예정을 인정하면서도 동시에 우리의 구원을 위해서는 우리 자신의 수고와 노력이 더해져서 비로소 구원에 이르는 목적을 이룬다고 주장합니다. 즉 하나님의 선택만이 아니라 우리 입장에서의 노력이 더해져야만 비로소 구원을 향한 하나님의 예정 또한 성립하고 완성하게 되는 것이라는 말이지요.

그러나 위에서 살펴본 성경의 여러 구절들에 의하면 우리의 거룩과 경건과 사랑함 등의 그리스도 예수 안에서의 선한 일은 사실, 예정하심 가운데 우리를 만드신 "하나님이 전에 예비하신" 것이니 결코 우리의 능동적인 "행위에서 난(우리의 수고나 노력이 어느 정도는 공로로 반영되는) 것"이 아닙니다. 우리가 보기에는 스스로 결단하여 행해지는 것처럼 보이는 일들도 사실은 하나님의 예비하심으로 비로소 그렇게 행해지는 것이라는 말입니다. 우리들은 하나님의 작정(예정)이 불변하며, 가장 작은 일들도 작정됨이라는 것을 생각할 때에, 하나님께서 예정과 함께 그 수단들도 예비하시지 않을 수 없음을 알 수 있을 것입니다. 하나님께서는 계획만 세우시고 그 실행과 수단들에 대해서는 준비하지 않으시는 그런 분이 아니라(눅 14:28-30), 그 실행과 수단들도 예비하신 불변하며 전능하신 분이십니다.

요점 2

"하나님께서는 그의 백성들 개개인을 구원하시기로 정하셨고, 그러한 목적을 이루기 위한 수단으로 그리스도의 구속, 효과적 부르심, 칭의(稱義), 양자(養子), 성화(聖化), 견인(堅忍) 등을 정하셨다."

↳ 하나님께서는 택하심을 통해 구원 얻을 백성들을 정하셨을 뿐 아니라 그들의 구원의 서정(庶政)까지도 정하셨다.

◆ ◆ ◆

50. 롬 8:30에서 미리 정하신 백성들에게 예비 된 것이 무엇입니까? [160]

51. 엡 1:5은 예정 가운데 우리에게 예비 된 무엇을 언급합니까? [161]

■ 구속(救贖, redeem)이라는 말은 '값(補償)을 치른다'는 의미의 말입니다. 즉, 하나님의 택하신 백성들을 구원하려는 목적을 이루는 수단으로써 예수 그리스도께서 그 값을 치르셨다는 것으로, 삼위일체이신 하나님의 제2위격이신 성자 예수 그리스도께서는 바로 그처럼 우리의 구속을 위해 영원히 임명되신 것입니다. 하나님의 영원하신 예정에는 성자의 구속과 그 구속을 구체적으로 적용하는 여러 서정(구원의 서정)들이 포함되는 것입니다.

이러한 예정에 대한 이해를 바탕으로 볼 때에, 우리들은 비로소 구원에 있어 우리들에게서는 아무것도 고려됨이 없다는 사실을 직시할 수 있습니다. 또한 하나님께 영광이 되는 것을 목적으로 하는 예정에 대한 이해를 통해서 비로소 하나님께서 스스로 영광을 받으신다는 것은, 하나님의 영광을 이루는 것은 결국 하나님의 영원한 예정 가운데서 이미 계획하신 일이 성취되는 것이라는 사실을 알 수가 있습니다. "하나님께서는 그의 백성들 개개인을 구원하시기로 정하셨고, 그러한 목적을 이루기 위한 수단으로 그리스도의 구속, 효과적 부르심, 칭의(稱義), 양자(養子), 성화(聖化), 견인(堅忍) 등을 정하셨"습니다. 즉, 구원의 서정 전체가 다 하나님의 예정하신바 가운데서 이미 창세 전에 다 준비된 것이며, 그 성취 또한 하나님의 예정을 따라 주권적으로 이뤄진다는 점(이러한 이해는 삼위일체 하나님이 어떠한 분이신지, 즉 하나님의 속성에 대한 정확한 이해를 바탕으로 수반되는 것입니다)에서 구원의 서정 전체가 하나님의 은혜에 따른 것이라는 사실을 알 수 있는 것입니다.

요점 3

"하나님의 택하심을 받은 자 만이 믿음을 통하여 구원의 서정이
따르며, 택하심을 받은 자 외에는 구원의 서정이 없다."

↪ 택하심을 통하여 구원할 목적이 정해지지 않은 사람에
게는 그러한 목적을 위한 수단으로서의 구원의 서정 또한 사
용되지 않는다.

◆ ◆ ◆

52. 요 10:15로 보건데 예수 그리스도의 구속은 <u>모든 인류에게,</u>
<u>택하신 인류에게</u> 적용되는 것입니다.
(밑줄 친 두 문장 중 바른 문장에 v 표를 하세요). [162]

53. 요 17:9에서 예수님께서는 무어라 하셨습니까? [163]
　– 이외에도 요 6:64, 65; 8:47; 10:26; 요일 2:19 등을 참조.

■ 오늘날 상당수의 사람들이 예수 그리스도의 구속을 다음과
같이 생각합니다. "하나님께서는 무한한 긍휼과 보편적인 자비
가운데, 타락으로 멸망한 인류 전체를 율법의 저주에서 구속하
시기 위해 그리스도를 저주의 십자가에 달리어 죽으시도록 결
정하셨다. 그러나 모든 사람들이 예수 그리스도를 믿지 아니하
고 거절할 것이므로 어떤 사람들을 특별히 택하시어 성령의 효

과적이고도 특별한 은혜를 받아 구원을 얻게 하신 것이다."라
고 말입니다.

54. 언뜻 그 속에 담긴 의미를 구별하기 어려운 위의 생각에서 문
제가 되는 부분은 어느 문장입니까? [164]

■ 만일 예수께서 모든 사람들을 구원하시기 위해 십자가에 달
리셨다고 한다면, 하나님의 예정은 불변한 것이 아니라는 말
입니다. 왜냐하면 이미 예수 그리스도를 통한 구원의 계획은
예수 그리스도를 믿지 않는 사람들로 인해 가로막히고 말았기
때문입니다. 그리고 그 말은 예수 그리스도의 구속사역이 그
만큼 불완전한 것이라는 말이기도 합니다. 또한 최종적으로
그러한 생각은 하나님의 불변하시는 속성까지도 파괴하고 마
는 심각한 견해입니다. 그러므로 처음부터 불변하고 확정적인
작정 안에서의 예정이 아니라면, 사실상 예정은 성립할 수 없
게 될 것인데, 성경 어디에서도 예정은 그렇게 불완전하고 불
확정적인 것으로 언급하고 있지 않음을 우리는 분명히 기억해
야 할 것입니다.

한 주간의 정리

1. 예정에 있어서 선택과 유기는 인간의 신앙과 불신앙의 반응여부에 따라 그 수가 변동될 수 있는 것입니까?

2. 예정에 있어서 '선택'의 조건은 신앙의 여부에 따른 것입니까?

3. 예정에 있어 '선택'은 궁극적으로 우리의 기쁨과 영광을 위하는 것입니까?

4. 예정에 있어서 최종적인 목적만을 확정하셨고 그 수단들에 대해서는 융통성이 있도록 하셨습니까?

5. 하나님께서 그의 백성들을 구원하시려는 목적을 이루시기 위한 수단들에는 어떤 것들이 있습니까?

6. 하나님께서는 비록 택함을 받지 않은 백성들이라 할지라도 구원의 목적을 이루시기 위한 수단들 만큼은 열어 두셨습니까?

연구 과제

1. 웨스트민스터 신앙고백서 강해, G.I. 윌리암슨/ 나용화 역, 개혁주의신행협회, p 62-63을 참조하여 1925년 미국 의 연합장로교회 신조수정의 문제점을 설명합니다.

2. 현대 기독교에서 '예정'이 가르쳐지지 않으므로 말미암은 문제점들을 설명해봅니다.

3. 예수 그리스도의 구속사역을 예정 가운데서 설명해봅니다.

제7조

하나님께서는 그의 기쁘신 뜻에 의한 비밀한 계획에 따라 긍휼을 베푸시기도 하시고 거두시기도 하시는데, 마음의 측량할 수 없는 뜻을 따라 피조물을 다스리시는 자신의 지고한 권능의 영광을 위하여, 택함받지 않은 사람들을 저희의 죄의 대가로 수치와 진노를 받도록 정하셨으니 이는 그의 영광스러운 공의를 찬양하게 하려는 것이다.

요점 1

"하나님께서는 택함을 받지 않은 사람들을 저들의 죄의 대가로 수치와 진노를 받도록 정하셨는데, 이는 하나님의 영광스러운 공의를 찬양하게 하려는 것이다."

↳ 하나님께서는 그의 기쁘신 뜻에 의한 비밀한 계획에 따라 택함을 받지 않은 사람들에게 긍휼을 베푸시기를 거두시어 저들의 죄의 대가를 치르도록 하심으로 하나님의 공의를 찬양하게 하신다.

55. 롬 9:17에 의하면 하나님께서는 어떠한 이유로 바로를 세우셨다고 했습니까? [165]

56. 롬 9:18에서 결국 하나님께서 긍휼을 베푸시거나 강퍅케 하시는 근거는 무엇입니까? [166]

■ 하나님께서는 피택자들 이외의 나머지 인류 즉, 바로와 같은 자들을 그의 뜻에 의한 비밀한 계획에 따라 그냥 간과하시기를 기뻐하셨습니다. 그리고 그들이 죄의 대가로 치욕과 진노에 이르도록 정하셨으니, 이로 인하여 피조물에 대한 하나님의 주권적 권능의 영광과 공의가 드러나도록 하신 것입니다. 이러한 하나님의 주권 가운데서의 예정의 부정적인 국면(유기)은 인간 이성의 극심한 반대 가운데 있으며, 흔히 이중예정 즉, 선택과 유기의 두 국면으로서의 예정이 부정되곤 하였습니다.

57. 롬 9:21은 하나님의 주권과 권능에 대해 어떻게 말하고 있습니까? [167]

■ 사람이 구원을 얻는 것은 구원 얻는 사람의 권리 혹은 공로에 의해서가 아니라 전적으로 하나님 편에서 긍휼을 베푸시기 때문입니다.

사실 구원을 얻지 못하는 사람들이 그렇게 되는 것은 그들이 구원 얻는 사람들보다 더 나쁘기 때문이 아니며, 오히려 엡 2:3 말씀과 같이 모두가 다 "본질상 진노의 자녀"들일 뿐입니다. 그러므로 구원을 얻을 무슨 권리를 타고난 사람은 전혀 없는 것입니다. ※롬 9:19~23절 참조. 하나님의 작정에 있어서 죄는 하나님의 작정 안에 있는 것이지만 그럼에도 불구하고 죄의 원인이 하나님께 있는 것이 아닙니다. 따라서 하나님께서는 반드시 죄에 대한 문제를 다루시는데, 어느 한 측면만이 아니라 두 측면, 즉 하나님의 자비와 사랑, 그리고 하나님의 공의를 모두 드러내시면서 그렇게 하십니다.

제8조

이처럼 깊은 신비에 싸인 예정교리는 특별한 지혜와 조심성을 가지고 다루어야 한다. 이는 사람들로 하여금 그의 말씀에 계시된 하나님의 뜻을 주의하고 순종하여 자기가 확실히 효력있는 부르심을 받은 것을 보아, 영원한 선택을 받았음을 확신하게 하려는 것이다. 또한 이 교리는 진지하게 복음을 순종하는 모든 이에게는 찬송과 존귀와 찬미를 하나님께 돌리게 하는 것이며 겸손과 근면과 풍성한 위로를 받게 한다.

요점 1

"예정 교리는 특별히 신중하고 조심성 있게 다루어져야 한다."

↳ 이러한 예정 교리에 있어서 부정적인 비판에 직면하는 것은 유기(遺棄)에 대한 내용일 것입니다. 그러므로 예정 교리를 신중하고 조심성 있게 다룬다는 것은 성경에 언급하는 그대로를 말하는 것이지 우리의 이성에 이해가 되도록 하라는 것이 아닙니다. 우리들은 성경에 근거해서만 예정의 교리를 이해해야 하는 것입니다.

◆ ◆ ◆

58. 롬 9:20은 유기에 대한 부정적인 비판에 대해 어떻게 말합니까? [168]

59. 신 29:29로 보건데 우리가 착념(着念) 하여야 할 것은 무엇입니까? [169]

60. 벧후 1:10은 예정("부르심과 택하심")의 교리를 굳게 믿는 것에 대해 어떤 유익을 말해 줍니까? [170]

■ 신앙(信仰)이란 기본적으로 일반학문과 같이 탐구(探究)해야만 하는 성격도 가지고 있습니다. 그러나 신앙의 탐구는 반드시 성경 안에서 해야지, 성경을 벗어나서 자유로운 상상(想像)과 스스로의 철학(哲學)으로 하지 말아야 합니다. 왜냐하면 바로 그렇게 할 때에, 그것은 결국 신앙이 아니라 일종의 자기 학문이 되어 버리기 때문입니다. 그러므로 예정교리와 같은 신앙의 교리들은 이성적으로 이해시키는 것보다는 성경의 모든 말씀들을 최대한 충실히 함축하는 것에 일차적인 중점이 있다 하겠습니다.

기독교 역사를 보면 신앙의 문제, 특히 '예정' 교리와 같이 아주 조심스럽고 민감한 주제에 대해 조심함이 없이 함부로 다루게 되었을 때에, 즉 자신의 이성을 중심으로 이해하고 설명하려고 함으로써 예정 자체를 부정하거나 부족하게 설명함으로써 잘못된 결론에 이르게 되는 예를 찾아 볼 수 있습니다. 펠라기우스주의나 알미니안주의 혹은 만인구원론과 같은 사상들이 대표적으로 그렇습니다. 따라서 우리들은 그러한 사례들에 유의하여 예정의 교리에 대해 성경이 언급하는 만큼, 그리고 성경이 언급하는 대로 이해하고 설명하는 지혜로움이 요구되는 것입니다.

요점 2

"이 교리는 이를 바르게 받아들이는 신자들에게 하나님의 축복으로 충만케 하며, 하나님께는 영광이 돌려지도록 한다."

61. 엡 1:4~5에서 예정에 대한 간략한 언급을 볼 수 있는데 6절에서는 그 목적을 무엇으로 말합니까? [171]

62. 롬 11:1~5을 통해 얻는 유익이 무엇입니까? [172]

63. 눅 10:20에서 주님께서는 칠십 인의 제자들에게 무엇을 기뻐하라고 하셨습니까? [173]

64. 롬 11:20 말씀은 하나님의 예정 가운데서 접붙임을 얻은 이방인들에게 어떻게 하라고 말합니까? [174]

■ 하나님께서 자기의 주권으로 은혜를 나눠주신다는 것은 성경이 명백히 가르치고 있는 것이기에 이해하기에 어렵지 않을 것입니다. 또한 하나님의 주권은 그의 전능(全能)하심과 전지(全知)하심을 인정하게 합니다. 그러므로 예정 교리는 논리적으로 보았을 때에도 하나님의 주권에 필연적으로 따를 수밖에 없는 것입니다. 그런데 어떤 개인이 택함을 받거나 택함을 받지 못하는 이유가 그 개인에게 있다고 성경에는 언급되어 있지 않습니다. 오히려, 택함을 받는 자들에게서 어떤 이유나 근거도 없이 전적인 하나님의 주권에 의해 택함을 받는다는 것이 성경의 언급입니다. 그런 만큼 우리들에게서 원인이나 이유를 찾으려할 것이 아니라 하나님의 주권 자체만으로 하나님을 높이며 찬양하는 것이 마땅하다 할 것입니다. 아울러 우리에게는 하나님의 주권적인 택하심 앞에 조심함과 겸손함이 더욱 요구되는 것입니다. 한편, 이러한 하나님의 주권적 택하심, 곧 우리의 어떤 것도 고려함이 없이 하나님의 뜻에 따라 주권적으로 택하실 자를 택하시는 예정의 내용은 우리에게 가장 큰 위로의 근거가 되는 것이기도 합니다. 왜냐하면 우리에게서 원인을 찾아서 구원에 이르게 된다고 한다면, 우리들은 누구도 구원에 이를 수가 없기 때문입니다. 스스로를 의롭다 말할 수 있을 만큼 스스로에 대해 자신을 지닌 사람은 우리들 가운데 아무도 없으니, 하나님의 주권적 선택이 아니면 그 어디에서 소망과 위로를 찾을수가 있겠습니까?

본과의 내용을 정리해 보고
의문점을 메모해 보세요.

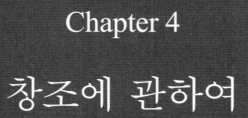

Chapter 4

창조에 관하여

제1조

성부와 성자와 성령하나님께서는, 그 기쁘신 뜻대로 그의 영원하신 권능과 지혜와 선하심의 영광을 드러내기 위하여 태초에 아무 것도 없는 것에서 세상과 그 안에 있는 보이는 것과 보이지 않는 모든 것들을 엿새 동안에 만드셨으니, 모든 것이 매우 좋았다.

■ 앞에서 우리들은 하나님의 작정이 시간의 개념 가운데서 이해되는 것이 아니라는 것을 살펴보았는데, 창조에 대해 다루는 제4장에서 비로소 시간개념이 분명해 집니다. 즉, 창조는 하나님의 작정 이후에 그것이 구체적으로 실행되는 순서 가운데서 시작되는 것입니다.

요점 1

"세상(모든 피조세계)은 스스로 존재하거나 영원한 것이 아니다."

↳ 이 세상은 우연적으로 아무 목적도 없이 존재하게 된 것이 아니며, 또한 영원하지도 않다.

◆ ◆ ◆

1. 요 17:5,24; 시 90:2 등은 세상의 어느 때를 언급하고 있습니까? [175)

2. 히 11:3; 시 33:6; 148:5 등은 만물의 기원을 어떻게 기록하고 있습니까? [176)

3. 롬 11:36은 이 세상 만물들이 주님에게서 나옴과 주님으로 말미암아 있음과 함께 무엇을 말합니까? [177)

■ 사람들은 고래(古來)로부터 철학과 과학을 통하여 만물의 기원과 본질에 대하여 항상 탐구하고 연구하였습니다. 오늘날 많은 수의 사람들이 진화론의 바탕에서 우주의 기원에 대하여 이르기를 원시물질에 우연적인 변이(變異)로 말미암은 것(원물질(元物質)의 진화) 혹은 '빅뱅'에 의한 시작(우리들이 상상하기 어려운 긴 지난 시간들과 더욱 긴 앞으로의 시간들을 증명하는 우주배경복사)으로 설명하지만, 그 모든 이론들은 기본적인 원소들의 조합 혹은 성장 등을 바탕으로 하는 가설들일 뿐입니다. 그러므로 빅뱅 혹은 진화론의 사고 가운데서는 절대적인 무로부터 원소나 입자와 같은 기본적인 것들이 탄생하는 것은 전혀 입증하지 못하는 것입니다. 따라서 만물의 기원에 대한 문제는 고래(古來)로부터 아주 중요하고 어려운 철학과 사고의 주제였는데, 불교를 비롯한 몇몇 철학체계 가운데서는 만물의 기원에 대해 그냥 있었다고 말함과 아울러서 영원히 존재한다고 말합니다. 불교의 '윤회'(輪廻)의 개념이 바로 그러한 영원의 개념이지요. 그러나 성경은 이와 달리 세상의 모든 만물들이 절대적인 무로부터의 기원 곧 시

작했음을 말하며, 그런 만큼 이 세상의 모든 만물들의 마지막 때가 있을 것이라는 사실을 말하고 있습니다.

한편 진화이론이나 윤회개념과 같이 세상 만물이 그냥 있었을 뿐 아니라 영원하다는 개념 가운데서는 세상의 목적성이 중요하지 않지만, 성경의 창조개념 가운데서는 처음부터 마지막에 이르기까지 세상 만물들은 하나님의 영광을 위하여 있으며, 바로 이것이 모든 존재들의 근본이요 본질로 있는 것입니다.

요점 2

"세상(모든 피조세계)은 성부와 성자와 성령의 한 하나님께 그 기원을 두고 있다."

↳ 이 세상은 삼위일체이신 하나님으로 말미암아 시작된 것이다.

◆ ◆ ◆

성경은 창조를

① (   ) 178) 께 돌리며, 위격을 (   ) 179) 하지 않는다.
   – 창 1:1, 26절을 보라.
② (   ) 180) 에게 돌리며, - 고전 8:6절
③ (   ) 181) 를 통하여 (   ) 182) 에게 돌리며,
   – 고전 8:6절

④ (　　　　　) [183]를 통하여 (　　　　　) [184]에게 돌린다.
  - 시 104:30절
⑤ (　　　　　) [185]에게 돌리며, - 요 1:2,3
⑥ (　　　　　) [186]에게 돌린다. - 창 1:2; 욥 33:4

■ 즉, 창조는 모두 성부와 성자와 성령의 한 하나님 곧 삼위일체의 하나님의 역사입니다. 뿐만 아니라 창조 이후의 모든 것에서도 하나님은 분리되지 않는 삼위일체의 하나님으로 언급되는 것이 성경의 내용입니다. 그러므로 우리들은 이후로도 항상 성삼위 하나님을 근거로 하나님에 관해 이해하고 생각해야 합니다. 왜냐하면 삼위일체 하나님의 속성 가운데서 영원 전(시간이 있기 전)에 작정이 이뤄졌고 그러한 작정에 따라 창조가 이뤄졌기에, 이후의 모든 역사(섭리)와 종말까지 성삼위 하나님 가운데서 이뤄지는 것입니다.

4. '창조'가 성삼위 하나님의 공동사역이라는 것에는 '삼위일체'와 관련하여, 어떤 의미가 담겨 있겠습니까? [187]

■ 세상의 창조와 관련하여서, 오늘날의 과학학문과 일반적인 사람들의 이성은 항상 자연 안에서 창조의 원인과 원리를 찾으려고 하기 때문에 그 근본적인 답을 찾지 못합니다. 이 사회 가운데서 사람들은 진화론을 포함하여 대부분의 과학적인 증명들을 하나의 절대적인 명제처럼 생각하고 있는 것을 쉽게 볼 수 있는데, 사실 대부분의 과학은 절대적인 명제라기보다는 가설

(假說)들로 이뤄졌으며 그러한 가설들은 항상 증명가능성과 함께 역설 또한 가능하다는 점에서 절대적인 것이 아닙니다. 이에 비해 창조는 성삼위 하나님의 작정의 구현으로서 삼위일체 하나님의 공동사역이므로, 궁극적인 창조의 원인과 원리 또한 성삼위 하나님으로서 자신을 알리신 하나님의 뜻과 의지 안에서만 이해될 수 있는 철저히 종속적인(하나님께 의존적인) 성격을 지니며, 오직 성삼위 하나님의 무한하시고 전능하신 속성 가운데서만 비로소 가능케 되는 영원한 신비에 속한 것이라 하겠습니다. 이처럼 하나님의 속성을 아는 지식은 이후의 모든 내용들을 이해하거나 인식하는 핵심적인 지식으로, 우리들은 오직 성경에서만 이것을 얻을 수가 있습니다.

요점 3

"하나님께서는 이 세상의 만물들을 무(無)에서부터 창조 하셨다."

↳ 이 세상은 무에서부터 시작된 만큼 우연적일 수 없으며, 오직 하나님께서 그러한 무로부터 모든 것들을 창조하셨다.

◆ ◆ ◆

5. 시 90:2; 요 17:5 등의 말씀에서 언급하는 "창세 전"이란 논리적으로 무엇을 반증하겠습니까? [188)]

■ 우리의 개념으로는 창조에 있어 무로부터의 창조를 이해하기가 매우 어렵습니다. 왜냐하면 우리가 경험할 수 있는 것에서는 형성(形成)밖에는 생각하지 못하기 때문입니다. 반면에 창조라는 것은 절대적인 무에서부터 시작되는 것인데, 우리의 이성으로는 아무것도 없는 가운데서 무엇이 창조된다는 것은 쉽게 납득될 수가 없는 개념인 것입니다. 그러므로 앞에서 언급한 삼위일체 하나님의 속성 가운데서 작정이든 창조든 비로소 시작될 수 있음을 상기(想起)해 볼 필요가 있는데, 무에서부터의 창조란 결국 하나님의 전능하심을 함축하고 있는 개념이기도 합니다.

한편, 무로부터의 창조란 기본적으로 하나님의 창조사역이 수단이나 도구가 없이 이뤄진 것을 상징적으로 나타냅니다. 창세기 1장에서 하나님께서는 창조사역을 하심에 있어 "있으라" 하고 명령하심으로 존재가 시작되도록 하시는데, 이러한 창조의 개념은 우리가 지니고 있는 속성과 근본적으로 다른 하나님의 속성을 그대로 보여주고 있습니다.

우리들의 지성은 기본적으로 지체(肢體)들을 통해서 모든 개념들을 지니게 된다고 할 수가 있습니다. 물론 하나님께서 창조 시 부여하신 본래적인 개념을 가지기도 하지만, 우리들은 기본적으로 지체들을 통해 감각되는 경험들을 통해서 개념들을 확장하는 속성을 지니고 있는 것입니다. 그러나 이러한 우리와는 다르게, 영(靈)이신 하나님께서는 모든 개념이나 속성에 있어 영원하며 무한하시기 때문에 바로 그러한 하나님의 속성을 배경으로 절대적인 무(無)로부터의 창조, 즉 아무런 수단이나 도구가 존재하지 않는 가운데서의 창조가 가능한 것입니다.

한 주간의 정리

1. 하나님의 작정에 있어서 하나님의 영광스러운 공의의 찬양은 어떻게 이뤄집니까?

2. 예정(작정) 교리를 신중하고 조심성 있게 다룬다는 것은 구체적으로 어떻게 한다는 것입니까?

3. 예정(작정) 교리를 바르게 받아들이는 것은 신자에게 어떤 유익이 있으며, 하나님께는 무엇이 돌려지는 것입니까?

4. 피조세계는 스스로 존재한 것이며 영원한 것입니까?

5. 피조세계의 기원은 어떻게 기원한 것입니까?

6. 피조세계는 절대적인 무(無)에서부터 시작한 것입니까?

연구 과제

1. 그리스도의 구속사역을 하나님의 영원한 작정(예정) 안에서 설명해봅니다.

2. 하나님의 영원한 작정(예정) 안에서 '창조'와 '진화론'을 비교해서 설명해봅니다.

3. 무(無)로부터의 창조에 내포되어 있는 의미들을 설명해봅니다.

요점 4

"하나님께서는 이 세상의 보이는 것들만이 아니라 보이지 않는 것들까지 창조하셨다."

↳ 하나님께서는 물질적인 세계만이 아니라 보이지 않는 영적인 세계도 창조하셨다.

◆ ◆ ◆

6. 히 11:3은 무엇으로 "모든 세계가 하나님의 말씀으로 지어진 줄을" 안다고 했습니까? [189]

7. 골 1:16은 크게 어떤 세계와 어떤 세계를 언급하며 그 모든 세계가 하나님으로 말미암아 창조되었다 했습니까? [190]

■ 위의 구절들에서 우리들은 눈에 보이는 이 세상만이 아니라 눈으로 볼 수 없는 세상과 존재들도 명백히 언급한 것을 볼 수 있으며 그러한 세상의 목적 또한 하나님의 영광을 위함이라는 사실을 확인할 수 있으니, 모든 피조된 것들의 근본적인 목적은 하나님의 영광에 있는 것을 알 수 있습니다.

요점 5

"하나님께서는 이 세상의 만물들을 6일 동안에 창조하셨다"

 이 세상은 하나님의 능력 가운데서 6일에 걸쳐서 창조되었다.

◆ ◆ ◆

8. 창 1:1~31은 창조의 날수를 며칠로 말합니까? [191]

9. 출 20:11은 "여호와가 하늘과 땅과 바다와 그 가운데 모든것"을 만듦을 며칠로 말합니까? [192]

■ 과학자들은 지구의 나이를 수 십억년으로 말합니다. 더군다나 진화론에서는 동물계의 한 종의 진화를 위해 수 만년 혹은 수 십 만년 이상의 시간을 전제하기 때문에 성경의 6일 창조를 인정하지 않습니다.*

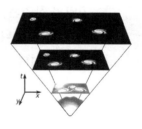

---

* '빅뱅 우주론'에 따르면 우주의 역사 즉, 최초의 대폭발로부터 현재까지 경과한 시간은 약 백억 년 내지 백오십억 년이라고 한다. 빅뱅(Big Bang) 또는 대폭발 이론(大爆發理論)은 천문학 또는 물리학에서, 우주의 처음을 설명하는 우주론 모형으로, 매우 높은 에너지를 가진 작은 물질과 공간이 약 150억 년 전의 거대한 폭발을 통해 우주가 되었다고 보는 이론이다. 이 이론에 따르면, 폭발에 앞서, 오늘날 우주에 존재하는 모든 물질과 에너지는 작은 점에 갇혀 있었다. 우주 시간 0초

그러나 우리들은 이미 앞에서 성경과 하나님에 대해 살펴보면서 하나님의 전능하심과 성경계시의 신빙성을 검토하였으니, 그러한 배경 가운데서 히11:3절 말씀을 보면 전능하신 하나님께서 세상을 단 하루, 혹은 단 한 시간 내에 창조하셨다 해도 믿지 못할 이유가 없을 것입니다. 세상이 하나님에 의해 창조됨이 사실인 이상, 그 원인은 오직 창조하신 하나님께서 알리실 수 있는 것이지 우리가 규명할 수 있는 성질이 아니기 때문에 우리들은 반드시 성경을 믿는 믿음에 근거해서 창조에 대한 지식과 신뢰를 가질 수가 있는 것입니다.

한편, 하나님께서 세상을 6일에 거쳐서 지으신 것에는 한 가지 중요한 의미가 내포되어 있는데, 그것은 하나님의 형상인 인간의 창조를 향하여 모든 것들이 기초되고 준비되는 순서라는 점입니다. 즉 하나님께서는 모든 세상의 것들을 창조하시고 마지막에 인간을 창조하시어서 그 모든 피조세계를 다스릴 수 있도록 하나님의 형상으로 지으신 것입니다. 그러므로 성경이 언급하는 6일의 창조는 별다른 의미를 내포하지 않는 일종의 문학적 수사(修辭)가 아니라 하나님의 뜻이 담긴 중요한 의미를 담고 있는 것입니다.

의 폭발 순간에 그 작은 점으로부터 물질과 에너지가 폭발하여 서로에게서 멀어지기 시작했다.

요점 6

"하나님의 창조는 하나님의 영광을 나타내시려는 계획이었다."

➥ 이 세상은 처음부터 하나님의 영광을 위하는 분명한 목적 가운데서 창조되었다.

◆ ◆ ◆

10. 롬 11:36은 만물의 기원과 만물의 종국을 언급하면서 세세의 영광을 누구에게 돌립니까? [193]

11. 계 4:11은 하나님께 "영광과 존귀와 능력을 받으시는 것이 합당"함을 무엇 때문으로 말합니까? [194]

■ 오늘날 기독교 안에는 "하나님께서는 피조물들의 행복을 궁극적 목적으로 삼으셨다"는 주장이 팽배해 있습니다. 즉 하나님은 우리를 위하시는 분이시며 우리가 행복하며 우리 자신의 우수성을 충실히 드러내는 것을 궁극적인 목적으로 하시는 분이시라는 것입니다. 그리하여 우리가 잘되고 행복하며 번영하는 것만이 창조의 목적에 충실한 것이라고 말합니다.

그러나 성경에 근거하는 우리의 신앙고백서는 하나님의 영원한 목적에 관해서 뿐 아니라 창조와 섭리의 목적까지도 하나님 자신의 영광을 나타내시려는 것이라고 말합니다. 그러므로 하나님의 작정에 있어서의 '선택'과 '유기'의 이중적인 측면과 같이 일차적으로는 인간에게 전혀 영광스럽게 보이지 않는 내용일지라도, 오직 하나님의 영광을 위함이라는 측면('선택'=하나님의 사랑, '유기'=하나님의 공의)에서 이해하여야만 하는 것입니다(작정:3,5,7; 창조:1; 섭리:1; 타락:1; 대요리문답 12, 18문; 소요리문답 7문 참조). 바로 이러한 이해가 약화되므로 말미암아서 오늘날에는 많은 사람들이 하나님의 자비와 무한한 사랑을 반영하는 선택에 대해서만 긍정하려고 하고, 하나님의 영광을 위하는 분명한 한 측면인 죄인들의 '유기'에 대해서는 전혀 관심이 없거나 인정하려고 하지를 않습니다만, 하나님의 영광은 우리들의 관점이 아니라 하나님의 관점에서 이루는 영광임을 기억할 때에, 그리고 그러한 영광을 위하여서 하나님께서 모든 것들을 창조하셨음을 생각해 볼 때에, 참된 신앙에 있어서 결코 양보할 수 없는 중요한 측면이 바로 유기의 측면이라는 사실을 앞으로 진행되는 고백서의 내용들에서도 유념하여야만 할 것입니다.

제2조

하나님께서는 다른 모든 피조물들을 지으신 후에 사람을 창조하시되, 남자와 여자로 창조하시고 이성적이고 죽지 아니하는 영혼과 그의 형상을 따라 지식과 의와 진리의 거룩함을 부여하셨으니, 그 마음에는 하나님의 율법이 기록되어 있고 그것을 온전하게 행할 능력도 가지고 있었다. 그러나 범죄할 가능성 아래 있었던 것은 변하게 되어 있는 그들의 자유의지에 맡기셨다. 저희 마음에 기록된 율법 외에 그들은 명령을 받았으니, 선악을 분별하는 나무의 과실을 먹지 말라고 하신 것이다. 그 명령을 지키는 동안에 저희는 하나님과 교통하며 행복했으며 만물을 다스렸다.

요점 1

"하나님의 창조 사역은 인간의 창조로 마무리 된다."

 하나님께서는 모든 것들을 창조하신 가운데 마지막으로(특별하게) 인간을 창조하셨다.

◆ ◆ ◆

12. 창 1:26 후반부의 말씀으로 보건데 인간의 창조를 마지막에 두신 이유가 무엇일까요? [195]

13. 진화론에서의 사람의 위치(진화의 정점)와 창조론에서의 사람의 위치(창조의 정점)는 어떤 차이가 있습니까? [196)

■ 18세기 말과 19세기 초에 걸쳐 진화론은 성경의 내용들, 특히 창세기 초반부의 내용들과는 정반대의 가설들과 이론들을 주장하였습니다. 그러므로 진화론이 대두된 초기부터 이에 대한 기독교신학자들의 강력한 반론이 있어왔습니다. 그러나 오늘날의 기독교신앙에서 진화론적 상식과 성경의 내용 사이에는 갈등이 별로 없는데, 이는 기독교신앙이 더 이상 지식적이고 이성적인 노력을 하지 않으며, 오히려 신비적이고 피상적인 양상을 추구하게 됨으로써 세상과 기독교가 전혀 별계의 영역을 차지하게 되어 벌어지는 일이라 할 수 있습니다.

한편, 진화론의 사고에서는 인간은 진화에 있어서 우성으로 진화하였지만, 인간은 처음부터 우성이었던 것이 아니며 만물의 영장으로서의 위치에 있었던 것도 아닙니다. 또한 그러한 진화는 최종적이거나 확정적이지는 않기 때문에 경우에 따라서는 멸종과 열성으로의 퇴화 또한 언제든지 가능한 존재일 뿐입니다. 바로 이러한 배경 가운데서 문학과 영화는 항상 인간에 대해 경고의 메시지를 전하기를, 인간은 절대적인 의미의 만물의 영장이 아니라고 하는 것입니다. 아울러 인간이 만물의 영장으로서 있을 것인지의 문제 또한 항상 인간 자신이 어떻게 변화에 적응하고 잘 진화하는가의 문제로 생각하기 때문에, 인간은 항상 주체적인 존재로 있는 것이 진화론의 사고입니다. 반면에 성경은 처음부터 인간은 하나님의 형상으로서 세상 만물의 최종적인 시점에서 그것들을 다스리도록 지어졌으며, 이를 통해 하나님께 영광을 돌려야하는 존재로 지어졌다고 말하고 있습니다. 그러므로 인간은 독립적이고 주체적인 존재가 아니라, 처음부터 하나님께로 말미암고 하나님께로 돌아가는 존재인 것입니다.

요점 2

"하나님은 남자와 여자를 창조하셨고, 그들을 통해 모든 인류가 나도록 하셨다"

14. 창 1:27~28 말씀으로 볼 때, 모든 인류의 조상은 누구 입니까? [197)

15. 창세기 5장, 10장으로 볼 때 모든 민족들의 근원은 누구 입니까? [198)

16. 만일 각 민족마다 다른 시조(始祖)가 있다고 한다면 아담과 하와에 대한 성경의 언급은 어떻게 될까요? [199)

■ 하나님께서 지으신 모든 창조의 내용에는 명백한 의미와 질서들이 내포되어 있는데, 하나님께서 사람을 지으심에 있어서 남자를 흙으로 지으시고 여자를 흙으로 지은바 된 남자의 갈빗대를 취하여서 지으신 것에도 분명한 의미와 질서가 있는 것입니다. 먼저 하나님께서는 남자를 흙으로 빚어 만드셨다고 했습니다. 그리고는 거기에 숨을 불어 넣으시자 사람이 '생령'(生靈)이 됐다고 했습니다. 그러므로 우리의 육체 자체는 피조세계에 있는 흙으로 결국에는 돌아가게 되는 것이고, 인간의 생명의 본질은 언제든지 하나님께서 주시고 하나님께서 취하여 가실 수 있는 영혼(靈魂)으로 있는 것입니다. 또한 하나님께서는 여자를 남자의 갈빗대에서 취하여 지으심으로서 여자의 머리가 남자가 되는 질서를 세우신 분이십니다. 바로 이 질서에 대해 사도 바울은 고전 11:8절에서 "남자가 여자에게서 난 것이 아니요 여자가 남자에게서 났으며"라고 했고, 아울러 9절에서는 "남자가 여자를 위하여 지음을 받지 아니하고 여자가 남자를 위하여 지음을 받은 것"이라고 했습니다. 그러므로 성경은 항상 영적 권위에 있어서 남자를 권위로 하도록 하지 여자를 권위로 하도록 하지는 않는 것입니다. 흔히 여선지자들의 경우를 예로 들어서 여자도 권위에 있어 남자와 동등하다고 현대신학에서는 주장하기도 하지만 그것은 특수한 경우들일 뿐, 일반적인 경우에서는 항상 남자가 권위에 있도록 하는 것이 성경의 예입니다. 이에 따라 고전 11:10절은 "여자는 천사들로 말미암아 권세 아래에 있는 표를 그 머리 위에 둘지니라"고 했습니다. 하지만 그러한 권위는 오직 질서에 있어서의 권위입니다. 그러므로 고전 11:11절은 "주 안에는 남자 없이 여자만 있지 않고 여자 없이 남자만 있지 아니하니라"고 한 것입니다.

요점 3

"인간은 하나님의 형상(이성적이고 죽지 아니하는 영혼, 지식과 의와 진리의 거룩함 등)**을 따라 창조되었다."**

↳ 하나님께서는 특별히 인간을 그의 형상(공유적 속성)을 따라 지으셨다.

◆ ◆ ◆

17. 창 2:7에 따르면 사람에게 생기를 불어 넣으시니 사람이 무엇이 됐습니까? [200)

18. 전 12:7은 "흙(몸)"은 어디로 가고 "신(영)"은 어디로 간다 했습니까? [201)

■ 사람은 몸과 영혼의 존재로 창조되었으며, 눅 23:43, 마 10:28 등의 성경 구절을 통해 영혼이 불멸하는 것을 확인할 수 있습니다. 눈에 보이는 것 위주의 세계관이 팽배해 있는 현대 사회에서는 사후(死後) 영혼이 소멸되는 것으로 이해되곤 하지만 성경은 육체와 영혼에 대해, 그리고 사후(死後) 영혼의 상태에 대해 분명한 언급을 하고 있는 것입니다.

19. 골 3:10 말씀은 하나님의 형상 가운데 어떤 것의 새롭게 됨을 말합니까? 202)

20. 엡 4:24 말씀은 하나님의 형상 가운데 어떤 것을 언급 합니까? 203)

21. 존 로크* 와 같은 자들이 주장한 것처럼 인간이 생득적 개념(innate ideas)이 없는 백지상태로 태어난다고 한다면 하나님의 형상을 따른 창조가 가능할까요? 204)

---

* 그는 '인간 오성론'을 통해 인간정신의 내용에서 중요한 것은 순수한 감각론적인 요인이라 하여 모든 것은 경험에서 생긴다고 주장하였다. 이후로 철학과 교육학에 있어서 본유(本有)관념 혹은 생득(生得)적 관념의 유무에 대한 논쟁은 중요한 이슈 가운데 하나였다.

한 주간의 정리

1. 하나님의 창조는 우리의 눈으로 볼 수 있는 물질세계에 국한
   하는 것입니까?

2. 하나님께서는 이 세상 만물들을 몇 일만에 창조하셨습니까?

3. 이 세상이 처음 창조될 당시의 목적은 무엇이었습니까?

4. 하나님의 창조의 마지막은 어떤 존재의 창조였습니까?

5. 하나님의 창조에서 모든 인류는 누구를 통해 난 것입니까?

6. 하나님께서 창조하신 인간은 어떤 존재로 창조되었으며, 그
   구체적 특성은 무엇입니까?

연구 과제

1. 창조에 있어 6일 창조와 과학에서의 우주의 연대와의 차이를 어떻게 이해할 수 있을지 설명해봅니다.

2. 유신론적 진화론에 대해 살펴보고 그것의 문제는 무엇인지 설명해봅니다.

3. 존 로크(John Locke, 1632-1704)의 '인간 오성론'(Essay Concerning Human Understanding)에 대해 조사해 보고, 기독교 세계관과 어떤 관계를 이루는지 설명해 봅니다.

요점 4

"하나님께서는 첫 사람 아담에게 하나님의 뜻을 알 만한 충분한 지식(그 마음의 율법과 그 법을 지킬 능력)도 주셨다."

↳ 첫 사람 아담은 우리들과는 다르게 하나님의 뜻을 알고 지킬 수 있는 능력을 하나님께 부여 받았다.

◆ ◆ ◆

22. 롬 1:19은 저희 속에 무엇이 보임이라 했습니까? [205]

23. 롬 2:14~15에 따르면 율법 없는 이방인이 율법의 일을 행하는 것은 무엇 때문입니까? [206]

■ 이러한 구절들은 존 로크 및 경험론자들이 주장하는 것과 같이 사람이 어떤 본성(本性) 없는 백지상태로 창조되지 않았고 이후로도 그런 상태가 아니며, 무엇보다 아담이야말로 하나님의 특별한 능력과 계시를 직접 받았으며, 선악을 알게 하는 나무의 열매에 대한 하나님의 말씀을 직접 들었고, 또한 그것을 따를 수 있었음을 생각하게 합니다. 즉, 타락하기 전 아담은 하나님께서 창조하신 세상이 나타내는 자연계시를 통해서도 하나님을 충분히 알 수 있을 만큼의 높은 지식(능력)을 지녔던 것 (그러므로 아담은 하나님의 율법에 대해서도 이해할 수 있었고, 하나님의 금

령 또한 지킬 수 있었던 것)입니다. 성경이 말하는 하나님의 형상으로서의 인간은 하나님의 공유적 속성을 지닌 상태에서의 인간의 상태를 말합니다. 따라서 태초의 아담에게는 이러한 공유적 속성으로서의 지·정·의가 온전하였으며, 이에 따라 선악을 알게 하는 실과를 먹지 말라고 하신 금령, 곧 하나님께서 인간에게 요구하신 바를 스스로 따를 수 있는 진정한 의미의 자유의지를 온전히 지니고 있었던 것입니다.

그러나 경험론의 주장을 따른다면, 인간은 타락 이전의 상태에서도 본성 가운데 하나님을 알만한 것도 하나님의 금령에 대해 순종할 어떤 의지도 지니지 않은 상태, 무엇보다 온전한 성인으로서의 상태가 아니라 유아상태의 탄생이 있을 뿐이고, 모든 본성적인 요소들을 후천적인 경험을 통해서 비로소 터득하게 되는 그런 존재일 것입니다. 따라서 아담과 하와는 타락 이전의 상태보다 타락 이후의 상태가 더 온전하고 의로운 상태라고 볼 수 있을 것인데, 성경은 이에 대해 정반대로 타락으로 말미암아서 그에게 있었던 모든 탁월함, 무엇보다도 하나님과의 관계가 단절되게 되고(창 3:10) 하나님께서 요구하시는 의에 대해서도 부패하고 악할 뿐이었음을(창 3:12; 6:5) 명백히 언급하고 있습니다.

요점 5

"하나님의 뜻을 알며 순종할 능력이 있는 아담에게 하나님께서
는 선악을 알게 하는 나무의 실과를 먹지 말도록 하심으로써 그
것을 지키거나 지키지 않을 자유를 부여하셨다."

➤ 아담은 선악과를 먹지 말라는 금령 앞에 이를 지킬 수
도, 지키지 않을 수도 있는 전적인 자유의지를 가졌다.

◆ ◆ ◆

24. 창 3:6로 보건데 아담과 하와는 죄에 대하여 어떠한 상태였음
을 알 수 있습니까? [207)

25. 전 7:29에서 전도자는 사람(히: 아담, mankind)에 대하여 어떻
게 말합니까? [208)

26. 창 2:17의 선악과 금지명령이 갖는 의미를 사람에 대한 관점
에서 기술해 보세요. [209)

■ 성경과 그에 근거한 우리의 신앙고백서가 말하는 '창조'는
그 정점에 인간이 있지만, 그 목적에 있어서는 인간의 번영과
기쁨이 아니라 하나님의 영광과 기쁨에 궁극적인 목적이라는

것을 분명하게 말하고 있습니다. 뿐만 아니라 이후의 모든 과정, 신앙의 전 영역들이 총체적으로 하나님의 영광을 지향하며, 그 영광은 세상을 창조하신 하나님의 능력과 관계해서 분명하게 성취되는 것이라는 믿음을 계속적으로 언급합니다. 그런데 그런 하나님께서는 인간에게 하나님의 뜻을 알며 그 뜻에 순종할 수 있는 충분한 능력과 의지(하나님께서 요구하시는 진정한 성-율법-을 행할 수 있는 진정한 의미의 자유의지)를 주셨습니다. 그러므로 이후의 범죄와 타락에 대하여서는 전적으로 인간에게 죄책을 물을 수밖에 없는 것입니다.

우리들은 제2장에서 삼위일체 하나님에 대하여 살피면서 하나님의 속성들을 간략하게 살펴보았는데, 하나님의 속성에 대한 이해 즉, '신론(神論)'의 이해는 이후의 모든 장들에서 항상 염두에 두어야 할 중심적인 주제로서, 창조도 기본적으로 신론에 대한 바른 이해를 바탕으로 정리되어 있는 것입니다.

우리는 왜 '6일의 창조'를 믿는가?

과학적 자료들에 근거하여 볼 때에 과연 세상이 6일의 기간 동안에 창조 되었겠느냐 하는 것에 대한 약간의 시각 차이들을 볼 수 있습니다만, 창조에 대한 약간의 시각차는 상당한 심각성이 내포되어 있습니다. 따라서 본 글을 통해서 창조와 관련한 성경적인 입장과 그것에 대한 작은 시각차가 어떤 의미에서 심각한지에 대해 간략하게 논하고자 합니다.

우선 웨스트민스터 신앙고백서 제4장에서는 "창조에 관하여"라는 제목으로 성경이 말하는 창조에 대해 언급하는데, 제1절에서 이르기를 "성부와 성자와 성령하나님께서는 그 기쁘신 뜻대로 그의 영원하신 권능과 지혜와 선하심의 영광을 드러내기 위하여 태초에 아무 것도 없는 것에서 세상과 그 안에 있는 보이는 것과 보이지 않는 모든 것들을 엿새 동안에 만드셨으니 모든 것이 매우 좋았다"고 했습니다. 또한 웨스트민스터 대교리문답에서는 제15문에서 "창조의 사역이란 무엇인가?"라고 질문을 하는데, 이에 대한 성경적 답변은 "창조의 사역이란, 하나님께서 태초에 그의 능력의 말씀으로 6일의 기간 안에 모두 매우 좋게 그 자신을 위하여 세계와 그 안에 있는 모든 것을 무로부터 만드셨다"는 것입니다. 한마디로 장로교회들의 신앙의 표준문서들에서는 공히 "6일의 기간"에 세상이 창조되었음을 분명히 명시하고 있는 것입니다. 특별히 대교리문답 제15문의 대답에서는 "…6일의 기간 안에 모두 매우 좋게 그 자신을 위하여 세계와 그 안에 있는 모든 것을 무로부터 만드셨"다고 하여서 6일 창조에 대한 조금의 양보도 허용하고 있지를 않습니다.

하지만 잘 아시다시피 과학계의 정설은 지구의 나이가 수십억 년 이라는 것이 거의 정설입니다. 더군다나 그처럼 오랜 지구의 나이로 볼 때에, 단 6일 만에 모든 천지만물들이 창조된다는 것은 결코 수긍이 갈 수 없는 것이라는 주장이 힘을 얻은 상황입니다. 뿐만 아니라 기독교 신학 안에서도 소위 '유신론적 진화론'이라는 것이 있어서,

그들에 따르면 지구의 나이는 과학계의 주장과 모순이 없으며 다만 일반 진화론과 같이 아무런 목적성을 지니지 않은 진화의 방식으로서가 아니라, 유신론적이고도 합목적적인 방식으로 진화가 이루어졌다고 절충적인 주장을 하기도 합니다만, 그러한 절충은 사실상 6일 창조에 담긴 신학적 의미에 대한 부족한 이해에 바탕을 두는 것이라고 보아야 할 것입니다.

그렇다면 우리 장로교회들의 표준문서인 웨스트민스터 신앙고백서와 대·소교리문답에서는 왜 6일의 창조를 분명하게 명시하고 있을까요?

기본적으로 그 이유는 성경이 분명 6일의 창조로 언급하고 있기 때문인데, 특별히 그것은 하나님의 영광을 위하여 창조된 것입니다. 그러므로 자신의 영광을 위하여 창조하신 하나님께서 성경을 통해 언급한 것이 사실이 아니라고 한다면, 적어도 하나님의 전능성과 불변성에 손상을 초래할 것이고, 이를 통해 하나님의 영광은 적잖은 (이론상의) 손실을 입게 됩니다. 성경의 '날'(히브리어 '욤')에 대한 여러 해석적인 견해들이 있기는 하지만, 창세기 1장의 창조기사에서는 분명 6일 만에 하나님께서 천지만물들을 창조하신 것으로 언급하고 있습니다. 따라서 이것이 사실이 아니라는 입장을 수용한다면, 이러한 계시(먼저 구두로, 그리고 기록으로)를 주신 하나님에게 오류가 있음을 수용하게 되는 것입니다. 무엇보다 웨스트민스터 신앙고백서와 대·소교리문답의 창조에 대한 고백과 답변들은 하나님의 속성인 전능성과 불변성을 바탕으로 하는 하나님의 영원한 작정의 시행으로서의 두 국면(창조와 섭리) 가운데서 창조를 다루고 있기 때문에, 6일의 창조에 대한 불신은 결국 하나님의 작정의 시행에 대한 불신으로까지 소급되는 문제입니다. 또한 하나님께서는 창조 이전에 이미 작정을 통해서 세상의 모든 만물들을 그 자신을 위하도록 만드셨습니다. 그러므로 6일 창조는 하나님의 작정의 불변성이 그대로 적용된 것으로, 하나님의 전능성 가운데서 실행된 것입니다. 만일, 하나님께서 창조 자체만을 목적으로 작정하셨다면 그런 하나님께서는 굳이 6일이 아니라 하루, 심지어는 한순간에 모든 만물들이 존재토록 하셨다고 해도 하나님의 전능하신 속성에 근거해서는 아무런 문제가 되지 않았을 것입니다.

그러나 하나님께서는 단순히 세상을 창조하시기만 하신 것이 아니라 '섭리'(攝理), 즉 세상 모든 것들의 '보존'과 '통치'에 적합하도록 세상을 창조하셨습니다. 그러므로 하나님께서는 섭리에 합당한 절차로서 6일의 창조를 작정하신 것입니다. 6일 창조는 바로 그러한 적합성이 내포되어 있는 질서인 것이지요.

기본적으로 세상의 창조에 긴 시간이 소요되어야만 한다는 것은, 하나님께서도 창조의 절차(질서)에 종속된다는 의미를 내포하는 것입니다. 왜냐하면 우주(Cosmos)라는 복잡한 차원이 있기 위해서는 시간과 공간의 이상적인 결합이 있어야만 하는 것이 창조의 질서라고 한다면, 즉 하나님께서도 시간과 공간의 조화와 질서에 구애를 받아야만 한다면, 그런 하나님은 최소한 시간이 확실하게 되기 전까지는 작정을 완성할 수가 없을 것이고, 그럴 경우 하나님의 작정 자체가 성립할 수 없는 것이어서 결국에는 하나님의 속성에도 치명적인 손상을 입게 되기 때문(대표적으로 하나님의 전능성과 불변성)입니다. 바로 이러한 연관성 가운데서 우리 장로교회들의 신앙의 표준문서들은 창조에 앞서서 하나님의 신적 작정을 다루고, 하나님의 신적 작정에 앞서서 하나님의 속성으로서의 삼위일체를 다루며, 무엇보다도 그러한 모든 지식들의 원천으로서 하나님의 계시와 직접적으로 연관된 성경에 대해 항상 가장 우선적으로 다루는 것입니다.

하나님의 창조, 과연 여러분은 어떻게 믿으시겠습니까? 창조된 세계의 질서에 종속적이어서 수십억 년을 통해서야 비로소 이루시는 방식입니까? 아니면 그의 영광을 위하는 작정과 그 시행에 적합한 방식으로 사용하신 6일의 창조방식입니까? 사실, 인간은 궁극적으로 성경 외에는 이를 알 방법도 수단도 가지고 있지 않습니다.

본과의 내용을 정리해 보고
의문점을 메모해 보세요.

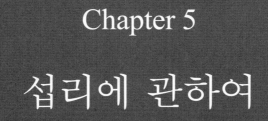

Chapter 5

섭리에 관하여

제1조

만물의 위대한 창조주이신 하나님께서는 모든 피조물들을 붙드시고, 그 행동과 사건들을 가장 큰 것에서부터 지극히 작은 것에 이르기까지 그의 가장 지혜롭고 거룩한 섭리에 의하여 지탱하시고 지도하시고 처리하시고 통치하신다. 이 모든 것은 하나님의 지혜, 권능, 의, 선하심 및 자비의 영광을 찬양하게 하려 함이다.

요점 1

"만물들을 창조하신 하나님께서는 또한 그것들을 보존하신다."

1. 히 1:3 말씀에 따르면 만물을 붙드시는(보존하시는) 분은 누구입니까? [210]

2. 행 17:28 말씀에 따르면 우리가 "힘입어 살며 기동하며 있는" 것은 누구 때문입니까? [211]

- 시 66:8,9; 63:8; 36:6절 참조.

■ 오늘날 이성(理性)으로만 하나님을 이해하려는 사람들은 하나님에 대하여 인과 관계의 기원 혹은 시초 정도로만 생각하여 피조세계의 모든 일들이 창조 이후로는 하나님과 독립적으로 이루어진다고 생각합니다. 그러나 하나님께서 영원하고 변함 없는 목적으로 작정하신 일은 창조를 통하여 실천될 뿐 아니라 창조하신 모든 피조물들의 행동을 통하여 분명하게 실행됩니다. 특별히 하나님께서는 그의 섭리를 통해 모든 것들을 보존하시니, 골 1:17은 이르기를 "만물이 그 안에 함께 섰느니라"고 했습니다. 그러므로 만물들을 '창조'하시고, 그의 '작정'과 '섭리' 가운데서 '보존'하시고 다스리시는(통치) 하나님이 없이는 만물들은 언제든지 다시 절대적인 무(無)로 돌아갈 수 있는 것(절대적인 '무'로부터의 창조는 또한 절대적인 '무'로 돌아감 또한 언제든지 가능함을 전제하는 것입니다)으로, 섭리는 창조와 함께 영원하신 삼위일체 하나님의 속성에 근거하여 실행되는 것입니다. 한마디로 삼위일체의 하나님이 없이는 모든 것들이 결코 존재할 수가 없는 것입니다.

이처럼 하나님께서 만물을 '창조'하셨을 뿐 아니라 '보존'하신다는 것은, 그로인해 자연스럽게 모든 만물들이 하나님께 종속적으로 있는 것이라는 이해에 이르게 합니다. 즉 하나님께서 창조하신 모든 만물들(특별히 인간, 그 가운데서도 신자(信者)만이 아니라 불신자(不信者)까지 포함하는 모든 인간)이 하나님께 의존되어 있는 존재들로서 세상 가운데 있는 것입니다. 따라서 그처럼 하나님께 의존된 존재이면서도 하나님을 전혀 의뢰하지 않으며, 하나님의 영광이 아니라 그 자신만의 영광과 행복을 추구하는 불신자로서의 죄가 얼마나 큰 것인지를 이러한 섭리의 한 측면 가운데서도 분명하게 생각해 볼 수가 있는 것입니다. 비록 그처럼 근본적인 죄 가운데 있는 자들일지라도 하나님의 섭리가 아니고서는 존재하며 보존될 수 없다는 사실을 우리들은 분명하게 기억해야만 할 것입니다.

요점 2

"하나님께서는 그 피조물들의 모든 행동과 사건들을 지도하신다."

↪ 하나님께서는 창조된 피조물들이 그 속성에 따라 행동하는 모든 것들을 지도하신다.

◆ ◆ ◆

3. 시 135:6에서 하나님의 기뻐하시는 일들이 행해지는 곳을 어디라 했습니까? [212)]

4. 행 17:26에 따르면 인류의 행동과 사건들을 지도하시는 분은 누구십니까? [213)]

5. 왕상 21:19의 엘리야의 예언으로 보건데 왕상 22:34의 사건은 우연입니까, 하나님의 지도하심입니까? [214)]

■ 하나님의 섭리는 만물을 '보존'하시는 것만이 아니라 만물의 '통치' 즉, 다스리심을 통해서도 이뤄집니다. 하나님께서는 모든 만물들을 본래의 계획하신 목적대로 인도하시며 다스리시는데, 일반적인 피조물들에 대해서는 자연적인 방식의 통치로, 천사와 사람과 같이 이성과 영혼을 지닌 피조물들에 대해서는 도덕적인 방식으로 통치하시는 것입니다. 그러므로 시115:3에서 시인은 이르기를 "오직 우리 하나님은 하늘에 계셔서 원하시는 모든 것을 행하셨나이다"라고 고백한 것입니다. 즉 우리의 눈에는 모든 일들이 하나님과 별개로 이뤄질 수 있고, 실재로도 그렇게 하나님과 별개의 일들로 대부분이 이뤄지고 있는 것처럼 보이지만, 오히려 성경의 증거는 모든 일들(큰 틀을 이루는 사건들만이 아니라 지극히 사소한 일들까지도)이 다 하나님의 섭리 가운데서 일어나는 일들이라는 것입니다. 우리들은 이러한 조망을 오직 성경을 통해서, 그리고 하나님의 속성과 작정 가운데서 비로소 짐작할 수 있습니다. 왜냐하면 하나님께서 태초에 세상을 "있으라"하시는 (하나님의 의지에 따라) 명령을 통해 절대적인 무(無)로부터 창조하시고 어떤 수단이나 도구를 사용하시지 않으셨듯이, 하나님의 보존과 통치로서의 섭리 또한 하나님의 작정을 따라 하나님의 의지 가운데 모든 원인이 있는 방식으로 이루어지는 것이 그 본질이기 때문에, 우리의 눈으로는 전혀 이를 분별하지 못하는 것입니다.

이처럼 우리의 모든 신앙에 있어 성경은 필수적이며 필연적인 계시로서의 자리에 있습니다. 웨스트민스터 신앙고백서의 모든 진술들 또한 성경이 아니고서는 그 어디에서도 그 근거를 찾을 수 없으니, 우리의 신앙생활에 있어서 성경은 항상 가장 중요한 자리에 있어야만 하는 것입니다.

요점 3

"하나님의 섭리에 따라 모든 피조물들과 그들의 행동이 지배된다."

↳ 하나님의 섭리는 모든 피조물들과 그들의 행동에 관계된다.

◆ ◆ ◆

6. 욥 37:5~6 말씀에 따르면 자연계의 일들은 어떻게 하여 일어납니까? [215)

7. 마 10:29 말씀은 자연계의 사소한 개개의 사건이 어떻게 하여 일어난다고 했습니까? [216)

8. 잠 16:33 말씀은 우연한 사건들은 어떻게 하여 일어나는 것이라 했습니까? [217)

9. 잠 16:9 말씀에 따르면 사람의 개인적 환경이 누구로 말미암아 지배됩니까? [218]

10. 행 4:27~28 말씀에 따르면 사람들의 죄 된 행동조차도 무엇에 지배됩니까? [219]

11. 엡 2:10 말씀은 "믿음으로 말미암는 구원"과 같이 사람의 선한 일이 무엇으로 말미암는다 했습니까? [220]

■ 이처럼 성경은 하나님의 섭리적인 다스리심이 있음을 명백히 말하고 있습니다. 이신론(理神論)자들은 하나님께서 세상을 창조하신 후에는 세상에서 전혀 섭리하시지 않는다고 말합니다. 그러나 하나님의 섭리가 없다면 그의 작정은 이룰 수가 없고, 세상을 창조하신 목적 또한 전혀 이룰 수가 없으며, 무엇보다 하나님의 속성 가운데 전능성과 같은 속성은 전혀 실현될 여지가 없을 것입니다.

우리가 하나님의 속성을 올바르게 통찰할 때에, 이신론과 같은 주장은 지극히 비성경적이며 지극히 비논리적이라는 것을 간파할 수 있을 것입니다. 즉 삼위일체의 하나님께서 그의 의논 가운데서 모든 일들을 작정하시고 창조하시되 섭리에 있어서 만큼은 회피(回避)하시거나 기피(忌避)하신다는 것은, 계획만 하시고 그 실행에 있어서는 전혀 이루려 하지 않는 지극히 모순

(矛盾)적이며 비논리적인 생각인 것입니다.

요점 4

"하나님의 섭리는 그의 주권적인 목적을 절대적으로 실행한다."

↪ 하나님의 절대적인 통치에 따라 하나님의 확정된 계획이 그 목적대로 온전히 실행케 된다.

◆ ◆ ◆

12. 사 28:29은 파종자와 타작하는 자의 일에 대하여 그것이 누구로 말미암는다 했습니까? [221)

13. 엡 1:11은 하나님의 섭리에 대해 어떻게 말합니까? [222)

■ 하나님의 섭리를 인정하지 못하는 것은 하나님의 일부를 인정하지 못하는 것이 아니라 하나님의 전부를 인정하지 못하는 것입니다. 왜냐하면 하나님의 섭리를 부인하는 것은 하나님의 주권과 하나님의 전능하심을 부인하는 것으로서 하나님의 속성의 본질적인 측면들을 부정하는 것이기 때문입니다. 하나님의 일부를 부인하는 것은 항상 하나님의 전부를 부인하는 것이라는 사실을 알 때에, 우리들은 하나님에 관한 진리의 어떤 것

도 포기할 수 없음을 깨닫게 될 것입니다. 기껏해야 100년 남짓의 인생을 살아가는 우리들의 눈으로는 모든 일들이 다 우연적이며 독립적으로 벌어지는 일들로만 보이지만, 하루가 천년 같고 천년이 하루 같은 하나님의 주권 가운데서 하나님의 작정을 따라 섭리하는 일들인 것입니다.

요점 5

"하나님의 섭리와 그 목적은 하나님의 영광을 나타내시려는 것이다."

 섭리의 모든 목적은 하나님의 영광을 나타내는 것이다.

◆ ◆ ◆

14. 출 9:16은 하나님과 무관하게 애굽을 통치하는 것으로만 보이는 바로의 행적에 대해 어떻게 말합니까? [223]

■ '하나님의 섭리'란 이처럼 가장 작은 일들 뿐 아니라 심지어는 하나님을 모르는 자들의 일까지도 포함하여 전적으로 하나님의 영광이 나타나도록 이루는 것입니다. 사실, 하나님의 섭리는 우리에게 이해되는 방식으로가 아니라 하나님의 속성에 부합하는 것으로 이해될 때에 비로소 볼 수가 있습니다. 즉, 믿음으로 이해할 수 있고 볼 수 있는 성격인데, 이러한 이해와 조

망은 오직 하나님께서 친히 계시로 주신 성경 가운데서 분명해지는 것입니다. 그리고 이를 통해서 그의 백성들에게 하나님의 영광을 나타내시려는 것입니다.

교회사를 보면 이와 같이 사람의 입장에서는 전혀 하나님께 영광이 되는 섭리로 보이지 않는 일들이 많은데, 대표적인 것이 '디아스포라' 즉, 흩어진 유대인 공동체로서, 신약시대 뿐 아니라 구약시대에도 디아스포라 유대인 공동체는 복음과 여호와 신앙이 이방에 전해지는 중요한 통로의 역할을 수행했지만, 기독교인들과 유대인들의 입장에서 디아스포라의 실상은 피와 눈물의 역사였으니, 유대인들에게 있어 피와 눈물의 역사가 복음과 신앙의 전파 그리고 기독교의 확장을 통한 하나님의 영광을 드러내 가는 섭리였던 것입니다. 그러므로 오직 성경 가운데서 하나님의 작정과 영광의 관점을 바르게 이해하게 될 때에, 우리들은 이 시대의 어두움 속에서도 전혀 변함이 없이 이루시는 하나님의 섭리를 분별할 수 있는 것입니다.

한 주간의 정리

1. 첫 사람 아담이 우리와는 다르게 지니고 있었던 지식과 능력은 무엇입니까?

2. 아담에게 있는 '자유의지'와 우리들의 '의지' 사이의 차이점을 설명해보세요.

3. 하나님께서는 세상 만물들을 창조하시고 그것들이 스스로 자율적으로 유지되도록 하셨습니까?

4. 하나님께서는 창조된 피조물들이 그 속성 가운데서 행동하는 것들과는 무관하십니까?

5. 하나님의 섭리의 영역이 어디까지 미치는지 설명해 보시오.

6. 하나님의 섭리는 하나님의 무엇을 실행하는 것이며, 그 목적은 무엇입니까?

연구 과제

1. '이신론'(理神論)에 대해 자세히 조사하여 설명해봅니다.

2. '실천적 무신론(無神論)'에 대해 자세히 조사하여 설명해봅니다.

3. '신정론'(神正論. theodicy)에 대해 자세히 조사하여 설명해봅니다.

제2조

하나님의 예지와 예정 즉 제 일 원인에 관하여는 만물이 비록 변함없이 또한 오류가 없이 이루어졌으나, 같은 섭리를 따라서 그들이 제 이 원인의 성격을 좇아서 필연적으로나 자유에 의해서 혹은 조건부로 일어나도록 하셨다.

요점 1

"섭리의 제 일 원인에 관하여는 만물이 변함없이, 오류가 없이 이루어지도록 하셨다."

 섭리는 제 일 원인과 제 이 원인으로 나뉘는데, 제 일 원인으로서는 모든 일들이 변함없이 그리고 오류가 없이 명백하게 이루어지도록 하셨다.

◆ ◆ ◆

15. 행 2:23 말씀에 따르면 예수 그리스도께서 십자가에 달리신 것은 무엇이 원인입니까? [224)]

16. 애 2:17 말씀에서 선지자는 이스라엘에 대한 하나님의 심판에 대해 어떻게 말합니까? [225)]

17. 욥 23:13에서 하나님께서 하고자 하시는 대로 일이 이뤄지는 것은 하나님의 어떠한 속성을 반영합니까? [226)](#)

■ 이처럼 섭리의 모든 일들에 있어서 제 일 원인은 하나님께 있으며 그러한 하나님의 섭리는 반드시 그리고 변함이나 오류가 없이 하나님의 뜻과 영광을 이룹니다. 우리들은 흔히 인과관계의 시각과 사고 가운데서 원인을 찾기 마련인데 그러한 사고 가운데서의 원인을 '제 이 원인' 혹은 '가까운 원인'이라고 말합니다. 그러나 궁극적인 원인은 그처럼 가까운데 있는 것이 아니라 궁극적이고 먼 데에 있는데, 이것이 바로 '제 일 원인'입니다. 그러므로 제 일 원인 가운데서 모든 섭리는 불변하는 작정을 따라 이뤄지는 것입니다. 또한 이러한 섭리의 불변성과 무오류성은 하나님의 절대적인 주권을 따라 이뤄지는 것으로 하나님의 주권적인 섭리가 없다면 하나님의 작정은 전혀 불가능한 것이며, 하나님의 작정이 불가능하다고 한다면 창조 자체에 아무런 목적이 없다는 것입니다. 아울러 하나님의 창조 자체에 아무런 목적이 없다고 한다면 창조세계 자체는 언제든지 붕괴되거나 역전되어 버리고 마는 지극히 불안정한 상태로 있게 될 것입니다. 실제로 현대사회에서 제기되곤 하는 지구 종말에 대한 가설들을 보면 이처럼 언제라도 멸망할 수 있는 불안함을 배경으로 하는 경우를 흔히 볼 수가 있습니다.

하지만 성경적인 종말론의 입장은 언제든지 붕괴해 버릴 수 있는 불안함을 배경으로 하는 것이 아니라, 하나님의 작정과 그에 따른 창조, 그리고 섭리를 통한 작정의 완성으로 이어지는 일련의 진행과 함께 하나님의 영광을 향한 분명한 목적성과 완성의 내용이기 때문에, 우리들은 그러한 역사의 완성으로서의 종말에 대해 항상 기다리며 바라보는 것입니다.

요점 2

"섭리의 제 이 원인에 관하여는 필연적으로나 자유로 혹은 조건부로 일어나도록 작정하셨다."

↳ 제 이 원인으로 서는 모든 일들이 필연적으로나 자유로 혹은 우발적으로 일어나도록 작정하셨다.

◆ ◆ ◆

18. 창 8:22은 제 이 원인의 성격 중 어떠한 것을 언급하고 있는 것입니까? [227)]

19. 왕상 22:34은 하나님의 섭리가 어떤 방식으로 실현된 것을 보여줍니까? [228)]

20. 사 10:5~11에서 제 일 원인은 무엇이며, 제 이 원인은 무엇이겠습니까? [229)]

■ 이처럼 하나님의 섭리에 있어서 제 이 원인으로 말미암는 일들은 필연적으로나 자유로 혹은 우발적으로 일어나므로 하나님의 직접적인 섭리를 깨닫기 어렵습니다. 그러나 그러한 일들도 하나님의 섭리 가운데서 비로소 있는 것입니다.

한편, '제 일 원인'과 '제 이 원인'의 개념에는 기본적인 차이점들이 있는데, 그것은 제 일 원인이 먼 원인으로서 궁극적인 원인이자 하나님의 의지(意志) 가운데서의 원인인데 비해, 제 이 원인은 가까운 원인이자 인과관계의 필연 혹은 자유로운 판단과 의사결정 가운데서의 조건적인 원인이라는 것입니다.

우리들은 흔히 이러한 구별의 개념을 혼동하므로 현실에서의 하나님의 뜻을 오해하는 경우를 볼 수가 있습니다. 일례로 일제시대가 하나님의 뜻이었다는 어느 장로님의 발언이 사회에 큰 파장과 물의를 일으킨 일을 들 수가 있는데, 그 말은 사실 맞는 말이면서도 전혀 틀린 말입니다. 왜냐하면 제 일 원인으로서의 하나님의 섭리 가운데서는 그 일도 분명 하나님의 뜻이지만, 제 이 원인으로서의 섭리에 있어서는 일본 제국주의의 죄악과 구한말 조선 관료들의 부패와 무능이 부른 비극이요 참상이었기 때문입니다. 그런데도 그러한 역사를 우리 민족을 계몽하시려는 하나님의 뜻이었다고 말한 것은, 우리에게 알려지지 않으며 불변하는 제 일 원인 가운데 계신 하나님의 의지 가운데 있는 하나님의 뜻을 제 이 원인처럼 생각한 오해였던 것입니다. 우리들은 제 일 원인에 대해서는 성경 가운데서 지극히 제한적으로 계시된 만큼 이외에는 전혀 알 수가 없습니다. 다만 우리들이 판단하고 아는 대부분의 섭리의 원인들

은 때론 필연적이고, 때로는 조건적으로 일어나는 제 이 원인
으로서의 섭리들인 것입니다. 그러므로 이러한 의미에서 우리
들은 섭리의 두 측면을 조심스럽게 구별할 줄 아는 신앙의 주
의가 필요한 것입니다.

제3조

하나님께서는 그의 일반적 섭리에 있어서는 여러 수단들을 쓰시지만, 그의 기쁘신 뜻대로 그러한 수단들이 없이, 또 그 이상 또한 그것을 역행해서도 자유롭게 역사하신다.

요점 1

"하나님께서는 보통은 수단들을 사용하여 목적들을 이루신다."

➥ 하나님께서는 일반적으로 제 이 원인들을 통하여 일을 이루신다.

21. 호 2:21~22에 따르면 하나님께서는 어떻게 이스라엘에 긍휼을 베푸십니까? [230]

22. 행 27:23~24 말씀에도 불구하고 31절에서 사도바울은 백부장과 군사들에게 뭐라 했습니까? [231]

■ 사실, 일상적인 일들 가운데서 우리가 하나님의 섭리를 깨닫는 것은 상당히 어렵습니다. 왜냐하면 대부분의 일들이 '제 이 원인'들에 의해 일어나기 때문입니다. 모든 것의 '제 일 원인'은 오직 하나님의 섭리에 있습니다. 그러나 우리가 분별할 수 있는 것은 대부분 '제 이 원인'들에 한정되기 때문에 대부분의 경우, 하나님의 섭리를 거의 깨닫지 못합니다.

요점 2

"하나님께서는 어떤 때에는 자신의 주권적 의지에 따라 직접적인 능력으로 목적을 실현하신다."

↳ 하나님께서는 때로 제 이 원인들을 통하지 않으시고 직접 목적을 실현할 수 있는 주권적인 능력이 있다.

23. 호 1:7에서 하나님께서는 호세아를 통하여 유다 족속을 어떤 방식으로 구원하신다 했습니까? [232]

24. 롬 4:19로 보건데 아브라함과 사라가 이삭을 얻은 것은 어떠한 방식이라 하겠습니까? [233]

25. 단 3:27의 사건은 어떠한 역사(役事)이겠는지, 제3절의 문구를 참조하여 기술해 보세요. [234)]

■ 하나님의 섭리는 일반적으로 여러 수단들을 통하여 이뤄지기 때문에 사람들은 그 수단들을 원인으로 생각하는데 그치고, 그 수단들을 사용하시어 목적을 이루시는 하나님의 섭리를 깨닫지 못하는 경우가 많습니다. 물론 하나님께서는 일상적인 수단들을 통하지 않고 직접 관여하시거나 일반적인 질서에 역행하거나 초월하는 방식으로 섭리를 이루실 수도 있으실 뿐 아니라, 아무런 수단이 없는 가운데서도 하나님의 목적이 여전히 성취될 수 있음을 성경을 통해 확신할 수 있는데, 이러한 일을 흔히 '기적'(miracle)이라고 합니다.

그런데 이러한 '기적'은 우리가 발생시키거나 우리의 노력과 소원 가운데서 촉발될 수 있는 것이 아닙니다. '기적신앙'이라고 하여서 하나님의 비상적인 도우심을 통해 고난이나 시련의 상황을 극복하려는 생각이 기독교 내에서 하나의 큰 흐름을 이루고 있는 것을 볼 수가 있는데, 그러한 신앙은 사실 결코 바람직한 것이 아닐 뿐 아니라, 심지어는 하나님의 주권을 거스르는 불신앙적인 생각일 수가 있는 것입니다. 왜냐하면 기적이라는 것은 기본적으로 일반적인 섭리에 역행하거나 초월하는 것이기 때문에 철저히 하나님의 주권 가운데서 하나님의 비상적인 섭리로 일어나는 것인데, 이것을 우리가 유발하려고 하는 태도는 하나님의 일반적인 섭리 가운데서의 주권을 반대하는 태도이기 때문입니다. 하나님께서 작정하신 가운데 일어나는 대부분의 일들, 곧 일반적인 섭리들은 모두 하나님의 무한하신 지혜와 권능으로 시행되는 것입니다. 그러므로 우리들은 어떤 특별한 기적이나 이적을 추구할 것이 아니라, 하나님의 일반적인 섭리에 합당하고 질서 있게 살아가는 신앙의 태도가 우선적으로 요구되는 것입니다. 마치 예수님 당시의 유대인들이 표적과 이적을 구하면서도 정작 눈에 보이는 예수 그리스도를 통한 하나님의 섭리들은 인정하지 않았던 것과 같이, 우리들은 하나님의 일반적인 섭리 가운데서 베풀어지는 은총들에 감사하지 못하고 오히려 무엇이 부족한 것처럼 현세적인 것들만을 찾고 구하는 기적신앙은 마땅히 지양(止揚)해야 할 것입니다.

제4조

하나님의 전능하신 권능과 측량할 수 없는 지혜와 무한하신 선하심은 그의 섭리에 나타나므로, 첫 번 타락에 이르기까지 또한 천사들과 사람들이 지은 다른모든 죄들도 다 하나님의 섭리 아래 있는데, 단순히 허락만 하신 것이 아니라 가장 지혜롭고 권능있게 한계를 정하시고 그의 거룩하신 목적을 이루실 때까지 많은 방법으로 명하시고 다스리신다. 그러나 죄악성은 오직 피조물에게서만 나오고 하나님에게서는 아니니, 가장 거룩하시고 의로우신 하나님은 죄를 짓게 하시지도 않고 승인하시지도 않으신다.

요점 1

"하나님께서는 죄 된 행동을 허락하실 뿐 아니라, 그것들을 지도하시며 통제하시어서 자기의 목적들을 결정하신다."

➥ 죄 된 행동은 하나님의 허용하심 가운데서만 그리고 하나님의 목적에 따라서만 나타난다.

◆ ◆ ◆

26. 창 45:5 말씀에 따르면 요셉의 형들의 악행은 누가 정하신 것입니까? [235)

27. 출 7:13 말씀은 바로의 강퍅함이 누구로 말미암는 것으로 말합니까? [236)]

28. 행 2:23 말씀은 유대인들이 로마인들의 손을 빌어 예수님을 못 박아 죽인 것이 누구에게 원인이 있는 것으로 말합니까? [237)]

29. 왕하 19:28에서 하나님은 죄를 짓는 사람들(앗수르 왕 산헤립)을 어떻게 하십니까? [238)]

30. 행 3:13~15 말씀에서 하나님은 유대인들의 죄되는 행동을 무엇으로 바꾸십니까? [239)]

■ 전능하신 하나님께서는 죄를 짓는 사람들의 마음과 생각을 제 이 원인으로 사용하시어 자신을 드러내지 않으시면서 작정하신 것의 섭리를 이루실 뿐 아니라, 죄를 짓는 사람들을 통제하시어서 작정하신 목적들을 이루는 수단으로 사용하시기도 합니다. 이스라엘 백성들을 교훈하시기 위해 불의한 이방 족속들의 침략을 받게 하신 일들은 그 대표적인 예라 할 것입니다. 그러므로 우리들은 우리의 눈에 드러나는 제 이 원인에 해당하는 것을 봄으로만이 아니라 제 일 원인에 관한 성경의 언급들과 내용들을 믿음 가운데서 바라봄으로 말미암아, 비록 현실 가운데서 전혀 하나님의 섭리와 뜻을 분별하지 못하더라도 믿음

을 통해 위로와 힘을 얻을 수 있어야 할 것입니다. 우리의 궁극적인 위로는 바로 그처럼 성경이 제시하는 제 일 원인에서 오는 것이기 때문입니다.

요점 2

"그러나 죄성은 죄를 짓는 자에게서 나오며, 하나님께서 죄를 시작하시거나 찬성하시는 것이 아니다."

↳ 하나님께서는 죄를 직접 일으키지 않으시며, 오히려 죄를 금하시며 벌하시며 억제하신다.

◆ ◆ ◆

31. 약 1:12~15에서 시험(迷惑, tempted)은 누구로 말미암는 것 입니까? [240)

32. 요일 2:16 말씀은 죄가 어디로서 말미암는다고 했습니까? [241)

33. 약 2:17 말씀은 하나님을 어떤 분이라 했습니까? [242)

■ 제4절에서 다루는 주제는 신학적인 난제에 속하는 것 가운데 하나입니다. 하나님께서는 죄의 '원인자'가 되지 않으신다는 것을 변론하고자 불의하고 죄악 된 일들의 원인을 죄인에게 돌리게 될 경우, 자칫 하나님의 섭리와 전능성을 파괴할 수 있으며, 반대로 불의하고 죄악된 일들의 원인을 하나님에게 돌릴 경우에는 하나님의 거룩하시고 의로우신 속성에 위배되기 때문입니다. 성경은 분명 하나님의 속성, 거룩하시고 악이 전혀 없으신 의로우신 속성을 말합니다. 그러므로 죄의 원인을 하나님께 두는 것은 그러한 하나님의 속성에 정면으로 위배되는 이해를 초래하는 것입니다.

사실 이러한 난점을 해결하는 과정에서 필요한 것이 바로 먼 원인인 제 일 원인과 가까운 원인인 제 이 원인의 구별입니다. 죄의 문제는 가까운 원인 가운데서는 사람이 그 원인이 되지만, 궁극적인 먼 원인 가운데서는 이 또한 하나님의 작정과 섭리 하에 있는 것이지요. 하나님께서는 악인들을 강제하시는 것이 아니라 악인들의 자발적인 죄의 성향까지 사용하십니다. 즉 악인들을 악한 때에 적당하도록 사용하시기도 하시는 것입니다. 그러나 그러한 악인들에 대하여는 심판으로서 하나님의 공의를 드러내십니다. 그리고 그러한 공의의 완성은 바로 최후의 심판에 있는 것입니다. 그러므로 하나님 안에서 의(공의)와 사랑을 동시에 이루시는 전능하심이 함께 성립하는 것입니다(창 45:5; 행 2:23 참조)

한 주간의 정리

1. 하나님의 섭리에 있어서 만물들이 변함없이, 오류가 없이 이루어지도록 작정하신 것은 어떤 원인(제1, 2원인)으로 말미암아서 입니까?

2. 피조물들이 필연적으로 혹은 자유로 행하는 것은 어떤 원인(제1, 2원인)으로 말미암아서 입니까?

3. 하나님께서 섭리하시는 목적을 이루시는 일반적인 방법(수단)은 무엇입니까?

4. 하나님께서 섭리하시는 목적을 이루시는 특별한(비상적인) 방법은 무엇입니까?

5. 인간의 죄는 하나님과 관련하여 어떻게 일어나는 것입니까?

6. 인간의 죄에 대한 하나님의 관련성은 어떠한 것입니까?

연구 과제

1. 하나님의 일반적 섭리가 우리의 생활에 대해 시사(示唆)하는 것은 무엇인지 설명해봅니다.

2. 하나님의 특별한 섭리가 우리의 생활에 대해 시사하는 것은 무엇인지 설명해봅니다.

제5조

가장 지혜로우시고 의로우시고 은혜로우신 하나님은 때때로 그 자녀들을 많은 시험과 그 마음의 부패함에 얼마 동안씩 버려두시는데, 이는 그들의 죄를 징계하시거나 혹은 저희 마음 속에 있는 부패와 사기의 숨은 힘을 드러내어 저들로 겸비케 하기 위함이요, 또한 저희로 더욱 가까이 끊이지 않고 하나님만 의지하게 하기 위함이요, 저희로 장차 죄지을 경우를 대비하여 깨어 경성하게 함이요, 그 외에 여러 가지 공의롭고 거룩한 목적을 이루기 위해서이다.

요점 1

"하나님께서는 때로 그 자녀들을 버려두시거나 징계하시며 거짓됨을 드러내셔서 겸손하게 되도록 하신다."

↪ 하나님께서는 그 지혜와 의와 은혜 가운데서 그의 자녀들을 낮아지게 하시고, 이를 통해 겸손케 하신다.

◆ ◆ ◆

34. 대하 32:25에서 "진노가 저(히스기야)와 유다와 예루살렘에 임하게" 된 이유는 무엇 때문입니까? [243)]

35. 삼하 24:10로 보건데 1절에서 이스라엘을 치시려고 다윗이 범죄 하도록 감동시키신(incited) 이유는 무엇 때문 이었겠습니까? [244]

요점 2

"하나님께서는 그 자녀들을 겸손하게 하시어 하나님을 더욱 의지하며 죄를 경계하고 거룩하고 바른 목적들을 주목하게 하신다."

 하나님께서 그의 자녀들을 이처럼 낮아지게 하심은 이로 말미암아 하나님을 더욱 의지하고 죄를 경계하고 의와 거룩을 사모하게 하기 위함이다.

◆ ◆ ◆

36. 고후 12장에서 사도바울은 그의 "육체의 가시 곧 사단의 사자"로 말미암아 (   ) [245] 하게 되었으며 오직 (   ) [246] 으로 내게 머물게 하려 함이라고 했습니다.

37. 막 14:72에서 베드로는 (   ) [247] 이 기억되어 생각하고 울었으나, 그것은 장차 죄 지을 경우를 대비하여 (   ) [248] 하심이었습니다.

38. 요 21:15~18로 보건데 막 14:72(요 18:25~27)의 사건은 베드로를 (　　　　　) [249] 하고, 그외에 여러 가지 (　　　　　) [250] 을 이루기 위함이었음을 알 수 있습니다.

■ 제5절에서 우리들은 비록 우리에게 악하게 보이는 일들 혹은 시련이나 고난이 되는 일일지라도, 그것은 하나님께서 원하시는 선한 목적을 향하는 도구로서 일어나는 일들이라는 것을 깨닫게 됩니다. 왜냐하면 하나님의 백성들은 심지어 자신의 죄로 말미암는 징계일지라도 그 가운데서 마음을 낮추고 겸손하게 되어 자신의 죄를 회개하고 돌이키는 온전함에 이르기 때문입니다. 징계, 시련, 고난 앞에서 악인들은 그 마음이 더욱 완악하게 되지만, 하나님의 백성들은 그 가운데서 회개와 겸손을 보여 선을 이루는 것입니다.

제6조

악하고 경건치 못한 자들에 관하여는, 의로우신 재판장이
신 하나님께서 저희가 전에 지은 죄로 인하여 눈멀고 완
악하게 하시고 저희에게서 은혜를 거두사 저희 총명이 밝
아지고 그 마음이 고침을 받지 못하도록 하실 뿐만 아니
라, 때로는 저희가 가지고 있던 바 은사도 거두시고 그 부
패한 마음대로 내버려두사 범죄하는 일을 하게 하셨고 또
한 그와 함께 저희를 저희의 정욕과 세상의 유혹과 사탄
의 권세에 버려두셨으니, 그로 말미암아 저희는 자신을
강퍅하게 하되 다른 이들을 부드럽게 하기 위하여 하나님
께서 쓰시는 방법에 의해서까지 강퍅하게 된다.

■ 나중에 살펴보게 되겠지만, 사람은 하나님을 떠나서는 늘 죄만
을 행하는 타락과 부패 가운데 처해 있습니다. 그러므로 하나님의
손길이 거두어지고 내버려 둔 상태 가운데 있는 사람은 자연, 그
죄의 부패 가운데서 악을 행할 뿐입니다. 하지만 하나님께서는 전
능하시기 때문에 그러한 인간의 성향을 통해 죄를 징벌하실 뿐 아
니라 그것을 적극 사용하십니다.

요점 1

"의로운 재판장이신 하나님께서는 악하고 경건치 못한자들을 그
부패한 마음대로 내버려두사 범죄하게 하신다."

➥하나님께서는 사악하고 불경건한 자들을 버려 두어 그들의 부패함이 기회를 타서 자신들을, 죄를 범하는 대상이 되게도 하신다.

◆ ◆ ◆

39. 롬 1:24은 악하고 경건치 못한 자들을 버려두되 어떻게 버려두신다 했습니까? [251)

40. 또한 롬 11:8에 따르면 그처럼 버려두신 자들은 어떠한 상태 가운데 놓입니까? [252)

41. 마 13:12에서 "없는 자는 그 있는 것도 빼앗기리라"는 말씀의 뜻이 무엇이겠습니까? [253)

■ 죄의 문제를 이해함에 있어서 한 가지 어려운 문제는, 어떻게 하나님께서 죄의 원인을 제공하지 않으시면서 죄인들을 다스리시는 섭리가 가능한가하는 것입니다. 이에 대해 앞에서 이미 '제 일 원인'과 '제 이 원인'의 구별로 설명한 바 있지만, 아울러 이는 '행위 자체'와 '행위의 속성'의 구별 가운데서도 설명됩니다. 즉 유기(遺棄)의 행위 자체는 하나님으로 말미암지만, 그 행위의 속성 곧 죄악성은 전적으로 죄인들에게서 비롯하는 것입니다. 이러한 구별과 설명이 없다면 하나님께서는 죄인을

버려두심으로서 죄를 범하도록 하신 책임이 있는 것으로 생각될 것이며, 그 반대라고 한다면 버려진 자들이 죄를 범하는 것은 하나님의 섭리와 상관이 없이 자주적으로 독립된 가운데 벌이는 것이라고 생각될 것입니다. 분명한 것은 하나님께서는 죄에 대하여서 배후 조정자가 아니시며 동시에 죄의 문제가 하나님의 섭리를 벗어나서 이루어지는 것 또한 아니라는 사실인데, 이것을 이해하는 것은 성경이 언급한 그대로를 믿는 믿음이 반드시 요구되는 하나의 신비일 것입니다.

요점 2

"그로 말미암아 그들은 강퍅하게 되는데, 저들을 부드럽게 하기 위하여 쓰시던 방법으로도 강퍅하게 된다."

 그로 말미암아, 그들은 하나님께서 다른 사람들의 마음을 부드럽게 하시기 위해 쓰시는 수단을 가지고서도 자신들을 강퍅하게 하고 만다.

◆ ◆ ◆

42. 출 7:3에서 마음을 부드럽게 하기위해 하나님께서 쓰신 수단은 무엇이었습니까? 254)

43. 사 6:9에서 마음을 부드럽게 하기위해 하나님께서 쓰시는 수단은 무엇이었습니까? 255)

44. 행 28:23~28 말씀으로 보건데 사 6:9에서 언급하는 보는 것과 듣는 것이 무엇이며, 그것들을 통해 깨닫게 되야할 것이 무엇이겠습니까? [256)]

■ 섭리의 은혜에 있어 최고의 은혜는 구원 얻는 믿음을 깨닫게 하는 '복음'을 들음이라 할 것입니다. 현대의 신앙 가운데서 은혜라고 하면 흔히 물질적인 것들을 떠올리곤 하지만, 사실 모든 은혜의 원천은 사람에게 구원에 이르는 믿음을 가장 효과적이고도 실제적으로 깨닫도록 하는 '말씀(성경)'에 있는 것입니다.

그런데 고후 2:12-17을 보면 "그리스도의 향기" 혹은 "그리스도를 아는 냄새"라는 표현이 있는데, 이는 (구약과 나중에 신약으로 기록된) '복음'에 대한 언급으로, 복음은 "이 사람에게는 사망으로부터 사망에 이르게 하는 냄새요 저 사람에게는 생명으로부터 생명에 이르게 하는 냄새라"고 했습니다. 즉 똑같은 복음이 어떤 자들에게는 생명에 이르게 하는 그리스도의 향기를 전하는가 하면, 또 어떤 자들에게는 사망(죄의 삶)에 이르게 하는 사망의 냄새가 된다고 한 것입니다. 또한, 벧전 2:7-8은 예수께서 "믿는 너희에게는 보배이나 믿지 아니하는 자에게는…부딪치는 돌과 걸려 넘어지게 하는 바위가 되었다"고 했습니다. 이처럼 저희의 마음을 부드럽게 하여 그리스도의 향기를 전하는 그리스도의 복음조차도 유기된 자들에게는 더욱 강퍅케 하는 것이 될 뿐임이 하나님의 섭리이기도 합니다.

제7조

하나님의 섭리하심이 일반적으로 모든 피조물에게 이르는 것같이, 하나님은 아주 특수한 방법으로 그의 교회를 섭리하시고 교회의 유익을 위하여 모든 것을 처리하신다.

요점 1

"하나님께서는 더욱 특별히 그의 교회를 섭리하시며 교회의 유익을 위하여 모든 일을 처리하신다."

 하나님께서는 가장 특별한 방식을 따라, 그의 섭리로 교회를 돌보시며, 모든 일들을 교회에 유익이 되게 처리하신다.

◆ ◆ ◆

■ 일반적으로 하나님의 섭리는 모든 피조물들에게 미칩니다. 그리고 하나님의 교회에 대해서는 더욱 특별한 방식을 따르는 섭리로서 돌보시며, 모든 일들(이로운 일이나 불리한 일이나 간에)을 교회에 유익이 되도록 처리하십니다.

45. 암 9:8 말씀에 의하면 범죄 한 나라와 야곱의 집에 대한 하나
님의 섭리는 각각 무엇입니까? [257)

- 암 9:9절 참조

46. 사 43:3은 하나님께서 교회의 유익을 위하여 모든 것을 어떻
게 처리하시리라고 했습니까? [258)

- 이외에 롬 8:28; 사 43:4,5,14절 참조.

■ 이처럼 하나님의 예정(혹은 작정) 가운데서 택하신 백성들만
이 아니라 버린바 된 백성들에게도 하나님의 일반적인 섭리가
있지만, 특별히 그의 교회(택하신 백성들)에 대하여는 더욱 특별
한 방법으로 섭리하시므로 롬 8:28절은 이를 "하나님을 사랑
하는 자 곧 그 뜻대로 부르심을 입은 자들에게는 모든 것이 합
력하여(선한 일과 악한 일, 순경(順境)과 역경(逆境) 등 삶의 모든 것이 고
립됨이 없이 하나님의 섭리 하에서 서로 작용하여) 선을 이루느니라."고
한 것입니다.

그런데 그의 택하신 백성들에 대한 특별한 섭리란, 하나님의 비
상적인 돌보심(보존과 통치)만이 아니라 하나님의 특별계시인
성경으로 복음을 깨닫고 구원에 이르는 믿음을 얻게 하는 섭리
로서의 특별함을 말하는 것임을 유의해 볼 필요가 있습니다. 제
6절에서 성경의 복음조차도 유기된 자들에게는 더욱 그 마음
을 강퍅하게 할 뿐임을 언급한 것에서 알 수 있듯이, 성경을 하
나님의 말씀으로 받아들여 그 안에서 복음을 들으며, 이를 통

해 구원에 이르는 온전한 믿음을 얻게 되는 성경계시야말로 하나님의 택하신 백성들에게 특별한 은혜요 비상한 섭리인 것입니다. 그러므로 하나님의 택하신 백성들이 경험하는 이적과 기적은 바로 특별계시인 성경을 통해 복음을 듣고, 복음 가운데 있는 예수 그리스도의 향기를 접하여 믿음으로 말미암아 구원에 이르도록 하는 예비적이며 합력하는 은혜요 섭리인 것입니다. 마찬가지로 시련과 고난 또한 그러한 의미에서 은혜요 섭리인데, 많은 사람들이 극심한 시련과 고난을 통해 '비참'과 함께 전적인 '무능력'을 알게 되고, 이 비참 가운데서 복음을 듣고 예수 그리스도를 영접하는 것입니다. 그러니 하나님의 택하신 백성들에게는 시련과 고난도 합력하여 복음을 듣도록 하는 것입니다.

하나님의 섭리는 항상 하나님의 속성을 고스란히 반영합니다. 하나님께서는 일반적인 섭리로 모든 만물들을 다스리실 뿐 아니라 특별히 그의 백성들과 교회에 더욱 특별한 섭리로 때로는 징계하시기도 하고 보호하시기도 하십니다.

본과의 내용을 정리해 보고
의문점을 메모해 보세요.

....
....
....
....
....
....
....
....
....
....
....
....
....
....
....
....
....
....

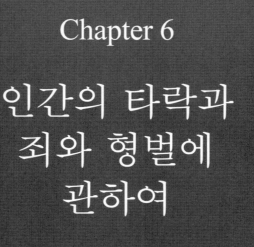

Chapter 6

인간의 타락과
죄와 형벌에
관하여

제1조

우리의 최초의 조상은 사탄의 간계와 유혹으로 인해 하나님께서 금하신 실과를 먹음으로 범죄했다. 하나님은 저들의 범죄를 자기의 지혜로우시고 거룩하신 뜻을 따라 허락하시기를 기뻐하셨는데, 이는 그것을 자기의 영광을 위하여 다스리실 목적을 가지셨음이다.

■ 로마 가톨릭교회에서는 '인간의 고통과 죽음은 본래 하느님의 계획에 포함되어 있었는가?'라는 질문에 대해 '하느님은 인간이 고통받고 죽는 것을 원치 않으십니다. 인간을 위한 하느님의 본래 계획은 낙원이었습니다. 다시 말해 영원한 삶과, 하느님·인간·환경 사이의 평화, 남성과 여성 사이의 평화입니다.' 라고 대답합니다. 그러면서 철저히 죄의 문제를 인간의 잘못으로만 설명하곤 합니다. 그러나 우리의 신앙고백서에서는 인간의 범죄는 하나님의 지혜로우시며 거룩하신 뜻을 따라서 허락된 것이라 했습니다. 인간의 타락과 죄와 형벌은 하나님의 작정가운데서 적극적으로 허락된 일이라는 것입니다.*

---

* 나중에 다시 살펴보게 될 것이지만, 죄의 문제에 있어서 죄에 대한 책임은 분명 인간에게 있지만, 동시에 제 일 원인이신 하나님의 작정 가운데서 적극적으로 허용된 것입니다.

요점 1

"아담과 하와는 죄를 지었는데 그들이 지은 특별한 죄는 금지된 과실을 먹은 것이었고, 그것은 사탄의 간계와 시험에 유혹되어 지은 것이다."

◆ ◆ ◆

1. 창 3:13에서 하와는 하나님께 무엇으로 말미암아 금지된 과실을 먹었다고 했습니까? [259]

2. 고후 11:3은 뱀이 간계로 하와를 미혹케 한 것이 그리스도에 대하여서는 어떠함과 같다고 언급합니까? [260]

■ 이처럼 최초의 죄(하나님의 말씀에 대한 불순종의 죄)는 뱀(사단) → 여자 → 남자의 순으로 확산되었으며, 표면적으로는 하나님이 관여되지 않은 것으로 보입니다.

그런데 만일 죄의 문제에 하나님께서 전혀 관여됨이 없다면, 즉 하나님의 예정과는 전혀 독립적으로 사단과 하와 그리고 아담에 의해 창조된 세계에 죄가 들어온 것이라면, 하나님의 예정은 완전하지 못하며 하나님의 속성 또한 완전하지도 전능하지도 못하다는 결론에 이르게 될 것입니다. 우리는 로마가톨릭의 청년교리서(오스트리아 주교회의, YOUCAT, 서울, 가톨릭출판사: 2012)

에서 가르치는 바를 앞에서 간단히 언급했는데, 로마가톨릭의 청년교리서에서는 하나님께서는 죄와 전혀 상관이 없는 분으로, 즉 인간의 죽음과 고통은 본래 하나님의 계획에 없던 것인데 인간의 범죄로 말미암아 야기된 것이라고 설명하는 것을 볼 수 있습니다. 그러나 만일 로마가톨릭의 청년교리서가 설명하는 바와 같이 하나님과는 전혀 별도로 죄가 시작된 것이라고 한다면, 그러한 하나님은 전혀 완전하신 분이 아니며 마찬가지로 전능하시지도 않은 분으로, 전적으로 우리의 신뢰를 받으실 수 없거나, 제한적으로만 신뢰를 얻을 수 있는 분으로 볼 수밖에 없을 것입니다.

요점 2

"아담과 하와가 지은 죄는 하나님의 영원한 목적 안에 포함되어서 허락된 것이었다."

3. 아담과 하와의 상태는 죄에 대하여(혹은 하나님의 금령에 대하여) 어떠한 상태였습니까? [261]

4. 그러한 그들의 상태는 곧 그들의 죄에 대하여 하나님께서 어떠하셨음을 말해줍니까? [262]

5. 롬 8:28은 아담과 하와의 범죄에 대한 하나님의 계획이 어떠함을 증거 합니까? [263)]

■ 신앙고백서에서 비록 '허용'이라는 단어를 사용하였을지라도 하나님의 신적 작정을 고려해 보면 그것은 더욱 적극적인 의미에서 그렇게 되도록 하셨다는 말입니다. 물론 앞에서 섭리에 대해 살펴본 바와 같이 죄의 책임은 하나님께 있지 않지만, 하나님께서는 죄가 기원되도록 사용하심을 통하여서 주권적으로 신적 작정을 이루신 것입니다. 또한 '작정'이란 영원 전에 즉, 시간이 있기 전에 된 것이기에 죄에 대하여서도 전적인 주권으로 계획하신 것입니다. 만일 하나님께서 죄에 대해서는 전혀 작정하신 바가 없었다고 한다면, 분명 하나님의 작정은 완전하지 않으며 불변하지도 않다고 해야만 할 것입니다. 그러나 하나님께서는 그의 전능하심과 완전하심으로 절대적인 무(無)에서 눈에 보이는 모든 세상과 시간을 포함하여 천사 등 눈에 보이지 않는 것들까지 모든 만물들을 창조하시기 전, 곧 영원 전에 죄를 포함한 모든 일들을 완전하고도 불변하도록 작정하셨습니다. 더구나 그러한 작정을 통하여 하나님께 영광이 돌려지도록 모든 일들을 계획하셨기 때문에, 단순히 죄를 허용하신 것이 아니라 기쁘심 가운데서 죄가 허용되도록 하셨습니다.

그런데 이러한 작정의 구체적인 내용들은 전적으로 우리가 생각할 수 없는 하나님의 고유한 속성 가운데서 성립하는 개념들로써, 하나님의 계시(성경)에 언급된 만큼에 한해서만 알 수 있습니다. 더군다나 그러한 작정이 이뤄진 것은 시간이 시작되기 전, 곧 영원 전에 이뤄진 것이기 때문에 그것은 불변하며 완전한 것입니다. 바로 이러한 성경의 사실들을 알게 될 때에 우리들은 더욱 하나님을 신뢰하며, 눈에 들어나는 것들로만이 아니라 눈에 들어나지 않는 것들로 말미암아서도 더욱 하나님을 신뢰하고 의지하는, 하나님과 함께할 뿐 아니라 철저히 하나님께만 영광을 돌리는 본래적인 창조의 목적을 향해 온전히 나아갈 수 있는 것입니다.

한 주간의 정리

1. 하나님께서 그의 자녀들(백성들)을 겸손하게 하시는 방법은 어떤 것입니까?

2. 하나님께서 그의 자녀들을 겸손하게 하시는 것은 무엇을 위함 입니까?

3. 하나님께서 사악하고 불경건한 자들을 다루시는 방법은 무엇입니까?

4. 하나님의 자비와 긍휼이 사악하고 불경건한 자들에게 있어서는 어떻게 됩니까?

5. 하나님의 가장 특별한 방식의 섭리는 무엇이며, 그것은 어떻게 처리됩니까?

6. 인류의 조상인 아담과 하와의 범죄와 타락은 하나님께서 예상치 못한 것이었습니까?

연구 과제

1. 이유나 원인을 알 수 없는 시련과 고난의 상황에 처했을 때, 신자가 마땅히 보여야 할 모습이 무엇인지 '신정론'과 관련하여 설명해 봅니다.

2. "하나님의 섭리하심이 일반적으로 모든 피조물에게 이른"다는 말의 실제적인 의미에 대해 설명해 봅니다.

3. 하나님께서는 모든 일들을 통해서 결국 자신의 원하시는 바, 선을 이루도록 하신다는 것에 대해 구체적으로 설명해 봅니다.

요점 3

"하나님께서는 그렇게 하심으로 자기의 영광이 되도록 그 죄를 정리하실 계획이셨다."

◆ ◆ ◆

6. 롬 11:32은 죄를 허락하심이 무엇을 목적으로 한다고 했습니까? [264]

7. 롬 11:36로 보건데 32절의 목적은 궁극적으로 무엇이겠습니까? [265]

■ 현대의 기독교 신앙 가운데서는 온 세상을 향한 하나님의 궁극적인 목적이 인류의 구원과 행복이므로, 우리가 행복하게 됨으로써 하나님께 영광을 돌릴 수가 있다고 생각합니다. 그러나 하나님께서는 스스로 영광을 취하시며 창조의 목적 또한 하나님의 영원한 작정 가운데서 이미 계획된 것인 만큼(롬 9:28), 하나님의 작정의 실현 자체로서 가장 큰 영광이 되는 것이기에 우리의 처지나 상황에 상관이 없이 전적인 하나님의 주권 가운데서 영광이 돌려지는 것(롬 11:36 참고)입니다. 그러므로 우리들의 신앙에 있어 궁극적인 목적은 우리들 자신의 행복과 안위 가운데서 하나님을 찬양하는 것이 아니라, 하나님의 작정하신 모든 일들이 시간 가운데서 완성을 이루는 것을 통해 하나님 스스로

영광을 취하시는 데까지 이르러야 하는 것입니다.

하지만 우리의 이성 가운데서는 창조를 통해 하나님의 영광이 드러나는 것은 납득할 수 있지만, 죄와 타락을 통해 하나님의 영광이 나타나는 것에 대해서는 쉽게 납득하기 어려울 것입니다. 하나님께서 영원 전에 세상의 모든 일들을 작정하실 때에 인간의 타락과 죄 그리고 죄에 따른 형벌이 이미 계획되었는데, 그것이 어떻게 해서 하나님의 영광을 드러내게 되느냐에 대한 이해가 쉽지 않은 것입니다. 이에 대한 한 가지 단서는 창 2:17절과 창 3:6절 본문의 차이에서 찾을 수가 있습니다. 하나님께서는 분명 "선악을 알게 하는 나무의 열매는 먹지 말라"고 하셨고, 이에 더하여 "네가 먹는 날에는 반드시 죽으리라"고 하셨습니다. 그러나 뱀의 꾐에 넘어간 여자의 눈에, 그 나무는 "지혜롭게 할 만큼 탐스럽"게 보였습니다. 즉 하나님의 말씀에 순종하는 것을 벗어나서 진리(선악을 분별하는 지혜)를 찾을 수 있을 것처럼 보였더라는 것입니다. 그러나 인간은 원래 하나님에게서만 진리를 찾을 수 있었습니다. 그러므로 우리들은 하나님께서 성경을 통해 드러내시는 대로, 하나님께서는 "빛도 짓고 어두움도 창조"하시며 "평안도 짓고 환난도 창조"하신다(사 45:7)는 것과, 그러나 "하나님은 악에게 시험을 받지도 아니하시고 친히 아무도 시험하지 아니하시"는 분이심을 성경에 드러난 대로 동시에 믿어야(하나님께서는 죄를 허용하실 뿐만 아니라 종국에는 죄를 도말하십니다) 하는 것입니다. 즉 하나님의 작정 안에는 악도 포함되지만, 그런 악이 하나님에 의해 조성되거나 의도된 것이 아니라는 사실을 성경의 기록대로 믿어야 합니다.

제2조

우리의 최초의 조상은 이 죄로 말미암아 본래 가졌던 의로움과 하나님과의 교통에서 떨어졌고, 그리하여 죄로 죽었으며 모든 기능과 영혼과 육신의 모든 부분이 죄로 오염되고 말았다.

요점 1

"그들은 이 죄(원죄) 때문에 그 즉시로 하나님과의 교제에서 떨어졌다."

8. 창 3:7~8로 볼 때, 죄를 범한 우리의 첫 조상들이 하나님과의 교제에서 떨어진 양상(樣相)은 어떠합니까? 266)

- 전 7:29절 참조.

9. 롬 3:23은 (아담 안에서)모든 사람이 죄를 범하므로 어떻게 되었다고 말합니까? 267)

요점 2

"그 이후로 그들은 처음 지니고 있던 의(原義)를 잃었고 죄 가운데서 죽을 수밖에 없게 되었고 죽음의 상태에 처하게 되었다."

 그 결과로 그들은 본래의 의를 잃어버렸고 죄 가운데서 죽은 상태에 처하여 결국 실제로도 죽을 수밖에 없게 되었다.

◆ ◆ ◆

10. 창 3:7에서 죄를 범한 사람의 눈이 밝아짐과 동시에 그들의 눈에 보인 것은 무엇이었습니까? [268)

11. 창 2:17에서 하나님께서는 선악을 알게 하는 나무의 실과를 먹는 날에는 어떻게 된다고 말씀하셨습니까? [269)

12. 엡 2:1은 허물과 죄 가운데 있는 사람에 대하여 어떻게 말하고 있습니까? [270)

■ 범죄 한 아담과 하와가 하나님과의 교제에서 떨어진 것에서 우리들은 두 가지 것을 생각해 보아야 합니다. 첫째로 범죄한 인류의 조상들이 하나님과의 교제에서 떨어질 수밖에 없는 것은 그들의 죄 때문이라는 점입니다. 하나님께서는 악이

전혀 없으시기 때문에 범죄한 인간은 그 악으로 말미암아 본질상 하나님과 함께할 수 없는 것입니다. 또한 그러한 그들의 '죄'(peccatum originale)의 본질은 하나님께 속하여 순종하는 대신에 독립하여서 독자적으로 진리(지혜)를 추구한 데 있습니다(창 3:6). 이처럼 우리의 첫 조상들은 그들 스스로 하나님에게서 멀어졌고, 이에 따라 하나님과의 교제에서 단절되게 된 것입니다. 이후로 그들은 결코 하나님께 순종하지 못하는 상태(하나님께 순종할 수 있었던 진정한 자유의지가 부패하고 만전적인 무능의 상태)에 처하게 되었습니다.

요점 3

"그들의 도덕적 부패는 그들의 영혼과 몸의 모든 기능과 부분에 퍼졌다."

↳ 그 결과로 그들은 영혼과 육체의 모든 부분과 기능들에서의 오염과 부패에 처하게 된 것이다.

◆ ◆ ◆

13. 아담과 하와의 타락 이후로 출생한 사람들에 대하여 창 6:5은 어떻게 말합니까? [271]

14. 렘 17:9은 모든 부패의 근원을 무어라 했습니까? [272]

15. 롬 3:10~18에 지금까지의 모든 인류의 역사를 대입하여 보고 느낀 바를 적어봅시다.

■ 범죄로 말미암은 타락의 상태는 전(全)적인 것입니다. 즉 타락과 부패는 인간의 모든 범위(靈·肉, 知·情·義)에 걸쳐서 이뤄진 것입니다. 뿐만 아니라 인간의 범죄는 피조세계의 모든 질서조차도 타락하고 부패하게 하였습니다(창 3:17-19). 또한 타락하고 부패한 그들은 탁월한 그들의 능력에 비하여 전적으로 무능(無能)한 상태에 처하게 되었는데, 그들은 더 이상 그들 스스로 하나님께 순종할 수 없게 되었습니다. 아울러 그들은 타락과 부패로 말미암아 곧장 하나님을 거스르는 태도를 보이게 되었는데, 창 3:8절은 이러한 그들의 태도를 단적으로 나타내기를 "여호와 하나님의 소리를 듣고 아담과 그의 아내가 여호와 하나님의 낯을 피하여 동산 나무 사이에 숨은지라"고 했습니다. 그 뿐아니라 12절에서 아담은 곧장 그처럼 범죄 하게 된 원인을 하나님께 돌리는데, "하나님이 주셔서 나와 함께 있게 하신 여자 그가 그 나무 열매를 내게 주므로 내가 먹었나이다"라고 대답한 것이 바로 그것입니다. 얼핏 아담은 죄의 원인을 하와에게 돌리는 것처럼 보이지만, 사실 그것은 하와를 지으신 하나님께 돌리는 태도였습니다. 그러므로 이르기를 "하나님이 주셔서 나

와 함께 있게 하신 여자"라고 말한 것입니다. 마찬가지로 하와 또한 그 원인을 뱀에게 돌리는데 일차적으로 분명 뱀이 그들의 마음을 책동한 것이 사실이지만 하나님에게서가 아니라 나무의 실과에서 진리(지혜)의 가능성을 찾은 것은 그들의 마음 가운데서 그렇게 한 것이기에, 분명 창조 후의 죄의 원인은 전적으로 그들에게 있었던 것입니다.

이렇듯 그들은 타락으로 말미암아 그 전까지의 영적으로 탁월한 상태가 아니라 전적으로 부패하고 무능한 상태에 처하고 만 것입니다.

제3조

그들은 모든 인간의 뿌리가 되므로, 이 죄를 범한 죄과는 저희로부터 일반적인 생육법으로 나는 모든 후대 자손들에게도 돌려져서 그들에게도 죄로 인한 동일한 죽음과 부패한 본성이 전달되었다.

■ 인본주의의 관점에서는 인간의 도덕적 책임과 의무를 강조하는 경향을 볼 수가 있는데, 자유주의 신학사조와 가톨릭 신학의 배경에는 이러한 인본주의의 관점이 담겨 있습니다. 그리고 그처럼 인간의 도덕적인 책임과 의무를 강조하는 경향에서는 인간의 타락으로 말미암은 본성의 부패, 혹은 원죄의 영향이 상당히 느슨하게 설명되고 있는 것을 볼 수가 있습니다. 하지만 웨스트민스터 신앙고백서는 성경을 따라 이러한 교리들에 대해 분명한 입장입니다.

요점 1

"그들(아담과 하와)은 전(全)인류의 자연적이며 공동체로서의 머리였다."

16. 롬 5:12에서 한 사람(아담)으로 말미암아 죄가 세상에 들어왔음을 지금 우리가 확인할 수 있는 증거는 무엇입니까? [273]

17. 고전 15:22은 누구 안에서 모든 사람이 죽는다고 했습니까? [274]

18. 롬 5:18에서 "한 범죄"는 무엇을 말합니까? [275]

19. 위의 구절들에서 살펴본 내용들은 모두 누구를 가리키는 내용들입니까? [276]

■ 하나님께서 창조하신 영적인 피조물 가운데 인간은 천사들과 달리 한 조상 아래에 있는 유기적 집단에 속하도록 창조하셨습니다. 천사들과 다르게 인간은 육체 가운데 유전(遺傳)과 혈통의 전수(傳受)가 이뤄지는 것입니다. 그러므로 모든 인류는 한 조상 즉 아담 안에서 공통된 범법(犯法)이 적용되는데, 이것이 바로 원죄(原罪, peccatum originale)입니다. 그런데 원죄의 전수는 육체적인 혈통의 전수, 곧 '유전'에 의해서가 아니라 '전가'(轉嫁)에 의해 모든 인류에게 전수되도록 된 것입니다. 즉 아담의 범죄가 모든 인류에게 전가되는 것입니다. 이것은 인류가 한 혈통에 기원하도록 창조되었다는 사실과 함께 '대표성의 원리'에 따라 설명되는데, 고전 15:45-49절에서 말한 "첫 사람"이 바로 모든 인류의 대표인 '아담'을 언급한 것입니다.

한편 이러한 대표성의 원리와 죄(원죄)의 전가는 인류의 혈통에 대한 분석과 같은 과학적 검증방법으로 규명할 수 있는 내용이라기보다는(물론 현대과학에서도 이러한 내용을 상당부분 설명할 수 있을 만큼의 정보들을 확보해가고 있습니다) 이를 알리신 하나님의 계시(기록계시인 성경) 가운데서 알 수 있고 확실해지는 내용입니다.

요점 2

"그러므로 저희로부터 일반적인 생육법 가운데서 나는 모든 사람들에게도 그 죄책이 돌려졌고, 그들과 동일한 죽음과 부패가 전달되었다."

↳ 그로 인하여 바로 그 사망과 부패한 성품이 통상적인 출생법에 의하여 그 시조들 에게서부터 후손들에게 유전되었다.

20. 창 5:3은 아담의 아들 셋의 출생에 대하여 어떻게 표현하고 있습니까? [277)]

21. 시 51:5은 사람의 출생(자연적인 출생)에 대하여 어떠한 언급을 하고 있습니까? [278)]

■ 욥은 욥 14:4에서 이르기를 "누가 깨끗한 것을 더러운 것 가운데서 낼 수 있으리이까"라고 하면서 인간의 출생이 나면서부터 죄책(guilt) 가운데 있음을 말합니다. 그리고 그것을 깨끗함과 더러움이라는 극단적인 대비를 통하여 인간의 타락이 어떠함을 말해줍니다.

22. 위와 같은 일반적인 사람의 출생과 예수 그리스도의 출생은 어떻게 다릅니까? [279)]

■ 원죄(原罪, peccatum originale)로 인한 '죄책'이란 결코 가볍거나 작은 죄책이 아니라 모든 죄책의 근원이 되는 의미의 죄책을 야기하이기에 전(全)적인 것입니다. 최초에 아담이 범한 원죄의 성격은 근본적으로 하나님에게서 별도로 살아가는 것이었습니다. 하나님의 피조물로써 하나님의 명하신 바에 따르는 것을 버리고 스스로 지혜를 취하려고 한 것입니다. 그러므로 이후의 모든 죄의 성격은 하나님의 뜻과 말씀과는 별개로 행하는 모든 것들이라는 점에서의 유죄(guilt)인 것입니다. 이처럼 원죄에 대한 설명에 있어서나, 이후의 모든 실제적인 죄들에 있어서나 근본적인 죄성(罪性)은 바로 하나님과 별도의 존재로 있으려는 것, 하나님으로 말미암은 피조물이면서도 하나님과 같은 동급의 별개의 존재가 되려고 하는 점에서 본질적으로 유죄의 성격을 지니는 것입니다.

그러나 하나님의 지으신바 된 피조물로서 존재하게 된 인간으로서는 그 지으신 하나님을 떠나 별개로 존재하는 것은 그 자체로 이미 죽은 것이라는 사실을 알아야만 합니다. 마치 포도나무의 가지가 본 줄기에서 떨어져 나오면 아직 생기가 남아 있어도 결국에는 말라서 죽는 수밖에 없는 것처럼, 하나님의 지으신 바 된 피조물인 인간이 하나님과 독립해서 존재하려는 그 자체로 이미 죽음의 길로 들어선 것입니다. 모든 인류의 조상인 아담은 모든 인류의 대표로서 하나님께서 명하신바 가운데서 선악을 아는 지혜를 취하는 대신에 하나님과 별도의 것(선악을 알게 하는 나무의 열매)에서 지혜를 얻으려고 했습니다. 그러므로 우리들도 아담 안에서 타락하여 하나님과 별도의 존재로 생각하고 살아가는 부패 가운데 있는 것입니다.

제4조

이러한 근원적인 부패성 때문에 우리는 병들었고 무능하며 모든 선한 것을 대적하며 모든 악한 것을 전적으로 따라가는데, 이러한 근원적 부패성에서 실제로 짓는 모든 죄가 나온다.

■ 로마 가톨릭 교리서에서는 "아담과 하와가 지은 원죄는 우리와 어떤 관계가 있는가?"라는 질문에 대해 "'원죄'라는 말은 개인이 범한 죄가 아니라, 개인이 자유 의지에 따라 스스로 죄를 범하기에 앞서 누구나 타고나는 인류의 비구원적인 상태를 의미합니다."라고 답합니다. 즉, 원죄에 대해 우리의 신앙고백서와 같이 전적인 부패성으로서가 아니라, 비구원적 상태라는 완곡한 표현을 통해 원죄로 말미암은 사람의 상태가 그저 불완전한 정도의 상태라고만 말하는 것입니다.* 그러나 우리의 신앙고백서는 원죄와 이후의 사람의 부패에 대해 전적(근원적)이고 심각한 상태로 표현하고 있습니다.

---

* 로마 가톨릭 신학 뿐 아니라, 펠라기우스, 소시니우스, 아르미니우스 등의 사람들이 원죄의 교리와 인간의 전적인 부패를 부정 혹은 약화시키는 주장을 펼쳤는데 그러한 입장에서는 항상 인간의 도덕적 실천과 하나님께 스스로 나아갈 수 있는 인간 마음의 자발성이 강조되며, 소위 '구도자 예배'라는 것도 그 바탕에는 결국 인간이 하나님께 스스로 나아가며, 인간이 스스로의 이성으로 하나님을 찾을 수 있다는 가톨릭적 사고가 깔려 있는 것입니다.

요점 1

"영혼의 이 원 부패성은 전적(全的)인 것이다."

◆ ◆ ◆

23. 롬 8:7에서 사도바울은 영혼의 부패성에 대하여 뭐라 하였습니까? [280]

24. 롬 7:18에서는 영혼의 부패성에 대하여 뭐라 했습니까? [281]

25. 롬 3:10~18에서 설명하는 영혼의 부패한 상태를 간략하게 정리하면 한 마디로 어떠한 상태입니까? [282]

■ 여기서 다루는 인간의 죄의 성향이란, 단순히 도둑질이나 살인과 같은 실정법의 죄를 말하는 것이 아니라 그러한 모든 죄의 본질인 하나님에 대해 순종할 수 있는가와 관련하여 말하는 것입니다. 실정법상의 범죄와 같은 것은 근원적으로 하나님께 순종하지 못하는 '원죄'로 말미암은 부패 가운데서 더욱 심각하게 표현되는 죄의 형태입니다. 이러한 원죄의 부패성은 전적인 것입니다. 즉 인간의 모든 영역들(靈 과 肉, 知情意 등)에 걸쳐서 원죄로 말미암은 부패와 그로인한 무능(無能)을 내포하고 있습니다.

그러나 대부분의 사람들은 도덕적으로 부패하지 않았다고 생각할 뿐 아니라 무능한 것도 아니라고 생각합니다. 따라서 대부분의 사람들은 인간이 얼마든지 선을 행할 수 있고, 실제로도 선을 행한다고 말하는 것입니다. 하지만 앞에서 이미 확인한 바와 같이 모든 죄의 근원은 하나님 외에 어떤 것에서 지혜를 찾아 독립하려는 인간의 생각과 행동이었다는 점에서의 타락과 부패이기 때문에, 하나님을 인정하지 않으며, 하나님과 별도로 선악을 분별한다고 생각하는 그 자체가 바로 부패요 무능인 것이라는 점에서 전적으로 부패하고 무능한 상태인 것입니다.

한 주간의 정리

1. 하나님의 죄에 대한 최종적인 계획은 무엇입니까?

2. 인류의 조상들의 범죄(원죄)로 그 즉시 일어난 결과는 무엇입니까?

3. 인류의 조상들의 범죄 이후의 상태는 어떤 것입니까?

4. 인류의 조상들의 범죄의 결과로 말미암은 그들의 상태는 그들의 어디까지 퍼졌습니까?

5. 아담과 하와는 전 인류와 관련하여 어떤 자들이었습니까?

6. 아담과 하와의 범죄로 말미암은 상태는 이후 그들의 후손들에 대해서는 어떻게 되었습니까?

연구 과제

1. 인간의 타락과 배치(背馳)되는 오늘날의 사고에는 무엇들이 있을지 조사하여 설명해봅니다.

2. 인간의 '전적 부패'에 대해 그것이 미치는 범위를 중심으로 해서 설명해봅니다.

3. 펠라기우스주의, 소시니주의, 알미니우스주의 그리고 로마 가톨릭에 대해 자세하게 조사하여 그 원리를 설명해봅니다.

요점 2

"이 원 부패성에서 모든 범법행위가 실제로 나오게 된다."

◆ ◆ ◆

26. 마 15:19 말씀은 "악한 생각과 살인과 간음과 음란과 도적질과 거짓 증거와 훼방"이 어디에서 나온다고 하였습니까? [283)

27. 엡 2:2~3 말씀은 그처럼 부패한 인간의 마음은 또한 누구의 역사로 말미암아 더욱 진노의 자녀들이 된다고 했습니까? [284)

■ 이처럼 사람의 마음 가운데 있는 원 부패성으로 말미암아 모든 실제적인 죄들이 나오며, 더욱 사단의 역사로 말미암아 진노의 자녀들이 되는 것이 바로 부패한 인간의 상태인 것입니다. 그러나 우리들은 흔히 죄에 대하여서 실정법과 같은 기준이나 윤리적인 수준에서 생각하는 성향이 짙습니다. 따라서 우리들은 대부분 아무 행동도 하지 않으면 죄를 범하는 것이 아니라고 생각하는 경향이 있는 것입니다. 하지만 그러한 경향은 죄의 본질 혹은 근원에 대해 전혀 이해하지 못하고 있음을 단적으로 드러내고 있는 것입니다.

성경은 죄와 관련하여 본질 혹은 근원과 관련하여 설명하고 있습니다. 즉 아담의 범죄로 말미암은 '원죄'야말로 모든 죄들의 본질인 것입니다. 율법을 포함한 성경의 중요한 역할 가운데 하나는 바로 이러한 죄의 성격과 본질을 가르쳐주는 것입니다. '원죄'의 성격이 무엇이었느냐, 아담의 타락과 부패의 본질이 무엇이었느냐고 할 때에, 그것은 피조물로서의 인간이 창조주 하나님에게서 독립적으로 생각하며 존재하려는 것이었다는 사실을 이미 언급했습니다. 그런데 그것을 '원죄'라고 부르는 것은 그것이 죄의 본질이요 근원이기 때문입니다. 바로 이 원죄 가운데서 모든 실제적이고 악하며 부패한 죄악들, 곧 "악한 생각과 살인과 간음과 음란과 도적질과 거짓 증거와 훼방"(마 15:19)이 나오는 것입니다. 사실 이러한 '근원적 부패성'에 대해서는 인간이 스스로 알게 되는 것이 아닙니다. 인간 스스로의 논리와 사고 가운데서 이러한 근원적 부패성을 인식하지 못합니다. 오히려 그러한 근원적 부패성은 마 15:19; 엡 2:2-3절과 같은 성경의 말씀 가운데서 확실하고도 분명하게 알게 되는 내용입니다. 반면에 대부분의 사람들이 이러한 근원적 부패성을 인정하려고 하지 않거나, 그 원인을 오히려 하나님께 돌리려고 하는 것을 흔히 볼 수 있습니다. 마치 아담이 범죄 한 후에 그 탓을 하와에게 돌리고, 하와 또한 그 탓을 하나님께서 창조하신 뱀에게 돌렸던 것처럼 지금도 사람들은 그 원인을 하나님께 돌리곤 하는 것입니다. 그러므로 우리들은 교리를 공부할 때에 논리적으로 생각하고 사고하는 것에 앞서서 성경을 통해 확인하고 이해하는 습관을 가져야 합니다. 그리고 그 때에 성령의 도우심과 지도를 기도해야 합니다. 왜냐하면 성경 외의 것들에서 사고하려고 할 때에 흔히 오류(誤謬)에 빠지곤 하는 것을 볼 수 있기 때문입니다.

이 같은 본성의 부패는 이 세상에 사는 동안은 중생한 신자의 속에도 남아 있다. 비록 그것이 그리스도를 통하여 용서함 받고 극복되지만 그것 자체와 또한 거기서 나오는 모든 정욕은 진실로 죄에 속한 것이다.

■ 로마 가톨릭 교리에 따르면, 인간은 세례와 함께 원죄가 사해지며 원죄로 말미암은 부패성 또한 제거됩니다. 다만, 그 이후로도 죄를 범하는 것은 인간의 불완전함 가운데서 나오는 것이지, 원죄로 말미암는 것은 아니라고 가르치고 있는 것입니다. 그러나 우리의 신앙고백서는 세례를 받은 신자만이 아니라 중생한 신자라 해도 여전히 본성의 부패가 남아 있음을 가르치고 있습니다. 중생한 신자라도 이 땅의 삶 가운데서는 여전히 부패한 정욕 가운데서 죄를 범할 수 있는 것입니다.

요점 1

"원죄로 말미암은 부패는 중생한 사람에게도 일생동안 남아 있다."

↪ 중생한 신자라 할지라도 이 세상에 머무르는 동안에는 원죄와 그로 말미암는 부패가 사라지지 않는다.

28. 롬 7:22~23에서 사도바울은 자신에 대하여 어떻게 말하고 있습니까? [285)]

29. 잠 7:20에 따르면 "선을 행하고 죄를 범치 아니하는 의인은 세상에 (   )" [286)] 고 하였다.

■ ※ 하나님의 택함을 입지 않은 사람들의 경우 외적으로는 타락 이전의 인간 본성의 잔재들이 남아 있지만, 그 마음의 중심에는 타락한 인간의 죄 있는 본성이 '자아'로서 자리하고 있는 상태이며, 하나님의 택함을 입은 거듭난 사람들의 마음에도 표면적으로는 타락한 인간의 죄 있는 본성의 남은 잔재들이 있지만, 그 마음에는 그리스도 안에 있는 인간의 본성의 새로운 중심이 자리합니다.

요점 2

"원죄는 오직 그리스도의 공로로 말미암아 용서된다."

30. 롬 5:17에서 사망과 대비되는 생명은 누구로 말미암는 것입니까? [287)]
- 롬 7:21~25; 고전 15:22절 참조

■ 예수 그리스도께서는 마 5:28에서 이르시기를 "음욕을 품고 여자를 보는 자마다 마음에 이미 간음하였느니라"고 하셨습니다. 죄의 본질이 실제적으로 행동하는 것만이 아니라 마음에 있는 원죄 가운데서 비롯되는 것을 지적하신 것입니다. 그런데 예수 그리스도를 믿는 신자들이라고 해도 이 원죄가 이 땅에서 완전하게 없어지는 것이 아닙니다. 롬 7:22-23의 사도 바울의 고백은 바로 그러한 사실을 여실히 드러내주고 있습니다. 그러므로 신자들의 경우라도 원죄를 비롯한 모든 죄들은 그리스도의 공로로 용서되는 것이지 제거되는 것이 아닙니다. 이를 오해한 것이 바로 '완전주의'요 '무율법주의'의 신앙입니다.

요점 3

"그러나 남아있는 원죄와 그로 말미암은 모든 정욕은 모두 진실로 죄에 속한 것이다."

↪ 그 부패함이 그리스도를 통해서 용서받고 억제된다고 할지라도 본성 자체와 본성에서 비롯되는 모든 행동들은 참으로 죄이다.

◆ ◆ ◆

31. 롬 7:5 말씀은 "우리가 육신에 있을 때에는" 우리의 지체 중에 무엇이 역사하며, 또한 무엇으로 열매를 맺게 한다고 했습니까? [288]

32. 그러므로 롬 7:8은 "(   ) [289]가 기회를 타서 계명으로 말미암아 (   ) [290]에서 각양 탐심을 이루었" 다고 하였습니다.

■ 어떤 사람들은 시대를 율법의 시대와 은혜의 시대로 나누어 지금은 은혜의 시대이므로 율법이 더 이상 필요 없고, 그런 만큼 그리스도의 은혜 안에서 중생한 영혼에는 죄가 없다고 말하며 윤리적인 방탕까지 일삼기도 하지만, 롬 7:7은 오히려 "율법이 죄냐? 그럴 수 없느니라…"고 명백하게 율법의 유효함을 말하고 있습니다. 뿐만 아니라 그러한 율법 가운데서 은혜로 거듭난 백성이라 할지라도 범법(犯法)함은 명백히 죄인 것입니다. 그러므로 예수 그리스도에 대한 믿음이 있는 신자라고 해서 죄를 범하더라도 아무런 죄책(罪責)이 없는 것이 결코 아닙니다.

이와 관련한 신학용어 가운데에는 '완전주의'(perfectionism)라는 것이 있는데, 이는 그리스도를 믿는 신자들은 그리스도 안에서 새생명이 되었으므로 이 땅에서 모든 죄가 사라진 완전한 자가 되는 것이라고 생각하는 주장입니다. 이러한 완전주의는 그 모양을 바꾸어 '무율법주의'(無律法主義)로 주장되기도 하는데, 이는 신자들이 죄를 범할 경우에는 그 죄는 옛 본성으로 말미암은 것으로 그리스도 안에서 중생한 새사람 혹은 새생명과 관련된 것이 아니기 때문에 그 책임이 신자에게는 유효하지 않다고 보는 주장('구원파'의 주장)입니다. 사실 무율법주의는 로마 가톨릭에서 주장하는 "죄의 성향은 원죄로 말미암은 것이 아니라 욕망으로 말미암은 것"이라는 주장과 유사한 것으로, 그러한 욕망은 태초에 아담에게도 있었던 본성(죄책을 자신이 아니라 남에게 돌리는)의 일부라고 생각합니다. 그러나 우리의 신앙고백서에서는 완전주의나 무율법주의 혹은 로마 가톨릭의 주장과는 달리 원죄와 그로 말미암은 모든 정욕들이 모두 진실로 죄에 속한 것이라고 말합니다.

갈 5:17에서 사도 바울은 이르기를 "육체의 소욕은 성령을 거스르고 성령은 육체를 거스르나니 이 둘이 서로 대적함으로 너희가 원하는 것을 하지 못하게 하려 함이니라"고 했습니다. 즉 육체적인 인간의 상태는 여전히 하나님(성령)을 거스르는 죄 가운데 있는 것입니다. 그러므로 우리들은 하나님(성령)으로 살아야만 하는 것입니다.(갈 5:25) 즉 신자라고 하더라도, 아니 신자들이야말로 하나님과 별도로 생각하고 행동하는 것이 아니라 하나님만을 전적으로 의지하고 의뢰하며 살아가야 하는 것입니다. 또한 그처럼 하나님을 의지할 수 있도록 하는 것이 바로 예수 그리스도의 공로인 것입니다.

제6조

원죄와 자범죄는 모두 하나님의 의로운 율법을 범한 불법이요 율법에 반대되는 것이므로 죄는 본질상 죄인에게 정죄를 가져온다. 그로서 죄인은 하나님의 진노와 율법의 저주에 매인 바 되어 사망의 종노릇하며 모든 영적 비참과 현세의 비참과 또 영원한 고통을 받는다.

요점 1

"원죄는 실제로 하는 범법(犯法)행위와 다름없는 위법(違法)이다."

33. '원죄'와 관련하여 엡 2:3은 어떤 것을 교훈하여 줍니까? [291]

34. 죄를 짓는 자마다 불법을 행한다(요일 3:4)고 할 때 불법이란 무엇에 대한 불법입니까? [292]

■ 로마 가톨릭의 가르침에서는 일반적인 죄의 성향, 즉 '욕망'(慾望)이라는 것에 대해 그것이 원죄에서 나오는 것이 아니라 아담에서부터 유래되는 본래적인 인간의 성향이라고 말합

니다. 그러므로 욕망 그 자체는 죄가 아니라고 주장합니다.

그러나 예수께서는 "음욕을 품고 여자를 보는 자마다 마음에 이미 간음하였느니라"(마 5:28)고 말씀하시어 죄에 대한 욕망에 대해 분명히 죄로 규정하셨습니다.

사실 죄에 대한 욕망은 '원죄'로 말미암아 우리 마음에 자리한 타락과 부패의 결과로서, 바로 이 원죄로 말미암아 모든 실제적인 죄들이 시행되는 것입니다. 그러므로 우리들이 행하는 실제적인 죄 뿐만 아니라, 더욱 우리 마음에 있는 원죄로 말미암은 죄의 성향 즉 욕망으로 말미암아 죄가 발현(發現)되는 것입니다. 창세기를 보면, 뱀에게 들어간 사단은 하와에게 물어 이르기를 "하나님이 참으로 너희에게 동산 모든 나무의 열매를 먹지 말라 하시더냐"(창 3:1)고 했습니다. 그리고는 거짓말로 이르기를 "너희가 결코 죽지 아니하리라 너희가 그것을 먹는 날에는 너희 눈이 밝아져 하나님과 같이 되어 선악을 알 줄 하나님이 아심이니라"(창 3:4-5)고 말합니다. 이처럼 사단은 처음부터 속이는 자, 곧 거짓말쟁이였습니다.(요 8:44) 그러나 사단의 거짓말을 들은 그 직후로 하와의 눈에 선악을 알게 하는 나무의 열매는 "지혜롭게 할 만큼 탐스럽기도 한 나무"로 보였습니다. 그리고 곧장 하와는 그 열매를 따먹고 아담에게도 주어서 먹도록 했습니다.(창 3:6) 이처럼 원죄를 범한 아담과 하와에게도 욕망과 함께 실제적인 죄가 실행됐는데, 그렇게 하여 그들이 범한 것은 "선악을 알게 하는 나무의 열매는 먹지 말라 네가 먹는 날에는 반드시 죽으리라"는 여호와 하나님의 금지명령 곧 '율법'을 범한 것입니다. 그러므로 죄는 본질상 하나님의 법(율법)을 어기는 위법(違法)이요 범법(犯法)입니다. 그리고 바로 이러한 원죄로 말미암아 이후의 모든 인류의 모든 죄들이 있게 됐는데, 창 6:5은 그런 세상에 대하여 이르기를 "사람의 죄악이 세상에 가득함과 그 마음으로 생각하는 모든 계획이 항상 악할 뿐"이었다고 말합니다.

요점 2

"원죄와 자범죄 모두 다 본질상 죄책(罪責)이 따른다."

◆ ◆ ◆

35. 엡 2:1은 허물과 죄(transgression and sins)로 말미암은 우리의 상태가 어떻다고 했습니까? [293]

요점 3

"죄인은 원죄이든 자범죄이든 간에, 은혜가 개입하지 않으면 죽음에 굴하게 된다."

36. 갈 3:10에서 "율법 행위에 속한 자들"이란 어떠한 자들을 말하는 것입니까? [294]

37. 살후 1:8~9에 따르면 은혜가 개입되지 않은 죄인의 결국은 어떠합니까? [295]

■ 성경과 우리의 신앙고백서에 따르면, 죽음이야말로 우리의 죄와 그로 말미암은 부패를 단적으로 확인시키는 것이라 할 수 있습니다. 또한 죽음이란 자연스러운 것이 아니라, 사실은 지극히 부자연스러운 것입니다. 즉 하나님께서 의도하신 창조 가운데 있는 것이 아니라, 타락과 부패로 말미암은 것입니다. 그리고 그러한 부자연스러움이 그 어떤 인간에게도 예외가 아니라는 것을 통해, 우리들은 우리의 전적인 부패와 우리의 의가 이 땅에서는 결코 완전할 수 없다는 사실을 확인할 수 있는 것입니다. 성경은 "한 사람으로 말미암아 죄가 세상에 들어오고 죄로 말미암아 사망이 들어왔"(롬 5:12)다고 했습니다. 또한 "한 사람의 범죄로 말미암아 사망이 그 한 사람을 통하여 왕 노릇"(롬 5:17)한다고도 했습니다. 그러므로 "죄의 삯은 사망"(롬 6:23)인 것입니다.

그런데 어떤 자들(소위 펠라기우스주의자들, 소시니안들)은 죽음이 원래부터 유한한 인간에게 주어진 것이며, 죽음 자체는 죄로 인한 것도 아니라고 주장했습니다. 그러므로 사람이 죽게 되는 것은 죄로 인한 것이 아니라 자연스런 현상이며, 그런 만큼 사람은 여전히 스스로의 힘과 능력으로 하나님께서 요구하시는 율법에 대한 순종을 얼마든지 이룰 수 있다고 주장했습니다. 하지만 이미 살펴본 성경말씀들, 특히 롬 5:12, 17; 6:23 등은 분명 죄로 인해 사망이 우리에게서 왕 노릇하며, 그 시작은 바로 첫 사람 아담으로 말미암은 원죄에서 온 것임을 명백히 말씀하고 있습니다. 이처럼 실제적으로 행하는 죄뿐만 아니라, 더욱 원죄로 말미암아 우리에게 죄책(정죄) 가운데서 죽음에 이르는 것입니다. 그런데 이러한 가운데 은혜(예수 그리스도의 구속과 그것의 적용)가 개입하므로 우리들은 육체적인 죽음에 대해서는 동일하지만, 영적인 죽음 곧 하나님과 하나님의 은혜에서 제외되는 죽음에 대해서는 굴하지 않게 되는 것입니다.

본과의 내용을 정리해 보고
의문점을 메모해 보세요.

Chapter 7

인간과 맺은 하나님의 언약에 관하여

제1조

하나님과 피조물 사이의 간격은 너무 커서 비록 이성을 가진 피조물들이 창조주 하나님께 순종할 의무는 있지만, 저희 힘으로는 저희의 축복과 상급으로써 하나님을 결코 소유할 수 없으며, 다만 하나님 편에서 자원하셔서 낮아지셔야만 할 수 있는데 하나님은 그의 기쁘신 뜻대로 그것을 언약의 방법으로 나타내셨다.

■ 제3장 하나님의 영원한 작정에 관해 살펴보면서 우리들은 하나님의 작정이 영원한 작정, 곧 시간 가운데서가 아니라 시간을 초월하는 가운데서 이뤄진 것이라고 했습니다. 우리가 이번 장에서 살펴볼 하나님의 언약도 바로 그러한 작정 가운데서 이뤄지며, 이러한 일련의 작정은 삼위일체 하나님의 관계(주로 성부와 성자 사이의 의논)에 근거해서 비로소 이해할 수 있는 성격입니다. 제2장에서 언급한 바와 같이, 삼위일체로서의 하나님과 그의 속성을 아는 것은 이후의 모든 주제들에 대한 이해와 믿음의 기초가 된다는 점을 기억하시기 바랍니다.

요점 1

"이성을 가진 피조물이 창조주 하나님에 대해 부담하는 의무는 필연적인 것이다."

◆ ◆ ◆

1. 시 100:3은 우리와 하나님의 관계를 뭐라고 합니까? [296)

2. 또한 사 40:17은 우리가 하나님 앞에서 어떤 존재라고 말합니까? [297)

3. 눅 17:10 말씀은 우리에게 무엇을 말합니까? [298)

■ 피조물로서의 인간과 하나님과의 사이에는 사실 무한한 본질적인 간격이 있습니다. 그러므로 피조물로써 존재하는 모든 것들, 그 가운데서도 이성을 지닌 인간은 하나님께 대해 필연적으로 무한한 부담을 가질 수밖에 없습니다. 그것은 마치 토기장이가 흙으로 그릇을 빚을 때에, 그 흙은 토기장이의 의도에서만 어떤 존재가 될 수 있는 것과도 같습니다. 이 점에 있어서 우리 신앙 가운데서 '창조'에 대한 이해와 인식은 아주 지대(至大)한 것입니다. 그러나 우리들은 그러한 인식이 터무니없이 부족한데, 이는 믿는 신자라도 기본적으로 하나님께서 무엇을 주시고 도우셔야만 하시는 분으로 인식하는 것에서 단적으로 드러납니다. 현대의 기독교인들에게 기본적으로 있는 의식이 바로 하나님께서 우리에게 어떤 식으로든 사랑의 의무와 책임이 있으신 것이라는 생각입니다.

요점 2

"하나님의 충만과 사랑을 피조물이 즐기게 되는 것은 오직 하나님의 뜻에 따라 결정되는 것이다."

 피조물에게 부여되는 축복과 상급은 오직 창조주에게 기원한다.

◆ ◆ ◆

4. 행 17:25에서 "만민에게 생명과 호흡과 만물을 친히 주시는 자"는 누구를 말합니까? [299]

5. 하나님의 은혜와 관련하여 창조주로서의 주권성에 대하여 롬 9:20,21은 어떻게 말합니까? [300]

■ 이처럼 창조 자체에서 피조물은 당연히 창조주께서 부여하시는 의무와 은혜를 받는 것이지, 창조주께서 피조물에게 의무를 지는 것이 아님을 명백히 알 수가 있습니다.

우리 신앙에 있어서 핵심적은 주제가 바로 '하나님 주권'입니다. 우리의 생각은 눈으로 보는 것에 따라 제약을 받기 때문에 얼핏 모든 일들이 우리의 손을 빌어 이뤄지는 것처럼 보이지만, 모든 일들은 다 하나님의 주권 가운데서 하나님의 뜻과 의지를 따라 이루는 것일 뿐입니다. 마찬가지로 언약에 있어 약속의 성취는 처음부터 전적으로 하나님에게 있는 것이지, 우리가 그 약속을 성취하는 조건을 만족시킬 수 있을지의 여부에 따라서 성립하는 것이 아니라는 사실 또한 알아야 합니다.

한 주간의 정리

1. 인간의 모든 (율법에 대한) 범법행위는 어디에서 나오는 것이며, 그것은 어떤 것(제한적인가, 전적인가?)입니까?

2. 중생한 사람은 원죄로 말미암은 결과와 관련하여 어떤 상태 입니까?

3. 인간의 원죄는 어떻게 용서가 되는 것입니까?

4. 중생한 인간에게 남아있는 정욕과 그로 말미암은 행동은 죄가 되지 않습니까?

5. 원죄와 자범죄에는 모두 다 본질상 무엇이 뒤따릅니까?

6. 이성을 지닌 피조물인 인간이 창조주 하나님에 대해 필연적으로 갖게 되는 것이 무엇이며, 우리에게 부여되는 축복과 상급은 어디에서 기원하는 것입니까?

연구 과제

1. 세속적인 사상들 가운데서 말하는 '죽음'이란 무엇인지 조사하여 설명해봅니다.

2. '완전주의'(Perfectionism)에 대해 조사하여 설명해봅니다. (웨스트민스터 신앙 고백서 강해, G.I 윌리암슨 / 나용화 역, 개혁주의신행협회, p 99-100 참조)

3. '무율법주의'에 대해 조사하여 설명해봅니다. (웨스트민스터 신앙 고백서 강해, G.I 윌리암슨 / 나용화 역, 개혁주의신행협회, p 100-102 참조)

요점 3

"이성을 가진 피조물들에게는 하나님께서 일정한 조건아래 축복과 상급을 주시겠다고 약속하시기를 기뻐하셨으니, 이를 언약(言約)이라 부른다."

6. 신앙고백서에 따르면 하나님과 피조물 사이의 간격으로 말미암아 하나님을 축복과 상급으로 소유할 수 없는데, 이는 어떻게 성립되었다 했습니까? [301]

7. 언약(약속)이란 상호적인 교섭(交涉) 가운데서 성립하는 것인데, 하나님과 아담의 경우도 그러합니까? [302]

8. 동산에서의 언약 이후에 있었던 언약체결의 사례들에는 어떤 것들이 있습니까? [303]

■ 하나님이 타락하기 전의 아담과 맺으신 언약에서는 기본적으로 사람이 언약의 조건을 만족시키는 것이 될 만한 어떤 여

지가 존재했습니다. 원의(原義)를 지녔던 아담은 얼마든지 하나님의 말씀에 순종하여 선악을 알게 하는 나무의 실과와 관련한 금령을 지킬 수 있었기 때문입니다. 이런 의미에서 아담은 진정한 의미의 자유의지를 지닌 상태 가운데 있었던 것이지요.

그러나 여기서 우리가 한 가지 기억할 것은, 그처럼 하나님과 아담 사이에 언약이 체결되었어도 하나님께 그러한 언약을 체결하여야할 의무나 책임이 있었던 것이 아니며, 아담이 그 언약을 지킬 수 있느냐에 따라 언약의 체결이 유효하거나 완성되는 것이 아니라는 점입니다. 왜냐하면 그러한 언약의 체결 자체가 이미 하나님의 주도로 된 것일 뿐 아니라 이미 하나님의 작정하신대로 이뤄진 것이기 때문에, 언약 체결에 있어 하나님께 의무가 있었던 것이 아니며 아담의 계약수행 여부에 따라서 하나님의 작정하신 바가 변경되는 것 또한 아니기 때문입니다.

사실, 언약체결은 그 자체로 이미 은혜였습니다. 피조물로서의 인간은 하나님께 아무런 계약도 제시할 수 없는 입장이며, 그런 만큼 언약의 수행으로도 하나님께 의무를 지울 수 있었던 것이 아니기 때문입니다. 이러한 내용들은 이후의 언약들 가운데서 더욱 분명해지는데, 타락 이후에 체결되는 모든 언약들은 사실 하나님과 인간 사이의 쌍방 간 동등한 관계 가운데서의 언약들이 아니라 하나님께서 일방적으로 체결하시는 성격이며, 아담의 타락 이후로 인간은 단 한 번도 언약체결의 조건을 만족시키지 못했다는 사실은 언약의 성격 자체가 어떠한지를 반증해주는 실제적인 예인 것입니다.

제2조

사람과 맺으신 첫 번 언약은 행위의 언약이었는데, 그 언약으로 아담과 그 후손들에게 완전히 개인적으로 순종하는 것을 조건으로 하는 생명이 약속되었다.

■ 창조주와 피조물 사이에는 사실 무한한 간격이 있기 때문에 처음부터 창조주이신 하나님께서 피조물과 약속이행의 체결 곧 언약을 맺으실 아무런 이유가 필요치 않았습니다. 그러나 하나님께서는 첫 사람 아담과 율법(선악을 알게 하는 나무의 열매를 금하신 것)에 대한 순종을 조건으로 하는 생명의 약속을 체결하셨습니다.

요점 1

"전 인류와 관계된 첫 언약에서 하나님께서는 아담을 전 인류의 대표로 하셨다."

↳ 아담과의 언약은 전 인류와의 언약이었다.

◆ ◆ ◆

9. 롬 5:12에서 말하고 있는 "한 사람"은 누구입니까? [304]

10. 롬 5:12을 근거로 아담의 대표성을 설명해 보세요. 305)

요점 2

"아담과의 언약에 있어서 약속된 것은 생명이었고, 조건은 완전한 순종이었다."

↪ **인류의 대표인 아담과 하나님 사이에 완전한 순종을 조건으로 생명이 약속되었다**(불순종의 경우에는 반대로 죽음이 분명하게 경고되었다).

◆ ◆ ◆

11. 창 2:8~17에서 "생명나무"는 아담에게 허락된 것이었습니까? 306)

12. 창 2:8~17에서 "선악을 알게 하는 나무"는 아담에게 허락된 것입니까? 307)

13. 결국 생명나무의 실과는 (   ) 303) 되었으나, 선악을 알게 하는 나무의 실과는 (   ) 309) 을 위해 (   ) 310) 적으로 금지된 것입니다.

■ 하나님과 사람 사이의 언약체결에 있어 하나님께서 채택하신 방법은 '대표성의 원리'에 따라 인류의 대표자 아담과 체결하는 방식이었습니다. 그러므로 모든 인류의 대표자 아담은 하나님께서 제시하시는 언약의 조건을 만족할 만한 능력을 갖추고 있었던 것입니다. 또한 그러한 언약을 통해서 얻게 되는 것은 '생명'으로서, 태초의 동산에 있었던 생명나무는 바로 그러한 약속의 상징(symbol)이었던 것입니다. 그런데 그러한 언약의 조건이 되는 완전한 순종은 하나님의 명하시는 바를 수행하는 것이 아니라, 하나님께서 금하시는 것을 수행하는 것, 즉 금하시는 행동을 하지 않는 것이었다는 독특한 특징이 있습니다.

제3조

타락함으로 말미암아 인간은 그 언약으로 영생을 얻을 수 없게 되었는데, 하나님은 그 기쁘신 뜻대로 두번째 언약을 맺으셨으니 흔히 말하는 은혜의 언약이다. 이로써 하나님은 값없이 죄인들에게 예수 그리스도로 말미암아 구원을 주셨으니, 저희가 구원을 얻도록 그리스도를 믿으라 하시고 영생을 얻도록 예정된 모든 자에게 그의 성령을 주사, 저희로 하여금 자원하여 믿을 수 있게 하시겠다고 약속하셨다.

■ 언약과 관련해서 우리의 신앙고백서가 말하는 첫 언약이란 하나님과 아담과 맺어졌던 언약이었다는 점을 이미 확인했습니다.

그런데 아담의 범죄와 타락 이후로 우리들은 언약 이행의 조건인 율법의 순종에 있어 전적으로 수행능력을 상실한 상태에 놓여 있습니다. 그러므로 언약의 성립은 이후로 더욱 하나님의 신실하심 가운데서만 성립하는 것이었습니다. 이런 점에서 아담과 맺은 첫 언약도 구속을 향해 나아가는 성격이었다는 것을 알 수 있습니다. 그 구속과 관련한 구체적인 언약이 바로 흔히 말하는 '은혜의 언약'인 것입니다.

요점 1

"하나님께서는 타락한 인간과 그 기쁘신 뜻대로 두 번째 언약을 맺으셨으니 곧 '은혜언약'이다."

⮎ 인간의 타락으로 말미암아 완전한 순종을 조건으로 하는 행위언약으로는 생명을 얻을 수 없으므로, 하나님께서는 두 번째 언약을 맺기를 기뻐하셨다.

◆ ◆ ◆

14. 이 언약과 첫 언약과의 기본적인 차이는 무엇입니까? [311]

15. 이 언약과 첫 언약의 기본적인 공통점은 무엇입니까? [312]

16. 롬 8:3,4은 이 언약(은혜언약)을 무엇이라고 기록 하였습니까? [313]

요점 2

"그 언약에 의하여 주님은 죄인들에게 예수 그리스도로 말미암아 생명과 구원을 값없이 주셨다."

◆ ◆ ◆

17. 롬 3:24에 따르면 "예수 안에 있는 구속(救贖)으로 말미암아" 얻은 것에 대해 무엇이라고 했습니까? [314)

18. 롬 10:9은 두 번째 언약에서 사람에게 요구되는 것을 무엇이라고 했습니까? [315)

■ 하나님께서는 첫 언약에서부터 이미 은혜로 언약을 주셨는데, 이제 두 번째 '은혜언약'에서는 더욱 확실하게 구속의 은혜로 언약을 체결하셨습니다.

그런데 이처럼 첫 언약과 두 번째 언약을 구별하고 있다고 해서 각각 다른 두 언약이 있었다고 이해해서는 안 됩니다. 왜냐하면 예수 그리스도의 구속으로 나아가는 언약이 이미 하나님의 작정 가운데서 창세 전에 삼위 하나님의 의논 가운데서 체결되어 있었기 때문입니다. 즉 창세 전에 성부 하나님과 성자 예수 그리스도 사이의 의논 가운데서 성자께서는 구속자로 임명되셨고, 성령께서는 이를 적용하시는 구속의 언약이 체결된 것입니다. 다만 그 시행에 있어서는 구속 언약과 은혜 언약의 구별이 있는 것입니다.

여기서 문제는 아담과 맺은 언약이 모든 인류와 맺은 언약이었다고 한다면, 그 이전에 영원한 하나님의 작정 가운데서 맺은 언약 또한 모든 인류와 맺은 것이냐 하는 것인데, 이에 따라 예수 그리스도께서는 모든 인류를 위해 죽으시어 대속하신 것인지의 문제가 대두되는 것입니다. 이에 대해 우리들은 하나님의 영원한 작정 가운데서 삼위 하나님이 맺으신 구속 언약은 '택자'들을 대상으로 하는 언약이었다고 믿습니다(시 89:3 참조).

한편, 구속 언약과 은혜 언약의 구별이 있어도 구속 언약의 조건과 은혜 언약의 조건이 각각 따로 있는 것이 아니라는 사실을 이해하는 것 또한 중요합니다. 즉 구속 언약은 그리스도의 의를 조건으로 하고 은혜 언약은 믿음을 조건으로 하는 것이 아니라 그리스도의 "언약의 피"(히 10:29)로 말미암은 그리스도의 의(義)만이 유일한 조건인 것입니다. 그러므로 경륜(역사) 가운데서 타락한 죄인들과 맺은 은혜 언약일지라도 그 근거는 그리스도의 의에 있는 것이며, 그리스도에 대한 믿음 또한 그리스도로 말미암아 주어지는 것입니다.(신앙고백서 제7장 제3절 후반부 참조)

요점 3

"그러므로 저희가 구원을 얻도록 그리스도를 믿으라 하시고 영생을 얻도록 예정된 자들에게 성령을 주시어 예수 그리스도를 자원하여 믿도록 하시겠다 약속하셨다."

↳ 그들이 구원받도록 하기 위해서, 그리스도를 믿는 신앙을 그들에게 요구하시고, 생명에 이르도록 작정되어 있는 모든 자들에게 그의 성령을 주시어, 그들로 하여금 기꺼이 그리스도를 믿을 수 있게 하실 것을 약속하셨다.

◆ ◆ ◆

19. 두 번째 언약에서는 그리스도를 믿는 신앙을 요구하고 있는데, 요 6:44(앞부분)에서 주님은 그 신앙에 대하여 어떻게 말씀하셨습니까? [316)]

20. 겔 36:27은 우리가 하나님의 율례(요구하시는 것)를 지켜 행함이 누구로 말미암는 것이라고 하였습니까? [317)]

■ 은혜언약의 체결을 통해 우리들은 다시 한 번 하나님의 신실하심을 보게 되는데, 즉, 첫 사람 아담이 언약의 요구를 만족

시킬 수 없었음으로 인해 언약이 파기된 것이 아니라, 두 번째 아담이신 예수 그리스도로 인해 언약의 요구를 온전히 만족시키며 그 언약에 따라 영원한 생명의 약속이 그리스도 안에 있는 아브라함의 후손(믿음의 후손)들에게 주어지도록 하셨기 때문입니다. 이런 점에서 하나님의 두 개의 전혀 다른 언약을 체결하셨던 것이 아니라 처음부터 한 언약을 신실하게 체결하신 것입니다. 즉, 은혜의 언약을 두 번째 언약이라 말하는 것은 아담과 맺으신 행위의 언약과 구별하는 의미에서 두 번째라 한 것이지, 하나님께 있어서는 영원 전에 체결된 한 언약(구속 언약이자 은혜로서 주어지는 언약)인 것입니다.

더욱 놀라운 것은, 은혜언약에 있어 언약의 조건은 예수 그리스도에 의해 만족될 뿐 아니라 그 언약에 대한 일종의 수혜(受惠)조건인 그리스도를 믿음 또한 성령님을 통해 부어진다는 사실입니다. 즉, 믿음의 선물이 우리에게 부여됨으로 그리스도 안에서의 언약 조건에 대한 만족이 우리에게 적용되는 것입니다. 그런 만큼 언약에 있어서 모든 내용들이 전부 은혜 가운데서 주어지는 것들입니다. 그리고 그러한 언약이행에 따른 모든 수혜들 또한 하나님의 주권 가운데서, 즉 하나님께서 예비하신 '구속'(redemption)을 통해서 우리에게 적용되는 것이니, 언약이란 애초에 하나님의 영원한 작정 가운데서 삼위 하나님의 의지(意志)와 의논(議論)으로 예비 되고(즉 애초부터 아담의 타락여부와 상관없이 삼위 하나님의 논의로 준비된 것) 창조 이후의 모든 역사(경륜)들 가운데서 구체적으로 적용되었으니, 이 모든 내용들에서 하나님의 전적인 사랑과 은혜의 풍성함이 분명하게 드러나는 것입니다.

제4조

이 은혜의 언약(covenant)은 성경에 자주 유언(testament)으로 표현되었는데, 예수 그리스도의 죽으심과 영원한 기업과 거기에 속한 모든 것이 유업으로 남겨진 것이다.

◆ ◆ ◆

21. 창 3:15의 "여자의 후손"이란 예수 그리스도를 말하는 것인데, 히 9:15에서 "첫 언약 때에 범한 죄를 속하"시고, "부르심을 입은 자로 하여금 영원한 기업의 약속을 얻게하려"고 중보자이신 예수 그리스도께서 어떻게 하셨다고 말합니까? [318]

22. 눅 22:20에서 예수님께서는 잔에 대하여 무엇이라고 하셨습니까? [319]

23. 히 9:17은 그리스도께서 죽으셔야 하는 이유를 어떻게 말합니까? [320]

■ 이처럼 예수 그리스도의 '대속'(代贖)은 구약에서는 희생제물 가운데서 대표적으로 예표(豫表)되었으며, 신약에서는 유언(遺言)으로써 그 효력 있는 중보사역을 언급하고 있습니다.

언약을 이해하는데 있어 '유언'이라는 표현을 하는 데에는 한 가지 중요한 의미가 내포되어 있는데, 그것은 그리스도의 죽음으로 말미암는 구속의 성취를 지향한다는 점입니다. 그러니까 아담과 맺은 행위 언약과 구별되는 '은혜 언약'이란 신약시대에 이르러 예수 그리스도의 죽으심으로 성취되는 구속의 때까지는 '유언'의 성격이었던 것입니다. 따라서 창세전 영원한 하나님의 작정 가운데서 삼위 하나님의 의논으로 체결된 '구속 언약'에 따른 십자가의 구속에 이르기까지 '은혜 언약'은 '유언'의 성격으로 체결되어 있었던 것입니다.

결국, 유언의 성격으로 은혜 언약을 이해하게 될 때에 비로소 우리들은 창세전부터 일관되게 이어져 오는 하나의 언약 개념을 볼 수 있는 것이요, 이를 통해 본질에 있어서는 하나의 동일한 언약이되 그 실행에 있어서는 아담을 대표로 하는 행위의 언약과는 구별된 은혜 언약을 이해할 수 있게 되는 것입니다. 마찬가지로 은혜 언약이 유언의 성격으로 설명되고 있는 것은 이후의 세대인 우리들에게 있어 언약이 또한 어떠한 성격인지를 알 수가 있도록 하는 것인데, 우리들에게도 언약은 마치 유언과 같아서 그리스도의 십자가 사역 곧 구속으로 말미암아 성립하는 것이지, 우리들의 행위나 믿음에 근거해서 성립할 수 있는 성격이 전혀 아닌 것입니다.

그런데 은혜 언약에 유언이라는 말이 사용되는 것을 통해 파악되는 언약의 일관성은, '세대주의'와 같이 하나님께서 각각 다른 여러 세대(시대)들을 통해 전적으로 성질이 다른 원리들을 사용하신다는 주장과는 전혀 상반된다는 점에서 이해의 필요성이 있는 것입니다. 즉 하나님께서는 아담에게는 율법을 행하는 것을 조건으로 하는 행위 언약을 체결하시고, 이후 신약시대의 세대에게는 믿음을 조건으로 하는 은혜 언약을 체결하신 것이 아니라 처음부터 예수 그리스도의 의에 기반한 구속의 언약을 은혜로써 체결하신 것이며, 다만 그 실행에 있어서 아담과 맺어진 행위의 언약과 구별되는 은혜 언약이 있는 것입니다.

제5조

이 언약은 율법 시대와 복음 시대에 있어서 각각 다르게 집행되었다. 율법 시대에는 약속들과 예언, 제사, 할례 유월절 양과 유대인들에게 주어졌던 다른 모든 율례들로 말미암아 맺어지게 되었는데, 이 모든 것은 오직 그리스도를 예표한 것이요 그 때에 성령의 역사를 통하여 택함 받은 자를 가르치고 약속된 메시아를 믿도록 세우기에 충분하고 또한 효력있는 것이었으니, 저희는 약속된 메시아로 말미암아 온전히 죄사함을 받고 영생을 얻었으니 그것을 구약(the Old Testament)이라 부르는 것이다.

■ 앞에서 우리들은 언약에 있어서 두 언약이 있었지만, 그것이 각기 다른 언약이 아니라 동일한 은혜언약으로 영원 전에 체결된 것이라는 사실에 대해 살펴보았습니다. 제5절과 제6절의 내용에서 우리들은 기본적으로 앞에서 언급한 언약의 통일성(동일한 은혜언약으로써 영원 전에 체결된 통일성)을 바탕으로 구약과 신약의 두 시대에 대한 구별과 함께 그 저변에 흐르는 일관성(통일성)을 살펴보게 될 것입니다.

요점 1

"구약시대의 언약은 주로 예표와 상징의 규례들로 실시되었으며, 이 예표와 상징들은 장차 오실 그리스도를 의미하는 것으로서 이러한 구약의 방법들은 거의 유대민족에 한정되었다."

⤷ 구약시대의 은혜 언약은 유대인들의 각종의 제도들과 규례들로 장차 오실 메시아(그리스도)를 나타냈으며, 그것은 신약시대에 이르기까지 계속해서 분명하고도 충만하게 실시되었다.

◆ ◆ ◆

24. 롬 4:11에 따르면 구약시대의 '할례'의 표를 받은 것은 무엇을 인침입니까? 321)

25. 골 2:11은 구약의 할례가 궁극적으로 무엇으로 대치(代置)될 것을 말합니까? 322)

26. 고전 5:7에 의하면 구약시대의 유월절 규례는 무엇을 예표하는 것입니까? 323)

27. 고전 10:1~4의 모세시대 광야의 이스라엘 백성들의 생활상은 신약시대의 어떤 모습을 떠오르게 합니까? [324]

28. 요 8:56에서 주님은 아브라함이 어느 때를 사모하였다고 하셨습니까? [325]

■ 아담 이후로 제시된 모든 은혜언약의 예표와 상징들은 구속하실 예수 그리스도를 나타내는 것입니다. 마찬가지로 모든 구약의 문화들(성막, 성전, 율법, 제사, 절기 등)도 오실 예수 그리스도를 나타내는 것인데, 이런 것들이 모두 구약과 신약은 동일한 맥락인 것을 반영합니다.

한 주간의 정리

1. 하나님께서는 이성을 가진 피조물들에게 어떠한 내용의 약속을 맺으시기를 기뻐하셨습니까, 그리고 그것을 무엇이라 합니까?

2. 하나님과 아담 사이의 언약은 아담과만 해당됩니까, 아니면 전 인류에게 해당됩니까?

3. 하나님과 아담과의 언약에 있어 약속된 것은 무엇이고, 그 조건은 무엇이었습니까?

4. 하나님께서 타락한 인간과 맺으신 두 번째 언약은 무엇입니까?

5. 두 번째 언약의 약속은 무엇이고, 그 조건은 무엇입니까?

6. 구약시대의 언약의 실시방법은 무엇이며, 주로 누구에게 한정적으로 적용되었습니까?

연구 과제

1. 하나님의 영원한 작정과 '인간과 맺으신 하나님의 언약' 사이의 관계를 설명해봅니다.

2. 하나님의 언약과 '세례' 사이의 관계를 설명해봅니다.

3. 하나님의 언약과 세례 사이의 관계 가운데서 '유아세례'에 대해 설명해봅니다.

요점 2

"구약시대에도 택함 받은 자들은 약속된 메시아를 믿는 믿음으로 죄사함과 영생을 얻었다."

↳ 구약시대에도 택함받은 자들은 성령을 통해 그리스도를 믿는 믿음으로 구원에 이를 수 있었다.

◆ ◆ ◆

■ 우리들은 흔히 구약시대에는 율법을 지키는 것으로 구원에 이를 수 있었지만, 사람들이 이를 지키지 못하자 하나님께서는 신약시대에는 예수 그리스도의 대속으로 말미암아 구원에 이르게 되었다고 생각하는 것을 볼 수가 있습니다. 그러나 그런 생각은 하나님의 '예정'과 '선택'에 대하여서 전혀 이해하지 못한 것이며, 오히려 구약시대에나 신약시대에나 동일한 은혜 언약 안에서 예수 그리스도로 말미암아 구원에 이르는 것임을 성경 가운데서 알 수가 있습니다.

29. 고전 10:2은 광야의 이스라엘 백성들에 대해 어떻게 말하고 있습니까? [326)]

30. 고전 10:3-4은 광야의 이스라엘 백성들에 대해 어떻게 말하고 있습니까? [327]

31. 요 8:56로 보건대 히 11:13에서 말하는 '믿음'은 누구에 대한 믿음이겠습니까? [328]

32. 갈 3:14에 따르면 아브라함의 복이 이방인에게 미치게 되는 것은 ( ) [329] 안에서이며, 우리가 믿음으로 말미암아 받게 되는 것은 ( ) [330] 이라 했습니다.

■ 이처럼 성경은 구약에서의 구원의 경륜들을 신약과 별도로 구분된 것으로 말하지 않고 구약에서도 오직 그리스도 안에서 그를 믿는 믿음으로 구원에 이를 뿐 아니라, 아브라함의 복이 단순히 혈족적인 '이스라엘' 백성들만의 복이 아니라 이방을 포함하는 모든 택함을 입은 백성들에게까지 미치는데, 그것은 그리스도 안에서 또한 성령의 약속 가운데서 신약과 동일하게 이뤄지는 것임을 말하고 있습니다. 분명 우리가 보는 바에서는 구약보다 신약시대에 그리스도의 구속이 더욱 분명하게 보이지만, 구속의 본질 자체로서는 구약시대나 신약시대나 동일한 것(통일성 있는)입니다.

제6조

복음 시대 즉 그리스도의 실체가 드러나신 후에, 이 언약은 하나님의 말씀의 설교와 세례와 성만찬이라는 하나님의 제도에 의하여 맺어지게 되었다. 이 제도는 수적으로 율법 시대보다 더 적고 외견상으로 더 단순하며 덜 화려하지만, 그 내용에 있어서는 이 같은 제도를 통하여 예수 그리스도께서 유대인과 이방인을 포함한 모든 백성들에게 보다 충만하며 보다 명백하게 그리고 보다 효과적으로 제시된 것이다. 우리는 이것을 신약이라 부른다. 그러므로 본질이 다른 두 가지의 은혜의 계약이 있는 것이 아니라, 한 개의 동일한 본질을 지닌 은혜의 계약이 있을 뿐이지만 그것이 집행되는 방법에서는 구약과 신약이 각각 다르다.

요점 1

"신약시대의 언약은 옛 구약시대의 언약의 실시방법보다 더 단순하며 분명하고 충만하며 확실할 뿐 아니라 영적능력을 지니며 그 적용범위에 있어서 유대민족에게만이 아니라 광범위한 것이 특색이다."

⤷ 언약의 실체이신 그리스도께서 나타나신 다음의 신약시대의 언약은 단순하면서도 분명하며 모든 민족들에게도 그 영적인 효과를 제시하였다.

◆ ◆ ◆

33. 구약시대의 여러 다양한 제도와 율례들에 비해 신약시대의
중요한 성례는 무엇입니까? [331]

　　– 마 28:19; 고전 11:23~25절 참조

34. 마 28:19~20에서 신약시대의 언약은 (　　　　　　　　　) [332]
으로 광범위하게 확장된다.

35. 마 28:19~20로 보건데 신약시대의 새 언약*은 세례로 대표
된 성례의 시행과 함께 중요한 것이 무엇입니까? [333]

■ 구약시대의 언약이나 신약시대의 언약이나 모두가 '은혜언
약'이라는 본질적 공통점과 통일성 가운데 주어짐과 아울러,
그러한 언약시행의 양상을 보면 구약의 언약과 신약의 언약에
는 분명하게 구별이 있는 것 또한 사실입니다. 즉 구약에서는
예표(豫表)요 어렴풋하게 제시되었던 것이 신약에서는 실체(實
體)로 그리고 뚜렷하게 성취된 것입니다. 또한 외견상 구약에

---

* 눅 22:20절 참조

서의 언약의 예표들은 율법, 할례, 만나 등 시각적이면서도 다양한 형식으로 제시되어 실행됐었지만, 신약에서는 그러한 것들이 그리스도 안에서 성취되어서 각각 하나님의 말씀의 설교, 세례, 성찬 등 간략하면서도 분명하게 확정(確定)되었습니다. 즉 구약의 예표들이 신약에서는 확정적으로 된 것인데, 그러한 모든 확정은 예수 그리스도께서 실체적으로 오셔서 성취하신 구속을 통해 확실히 완성된 성격이라는 점에서 확정적인 것입니다. 마찬가지로 그 적용대상에 있어서도 구약에서는 주로 유대인들을 중심으로 하지만, 신약에서는 주로 이방인들을 향하게 된 것입니다.

요점 2

"이처럼 은혜의 언약은 그 실행방법에 외적인 변화가 있었음에도 불구하고, 그 본질에 있어서 처음부터 동일한 것이었다."

➦ 본질 면에서 차이가 있는 두 종류의 은혜언약이 있는 것이 아니고, 여러 세대에 걸쳐 있기는 하지만 하나의 동일한 언약이 있을 뿐이다.

◆ ◆ ◆

36. 계 13:8의 생명책에 이름이 기록되지 못한 자들이란 어느 시점부터 기록되지 못한 자들입니까? [334)]

37. 계 13:8의 "죽임을 당한 어린양"은 누구를 가리켜 말하는 것입니까? [335)

38. 계 13:8로 볼 때, 은혜언약 안에서의 구원은 창세로부터 누구로 말미암는 것이었습니까? [336)

39. 합 2:4; 시 2:12 등의 구약본문에서도 구원의 조건은 무엇이라고 말합니까? [337)

40. 창 22:18과 갈 3:16~18을 비교해 볼 때에 아브라함 때에나 아브라함 이전, 혹은 이후로나 하나님의 축복과 구원은 (   ) [338) 안에서의 은혜언약에 근거하는 것임을 알수 있습니다.

■ 언약에 대하여 이해할 때에 전제(前提)되어야 하는 것은 그것이 항상 하나님의 은혜에 따른 것이라는 사실입니다. 비록 첫 사람(아담)에게는 전적인 순종을 조건으로 요구하셨지만, 창조주와 피조물 사이의 현격한 차이 가운데서의 언약 체결 자체가 은혜의 성격을 지니는 것이며, 그런 만큼 언약은 항상 은혜에 따른 것으로서 주권자이신 하나님에 의해 성립하고 실행되는

것입니다. 결국 언약을 체결하신 하나님 자신이 변하지 않으시는 분이시기 때문에(약 1:17절) 언약도 변하지 않는 본질로서 시행되는 것이지요. 마찬가지로 이미 살펴본 작정이나 섭리도 그러한 하나님의 속성에 근거하여 변하지 않고 그 영원한 목적을 이루는 것입니다. 이런 의미에서 하나님은 신실하신 하나님이십니다. 그런데 그처럼 신실하신 하나님의 속성 가운데 하나가 '불변성'입니다. 즉 하나님의 속성이나 예정은 변화하는 것이 아니라 그 자체로 완전하여 결코 변하지 않는 것입니다. 그러므로 구약시대의 언약의 방식이 외형적으로는 신약시대와 다르다고 해도 그 실체는 항상 그리스도께 있는 것이었으며, 다만 신약시대에는 더욱 뚜렷하고도 실체적인 방식으로 제시되어 있을 뿐입니다.

한편, 오늘날 우리들의 사고 가운데 '발전'(發展) 혹은 '진보'(進步)의 개념들을 볼 수 있습니다. 이것은 과학사고에도 그대로 반영되어서 흔히 '진화'(進化)의 개념으로 사용되고 있습니다. 그런데 이러한 진화의 개념과 유사하게 구약과 신약의 관계를 발전의 개념으로 설명하곤 하는 것을 흔히 볼 수가 있습니다. 소위 '세대주의'(Dispensationalism)가 대표적인데, 그러한 사고에 의하면 하나님께서는 구약시대의 구원방법과 신약시대의 구원방법을 각각 다르게 제시하셨으며(세대주의에 대해 좀 더 자세히 들어가 보면 이보다 훨씬 다양한 시대구분을 볼 수 있습니다), 구약시대의 구원방법보다 신약시대의 구원방법이 훨씬 발전된 것으로, 지금은 신약시대보다 더 발전된 방법으로 구원사역을 수행하신다고 주장합니다. 그러나 그러한 세대주의의 사고는 변치 않으시며 완전하신 하나님의 속성과 그 실행으로서의 예정과 섭리를 변화하며 발전하는 것으로 설명한 것이며, 그렇게 하여 하나님의 속성까지도 오해하는 그릇된 생각입니다. 구약시대의 언약 그리고 그 시행과 신약시대의 그것 사이에는 시행방식의 차이가 분명히 있지만, 그것은 실제적인 차이가 아니며, 단일성과 통일성 가운데서 그 실체와 본질이 전혀 변하지도 않고 발전된 것도 아닌 동일한 것임을 여러 성경구절들을 통해서 알 수가 있습니다. 그러므로 예수 그리스도는 성육신(이 땅에 오심)하실 수도 있었고 하시지 않을 수도 있었던 것이 아니라 하셔야만 했었던 것입니다. 그것이 하나님의 뜻과 의지였습니다.

본과의 내용을 정리해 보고
의문점을 메모해 보세요.

....

....

....

....

....

....

....

....

....

....

....

....

....

....

....

....

....

....

Chapter 8

중보자이신
그리스도에
관하여

Chapter 8은 Chapter7의 하나님의 언약에 대한
구체적인 내용으로서
그리스도에 대하여 소개하고 있습니다.

제1조

하나님께서는 그의 기쁘시고 영원하신 뜻을 따라 자기의 독생자 주 예수를 하나님과 사람 사이의 중보로 삼으시고, 선지자요 제사장이요 왕이요 그의 교회의 머리요 구주요 모든 것의 상속자요 세상의 심판주로 삼으시고, 그에게 영원 전부터 한 백성들을 주사 그의 씨가 되게 하시고, 때가 되자 그로 말미암아 구속받고 부르심을 받고 의롭다 하심과 거룩하게 하심과 영화롭게 하심을 받게 하셨다.

■ 하나님의 작정(혹은 예정)에 대하여 우리가 기본적으로 이해해야 하는 것은 그것이 하나님의 영원하신 목적에 따른 것이라는 점입니다. 즉, 시간 가운데서 이뤄진 것이 아니라 시간조차 시작되기 전에 이뤄진 것이 하나님의 작정입니다. 그리고 그러한 것이 가능한가에 대해서는 오직 삼위일체 하나님의 속성을 믿는 가운데서만 받아들일 수가 있습니다. 그러므로 언약 가운데서의 중보자 그리스도에 대해서도 시간적인 순서로만 생각해서는 그 개념을 온전히 이해할 수 없습니다. 이러한 전제들 가운데서 중보자이신 그리스도에 대해 살펴봅니다.

요점 1

"새 언약에 따라 구속(救贖)된 교회의 머리로 정해지신 분은 하나님이시요 또한 사람이시며, 성육신하신 주 예수 그리스도로서, 하나님과 사람 사이의 중보로서 임명을 받으셨다."

 하나님께서는 그의 영원하신 뜻을 따라, 그의 독생자이신 주 예수를 택정(擇定)하여 하나님과 사람 사이의 '중보자'가 되게 하셨다.

◆ ◆ ◆

1. 신 5:5,27; 갈 3:20의 말씀들은 중보(仲保)에 대하여서 어떤 성격을 나타내주고 있는가? 339)

2. 벧전1:19 말씀은 우리를 구속하는 중보자이신 그리스도에 대하여 무엇으로 비유합니까? 340)

3. 벧전 1:20 말씀은 중보이신 그리스도께서 언제부터 중보로 정해졌음을 시사합니까? 341)

4. 딤전 2:5은 중보이신 그리스도를 어떠한 분이라고 했습니까? 342)

■ 이처럼, 유일한 중보자이신 예수 그리스도께서는 성부에 의

해 (율법을 따라) 합법적으로 세워지셨습니다. "흠 없고 정결한 어린 양"이라는 표현은 그리스도께서 단순히 흠이 없으신 것을 말할 뿐이 아니라, 그리스도께서 합법적으로 세워지신 중보자 이시라는 사실을 포함하는 것이기도 합니다.

그런데 이러한 그리스도는 신약시대에 이르러서야 비로소 중보자로 택정이 된 것이 아니라, 하나님의 영원하신 뜻을 따라서 영원 전에 중보자로 택정되셨습니다. 제7장의 하나님의 언약에 관한 내용들에서 우리들은 구약시대의 언약이나 신약시대의 언약이 각각 그 양상은 다르다고 하더라도 그 본질과 내용에 있어서는 예수 그리스도의 대속을 담고 있는 공통성을 유지하고 있는 것임을 살펴보았는데, 그러한 신·구약의 통일성 가운데서 그리스도의 중보사역 또한 동일하게 유지되어 있는 것입니다.

간단하게 정리하면 구약시대에는 율법을 통해 하나님의 의를 충족시키는 것을 전제로 구원의 은혜가 베풀어지도록 언약이 체결되었는데, 사람이 그것을 지키지 못하므로 그것이 실패하고 신약시대에야 비로소 예수 그리스도의 구속을 전제로 하는 은혜언약이 체결된 것이 아니며, 구약에서나 신약에서나 동일하게 예수 그리스도의 구속을 전제로 하는 은혜언약이 있었고 그런 만큼 중보자로서의 그리스도도 구약시대에나 신약시대에나 동일하다는 말입니다. 왜냐하면 그러한 중보자로서의 그리스도의 택정은 이미 영원전에 그처럼 택정된 것이기 때문입니다.

이처럼 삼위일체 하나님의 속성 가운데서의 통일성과 불변성의 내용은 우리의 신앙에 아주 중요한 요소를 전해주는데, 그 것은 바로 하나님의 신실하심과 전능하심에 대한 신뢰입니다. 하나님께서는 구약시대에나 신약시대에나 동일한 구속, 곧 중 보자 그리스도 안에서의 구원을 예비하시고 성취하신 것처럼, 지금도 그리고 앞으로도 항상 그러한 통일성과 불변성 가운데 서 택하신 하나님의 백성들을 구원으로 이끄시니, 그처럼 신실 하신 하나님이야 말로 우리가 신뢰하고 의지할 유일하신 분이 심을 우리들(하나님의 택하심을 받은 구원의 백성들)은 그면 환란과 핍박과 시련의 상황 가운데서도 확신할 수가 있는 것입니다.

요점 2

"우리를 구속하시는 중보로서의 그의 직책은 선지자와 제사장 과 왕으로서의 세 가지 직분이다."

↪ 하나님께서는 그의 영원하신 뜻을 따라, 중보로서의 그 리스도를 선지자, 제사장, 왕의 세 직분을 수행케 하셨다.

◆ ◆ ◆

5. 행 3:20~24로 볼 때 신 18:15의 "나와 같은 선지자"란 누구를 말합니까? [343)]

6. 마 11:27은 중보인 선지자로서의 그리스도에 대해 무엇을 말합니까? [344)

7. 히 4:14은 예수 그리스도를 누구라 했습니까? [345)

8. 히 7:11~15의 말씀은 구약의 제사장 계급과 제사제도는 그 전체가 (   ) [346)에 대한 예표였음을 알 수 있게 합니다.

9. 렘 23:5은 다윗에게서 일으켜질 한 의로운 가지가 어떤 직분을 수행한다고 했습니까? [347)

10. 눅 1:33에서 천사 가브리엘은 마리아에게 예수님이 어떤 직분을 수행하실 것을 말합니까? [348)

11. 빌 2:6~11은 예수 그리스도의 지극히 높은 왕으로서의 직분은 그의 어떤 모습에 대한 상으로 성부께서 주신 것이라고 말합니까? [349)

■ 이러한 그리스도의 삼 직분(선지자, 제사장, 왕)은 우리의 신앙에 있어 그리스도께서 어떠한 분이신지를 광범위하게 포괄하

는 것입니다. 이스라엘 사회에서 선지자와 제사장과 왕은 그들의 삶의 전 영역에 있어서 중심적인 위치에 있었는데, 그리스도께서는 홀로 유일하게 그러한 삼 직분을 수행하시는 분이십니다. 즉 우리의 유일한 선지자요 제사장이요 왕이신 것입니다.

요점 3

"그리스도는 교회의 머리와 구주이시며, 만물의 상속자와 세상의 심판자이시다."

12. 골 1:18에서 예수 그리스도는 (   ) [350] 로 언급되어 있습니다.

13. 히 1:2에서는 예수 그리스도를 (   ) [351] 로 세우셨다 하였습니다.

14. 행 17:31은 예수께서 (   ) [352] 하신다 하였습니다.

　– 이 외에도 사 53:10, 요 17:6, 딤전 2:6, 사 55:5절 등을 참조.

■ 이처럼, 그리스도는 교회의 머리와 구주이실 뿐 아니라 만물의 상속자로서 세상의 심판자이십니다. 따라서 그의 구속과 중보자로서의 사역이 택정하신 자로 한정되는 것은 논리상으로 당연하다 할 것입니다. 왜냐하면 그리스도께서는 택하신 자들(교회)에 대해서는 머리이시지만, 그 외의 세상에 대해서는 심판자이시기 때문입니다. 반면에 로마 가톨릭의 교리는 "하느님은 예수 그리스도를 통해 세상과 화해하셨고, 죄의 감옥으로부터 인간을 해방하셨다(가톨릭 청년 교리서 82쪽)"고 가르치고 있습니다. 그러나 성경은 선지자로서의 그리스도의 직분과 제사장으로서의 그리스도의 직분을 그리스도를 믿는 하나님의 택함을 입은 백성들로 한정하며, 세상을 다스리시는 왕으로서의 그리스도와 심판주로서의 그리스도를 모든 백성들에게 적용하여 언급하고 있음을 볼 수 있습니다.

그리스도께서는 하나님의 택함을 입은 중보자시지만, 그러한 중보사역은 동일하게 하나님의 택함을 입은 백성들에게 적용되는 것입니다. 왜냐하면 선지자로서의 그리스도께서는 그러한 지식을 하나님의 택함을 입은 백성들에게 깨닫게 하시는 진정한 선지자이시기 때문입니다. 그러나 왕으로서의 그리스도는 온 세상을 포함하는 것으로서, 그리스도께서는 온 세상의 왕이시기 때문에 택함을 입은 백성들에게는 사랑으로, 죄악에 버려진 자들에 대해서는 그들의 죄에 대한 공의로운 심판으로 다스리시는 것입니다. 그러므로 이제 우리가 다시 한 번 보게 될 그리스도께서는 사랑과 화목의 구주이시지만, 그리스도를 믿지 않는 유기된 자들에게는 믿지 않은 그들의 불의에 대해 심판하시는 분으로 오시는 것입니다.

제2조

삼위일체의 제 이위격이신 하나님의 아들은, 참으로영원하신 하나님이시요 아버지 하나님과 동일한 본체시요 동등하신 분이신데 때가 차매 인성을 입으셨다. 그는 인간의 모든 기본적인 속성과 동일한 연약함을 가지셨으나 죄는 없으시니, 이는 성령의 권능으로 잉태되어 동정녀 마리아의 몸에서 마리아의 본질로 나셨음이다. 그러므로 이두 가지 온전하고, 순전하며 구별된 품성, 즉 신성과 인성은 전환이나, 합성이나, 혼동됨이 없이 불가분리의 한몸으로 연결되어 있다. 이 위격은 하나님 중의 하나님이시요 사람 중의 사람이시나, 그리스도는 한 분이시요 하나님과 사람 사이의 유일하신 중보자이시다.

■ 앞에서 우리들은 하나님의 작정과 언약 그리고 중보자이신 그리스도에 대해 이해할 때에, '시간'의 개념으로 이해하려고 하지 말아야 한다고 했습니다. '작정'의 경우 그것은 영원 전에 작정된 것이며, 제1절에서는 중보자에게 속한 언약의 백성들 또한 영원 전에 택하여 졌다고 했습니다. 더욱이 영원 전에 택해진 백성들의 선택은 그들에게서 아무것도(그들의 '가능성'만이 아니라 그들의 '타락'까지도) 고려하지 않으시고 "그(하나님)의 기쁘시고 영원하신 뜻을 따라"선택하셨습니다. 그러므로 중보자이신 그리스도는 필히 영원 전에 중보자로 세워지셔야 하는데, 바로 여기에서 우리는 중보자이신 그리스도의 '영원하심(신성)'에 직면하게 됩니다.

그러나 예수 그리스도는 분명 인간으로 태어나셨습니다. 바로 여기에서 그리스도로서의 예수님에 대한 많은 오해가 시작됐습니다. 따라서 예수 그리스도의 인성(人性)과 신성(神性)에 대해 제2절은 다루고 있습니다.

요점 1

"예수님은 참으로 사람이셨고, 성령으로 처녀인 마리아의 몸에 잉태되신 분이시다."

↪ 하나님이신 예수께서는 마리아의 몸에 잉태되어 사람의 몸을 입으셨다.

◆ ◆ ◆

15. 딤전 2:5은 하나님과 사람 사이의 유일한 중보이신 예수 그리스도에 대하여 뭐라 말하고 있습니까? [353]

16. 요 11:33~35은 예수 그리스도의 어떠한 모습을 보여주고 있습니까? [354]

17. 히 4:15은 예수 그리스도께서 우리와 같은 인간이신 것이 우리에게 어떤 유익이 됨을 말합니까?[355]

■ 예수님은 사람으로 이 땅에 오셨습니다. 일찍이 기독교의 역사에서 그리스도의 '신성'과 함께 있는 독특한 '인성'에 대해 바르게 이해하지 못하고 그의 신성만을 지나치게 숭상한 사람들이 있었는데, 그들은 하나님이신 그리스도께서 죄를 지닌 인간으로 오실 수 없다고 보고, 단지 신약의 그리스도는 가현(假現)하신 분이였다고 주장했습니다. 그러나 성경은 그리스도께서 확실히 이 땅에 사람으로 오셔서 구속을 성취하신 '중보자'이시라고 분명히 말합니다.

한 주간의 정리

1. 구약시대의 택함 받은 자들은 누구를 믿는 믿음으로 구원에 이른 것이며, 그 믿음은 누구로 말미암음 입니까?

2. 신약시대의 언약이 옛 구약시대의 언약에 비해 다른 점은 무엇입니까?

3. 구약시대의 언약과 신약시대의 언약은 각각 다른 언약입니까?

4. 새 언약에 따라 교회의 머리요 '중보자'이신 분은 누구입니까?

5. 우리를 구속하시는 중보자의 세 직분은 무엇입니까?

6. 교회의 머리와 구주이시며, 만물의 상속자이자 세상의 심판자이신 분은 누구입니까?

연구 과제

1. 신앙고백서에서 말하는 '행위 언약'이란 어떤 것이며, 그 개념은 무엇인지 설명해봅니다.

2. 신앙고백서에서 말하는 '은혜 언약'이란 어떤 것이며, 그 개념은 무엇인지 설명해봅니다.

3. 그리스도의 세 직분이 교회에 대해서는 어떻게 적용이 되는지 설명해봅니다.

요점 2

"그러나 예수께서는 일반적인 사람과 다르게 죄가 전혀 없으시다."

↳ 예수께서는 사람의 몸을 입으셨지만 사람과 같은 죄는 없으시다.

◆ ◆ ◆

18. 히 4:15은 우리에게 있는 대제사장으로서의 예수님이 우리와 같으시지만 또한 어떤 점에서 우리와 다르다고 말합니까? [356)]

19. 요 19:4은 그의 출생만이 아니라 그의 죽음까지도 어떠하였음을 말합니까? [357)]

20. 히 7:26에서 우리에게 합당한 대제사장은 어떠한 분이십니까? [358)]

요점 3

"그러므로 예수님은 참으로 인간이셨으나 또한 참 하나님이시니, 영원한 하나님의 아들이시다"

◆ ◆ ◆

21. 요일 5:20은 우리가 알게 된 참된 자는 어떠한 분이라 했습니까? [359)]

■ 예수 그리스도의 신성(神性)과 인성(人性)의 독특한 두 성품은 영원 전에 삼위일체 하나님의 택하심 가운데 백성들에 대한 '중보자'로서의 사역을 감당하시는데 있어 아주 중요한 내용입니다. 왜냐하면 그리스도께서 신성만을 지니셨다면 그 분은 우리의 중보자가 되실 수 없으시고, 그리스도께서 이 땅에서 인성만을 지니셨다고 해도 그 분은 또한 우리의 중보자가 되실 수 없으시기 때문입니다. 만일 그가 인성만을 지니셨다면 그도 죄가 있는 분이시므로 구속을 위한 희생제물(흠 없는 어린양)이 되실 수 없고, 또한 그가 신성만을 지니셨어도 마찬가지로 구속을 위한 희생제물이 되실 수 없기 때문(하나님의 신성은 죄와는 전혀 상관이 없으므로 죄를 지실 수가 없습니다)입니다. 그러므로 신성과 인성을 모두 취하신 예수 그리스도에 대한 믿음은 아주 중요한 것입니다.

요점 4

"그리스도의 신성과 인성은 한 분으로 있다."

◆ ◆ ◆

22. 행 20:28은 자기 피로 교회를 사신 분(그리스도)을 (   )[360] 이라고 하였습니다.

23. 요 3:13은 예수 그리스도를 어떠한 분으로 기록하고 있습니까?[361]

요점 5

"그는 때가 차매 인간의 몸과 영혼을 취하시어 자기의 위격에 결합하셨다."

↳ 하나님의 영원하신 성자께서는 때가 이르러서 인간의 몸과 영혼을 취하셨다.

◆ ◆ ◆

24. 예수께서는 마리아에게 잉태됨으로 비로소 계셨는가? [362]

  – 요 8:58절 참조

25. 빌 2:6~8은 그리스도께서 "하나님의 본체"시지만,

  (   ) [363] 를 가져 "사람들과 같이 되었고"

  (   ) [364] 으로 나타나셨다고 했습니다.

요점 6

"그리스도는 한 분이시나, 그의 신성과 인성이 하나로 섞이지 않으며, 두 순수하고 서로 다른 본성대로 있으면서, 영원히 한 위격을 이루신다."

    ➥ 그리스도의 신성과 인성은 한 위격을 이루었지만 섞이거나 혼동된 것이 아니라 서로 다르고 순수한 본성대로 있으며, 영원히 한 위격을 이룬다.

26. 롬 1:3은 성자께서 육신으로는 (   ) [365] 으로 나셨다고 하였다.

27. 롬 1:4은 성자께서 성결의 영으로는 죽은 가운데서 부활하여 능력으로 (   ) [366] 로 인정되셨다고 하였다.

28. 골 2:9은 예수님에 대하여 이르기를 "신성의 모든 충만"이 무엇으로 거한다고 하였습니까? [367]

29. 만일 예수께서 하나님과 사람 사이의 중간적인 존재(存在) 즉, 인성과 신성이 혼합된 제3의 존재이시라면, 그러한 예수님은 어떠한 특성을 가지게 되는가? [368]

■ 이처럼, '참 하나님'이시며 '참 사람'으로서의 예수 그리스도에 대해 아는 것은 하나의 사변(思辨)이나 철학(哲學)이 아니라 중보자로서의 사역을 이해하기 위한 필수적인 내용입니다. 그리스도의 신성과 인성의 독특한 연결, 신성과 인성의 전환이나, 합성, 혼동됨이 없이 불가분리의 한 몸으로 연결되심은 그의 중보직의 성격에 그대로 투영되기 때문입니다. 만일에 그리스도의 신성과 인성이 섞여 있는 것이라면, 그는 참 하나님일 수 없고 참 사람일 수도 없는 제3의 존재가 될 것이며, 그리스도의 신성과 인성이 분리되어 있다고 해도 마찬가지일 것입니다.

사실 예수 그리스도의 신성과 인성에 대한 논쟁은 주후 5세기에 이르러 등장한 여러 이단들(영원하신 말씀으로서의 '로고스'와 그리스도의 인성을 분리하여 주장한 '네스토리우스주의'와 그리스도의 신성이 인성을 흡수하여 한 이격이 되었다고 주장한 '유티키안파' 등)로 인해 본격적으로 나타난 것이지만, 이것은 기독교역사의 한 시대(주후 5세기 무렵)에 등장한 이론이 아니라 사 9:6, 마 1:18, 롬 9:5 등의 성경 안에 언제나 담겨있던 것입니다. 성경에 근거하는 그리스도의 신성과 인성의 설명은, 그 두 본성이 그리스도 안에 섞이거나 혼동되거나 변화됨이 없이 실재적이고 인격적인 연합을 이루고 있다는 것입니다.

예수님의 염색체는 23개?

 론 와이어트(Ron wyatt. 1933-1999)라는 아마추어 성경 고고학 탐험가가 예수 그리스도의 혈흔에서 모계 쪽 상염색체 22개와 하나의 X염색체 도합 23개의 염색체로 이루어진 유전자 샘플을 채취했는데, 그 혈흔은 심지어 체온과 같은 온도의 배지에서 수 십 시간을 불렸더니 살아있는 혈액세포가 되었다는 주장을 편 적이 있습니다. 그런데 그러한 내용의 주장은 사실 로마 가톨릭의 '성유물' 전통과 밀접한 관련이 있는 해프닝입니다. 개신교와 달리 로마 가톨릭에서는 성인으로 추대되는 인물들의 유골이나 유물들에 굉장한 가치를 부여해서, 심지어 그러한 성유물에 성인들의 능력이 여전히 깃들어 있다고 하지요. 사실 예수 그리스도께서는 '하나님의 아들'로서의 유일성과 함께, 우리와 동일한 인간으로서의 독특성을 지니신 분이십니다. 그러므로 그분은 인간의 일부가 아니라 인간의 전부를 육체적으로 취하셨고, 다만 죄악이 유전되는 자연적 출생의 방식이 아니라 성령으로 잉태되는 특별하고 신비한 방식으로 출생하심으로써 죄의 유전을 피하셨습니다. 우리의 죄를 대속하시는 구속의 사역을 위해서는 우리와 같은 인간이시면서 죄는 없으신 무죄의상태가 반드시 요구되기 때문이지요. 따라서 "성령으로 잉태하사"라는 고백의 의미는 예수 그리스도의 무죄성을 함의하는 고백이라는데 있는 것입니다. 만일에 예수님의 혈흔에 대한 그 기사의 주장과 같이 예수님의 염색체가 23개(모계 쪽 상염색체 22개와 X염색체 하나)인체로 태어나셨다면 그는 우리와 동일한 일반적인 사람으로 오셨던 것이 아니거나, 최소한 '터너 증후군'과 같이 염색체가 결핍된 부족한 육체로 나신 것이라 할 것입니다. 즉, 그러한 주장은 예수 그리스도의 독특성을 드러내는 것이 아니라, 오히려 예수 그리스도의 독특성, 우리와 모든 면에서 동일하되 죄는 없으신 그 독특성을 깨뜨리는 것이 될 뿐입니다.

이처럼 미신적인 신앙을 추구하는 종교심과 다르게, 웨스트민스터 신앙고백서를 신앙의 표준으로 삼는 장로교회에서는 성경을 신앙과 생활의 유일한 규칙으로 하며, 성경의 진리만을 추구하는 신앙의 근거요 바탕으로 삼는 "사도들과 선지자들의 터"(엡 2:20) 위에 선 교회입니다.

제3조

그의 인성이 이와 같이 신성과 연합되어 있는 주 예수는 거룩하게 하심을 입고 성령으로 한량없이 기름 부음을 받으셨으니 그에게는 지혜와 지식의 모든 보배가 있으며, 성부 하나님은 모든 충만으로 그 안에 거하게 하시기를 기뻐하셨으니 이는 끝까지 거룩하시고 순결하시고 은혜와 진리가 충만하사 중재자와 보증의 직분을 감당할 수 있도록 철저히 예비되게 하려 하심이다. 이 직분은 그가 스스로 취한 것이 아니고 하나님 아버지로 말미암아 부르심을 받은 것이니, 하나님이 모든 권능과 판단을 그 손에 두시고 그것을 실행하게 하셨다.

요점 1

"그리스도의 신성과 인성의 연합이 인간으로서의 그를 한량(限量)없이 높아지며 영화롭게 하였다."

➥ 신성과 결합된 인성을 취하신 예수님은 성령의 무한한 부으심으로 성화(聖化)되셨다.

◆ ◆ ◆

30. 그리스도의 높아지심에 대해 요 3:34은 무엇 때문으로 말합니까? [369]

■ ※ 그리스도의 높여지신 상태(신성과 인성의 완전한 연합체)는 그리스도의 인간성을 신적인 것으로 만든 것이 아니라는데 요점이 있습니다. 즉, 그리스도의 인성이 신성과 연합하더라도 그 인성은 전적으로 인간적인 제한성을 그대로 지니고 있으므로 그의 직분을 수행하기 위해 필요로 한 것을 하나님께 공급받을 필요가 있었던 것입니다.

31. 요 8:28 말씀으로 볼 때 중보로서의 그의 역할과 직책은 누구로 말미암아 수행될 수 있는 것입니까? [370]

32. 골 2:3 말씀은 성령으로 한량없이 성화되고 부음을 받은 그리스도에 대하여 어떻게 말했습니까? [371]

요점 2

"그리스도의 중보로서의 직책 *의 수행은 하나님이시며 동시에 사람이신 분으로서 하신다."

 중보이신 그리스도의 직책의 수행은 하나님으로서, 혹은 사람으로서만이 아니라 하나님이시자 사람이신 분으로서 하신다.

※ 이것은 위의 요점에 따라 당연히 전제(前提)되는 것입니다.

◆ ◆ ◆

요점 3

"그리스도의 직책은 오직 성부에 의해 임명되며, 성부에게서 받은 권위로 수행하신다."

◆ ◆ ◆

33. 히 5:5~6은 예수 그리스도의 직책(대제사장)이 누구에 의해 임명되었다고 했습니까? [372)]

---

* 선지자, 제사장, 왕의 직책으로 이것은 유일하게 그리스도만이 갖는 직책이다.

34. 요 5:30; 7:16은 그리스도의 직책의 수행을 누구로 말미암아 하는 것으로 전제하는 말씀입니까? [373]

■ 이처럼 하나님의 '아들(성자)'은 그 본질에 있어서 성부와 동일하며 권능과 영광에 있어서도 동등하시지만, 하나님이신 동시에 사람이신 분으로서 그 직책을 수행하실 때에는, 그는 '성부'의 권위에 의해 파송되셨으며, 성부를 대행하시며, 성부께로 가서 보고하시는 분이십니다. 그러므로 그의 직책의 수행에 필요한 것들을 '성령'에 의해 공급받으셨습니다. 이러한 그리스도에 대한 이해는 철저히 성경에서 파악되는 이해들로서, 이러한 그리스도의 이해는 건전한 삼위일체 하나님에 대한 지식 가운데서만 비로소 이해되고 설명될 수 있는 것입니다. 즉 '삼위일체'에 대한 이해는 그리스도의 중보자로서의 직분을 이해하고 설명하는데 가장 기본적인 배경을 이루는 것입니다.

그리스도의 인성과 관련하여 그는 중보자로서의 직책을 수행할 능력을 성부께로 받아야만 했을 뿐 아니라 그 직책과 능력은 성령을 통해 임직되고 부어졌으며, 그리스도의 신성과 관련해서 그는 스스로 자기 생명을 버릴 수도 다시 얻을 수도 있었고 하나님의 진노를 감당할 수가 있었습니다. 그리고 이 모든 설명과 이해는 어떠한 논리나 사고체계에서 오는 것이 아니라, 성경에서 언급하는 대로의 설명이요 이해라는 점에서 우리 신앙에서 성경이 어떤 자리에 있는 것인가를 다시 한 번 생각하게 합니다. 즉 성경을 통해 하나님께서 이러한 사실을 언급하지 않으셨다면 우리들은 결코 이를 이해하거나 설명하지 못할 것입니다.

제4조

주 예수께서는 이 직분을 가장 기쁘게 떠맡으시고 그것을 실행하시기 위하여 율법 아래로 오사, 율법을 온전히 이루시고 친히 그 마음에 극심한 고뇌를 당하셨고, 그 육신에 극히 괴로운 고통을 당하시고 십자가에 못박혀 죽으시고 장사 되고 사망의 권세 아래 머물러 계셨으나, 썩음을 보지 않으셨다. 그는 사흘 만에 죽은 자 가운데서 부활하셨고, 고난당하신 바로 그 몸으로 하늘에 오르사 거기에서 하나님 아버지 우편에 앉아서 우리를 위하여 간구하시며, 세상 끝 날에 모든 인간들과 천사들을 심판하시려고 다시 오신다.

요점 4

"그러한 직책과 사역을 예수 그리스도께서는 기꺼이 맡으셨다."

35. 요 10:18에서 예수 그리스도께서는 언약의 성취로서의 중보를 위한 희생에 대하여 뭐라고 하셨습니까? [374]

36. 엡 5:2 말씀은 십자가에 달리시므로 완성되는 그의 사역에 대해 어떻게 말합니까? [375)]

■ 이처럼 예수 그리스도께서는 그 직책과 거기 관련된 모든 것을 기꺼이 맡으셨습니다. 만일 그렇지 않았다면, 그를 율법에 따라 처형하는 일은 결코 일어날 수 없었을 것입니다.

요점 5

"그리스도께서는 한 없이 낮아지신 상태에서 그 직책을 다하셨다."

↪ 그리스도께서는 인간으로서 낮은 처지에서 율법 하에서 금생의 불행과 하나님의 진노와 십자가의 죽음을 당하셨고 장사되시고, 잠시 동안 사망 가운데 계셨다.

◆ ◆ ◆

■ 하나님이신 예수 그리스도께서 인간적 성품을 취하신 것은 신성의 모든 충만이 그의 인간적 신체 안에 담기며, 유한한 본성의 제약(制約)하에 그 충만이 드러난 것이며, 이는 신성의 측면에서 보면 자신을 무한히 낮추신 것입니다.

37. 이렇게 자신을 낮추심으로 말미암아 우리에게 끼친 그 직책(선지자적)의 효용(效用)에 대해 요 1:18은 어떻게 말합니까? [376)]

38. 요일 1:1은 이를 무엇이라고 했습니까? [377)]

요점 6

"그리스도께서는 한 없이 높아지신 상태에서도 그 직책을 다하셨다."

■ 일반적으로 성육신에서 십자가에 달리시기까지의 일들이 그리스도의 '낮아지심'을 보여주는데 반해, 십자가에 달리신 이후 부활 때부터의 일들은 그리스도의 '높아지심'을 보여줍니다.

39. 그리스도께서 사람의 몸을 입으시고 십자가에 달리시어 죽음을 겪으신 것이 낮아지심의 극치라면 그에 대비되는 높아지심은 무엇입니까? [378)]

40. 요 14:2,3 그리고 히 6:20은 예수 그리스도의 부활이후 승천의 모습이 어떠한 것임을 말해줍니까? [379)

41. 마 26:64 그리고 막 16:19과 벧전 3:22 등의 구절 들에서 언급하는 "하나님의 우편"은 그리스도의 높아지심을 어떻게 보여주고 있습니까? [380)

42. 예수 그리스도께서는 높아지신 상태에서 종말에 세상을
(   ) [381) 오실 것입니다.
- 요 5:22,27; 행 10:42절 등을 참조

■ 예수 그리스도의 중보의 직분과 그 직분의 독특한 성격 안에는 그리스도의 신성과 인성의 독특한 성격이 반영된다 했습니다. 즉, 그의 독특한 인성 가운데서 그는 우리를 중보하시기 위한 구속사역을 수행하신 분이시지만, 동시에 그의 신성 가운데서 그는 우리를 중보하시기 위한 구속사역을 감당하시고 완전하게 성취하실 수 있으셨던 것입니다. 그런데 우리가 한 가지 유념해야 할 것이 있는데, 그리스도께서 구속사역을 감당하시고 중보자로서의 모든 조건과 일들을 완전하게 성취하셨던 그 신성은, 사람들과 천사들을 심판하시는 심판주로서 오실 때에 다시 한 번 그 능력이 온전히 발휘된다는 점입니다. 즉 앞으로 보게 될 그리스도는 그의 신성 가운데서 오시는 심판주로서의 모습이라는 사실입니다.

제5조

주 예수님은 그의 온전하신 순종과 영원한 성령을 통하여 하나님께 단번에 자신을 드려 희생하심으로, 하나님 아버지의 공의를 충분하게 만족시키시고, 아버지께서 그에게 주신 모든 자를 위하여, 화해뿐 아니라 영원한 천국을 유업으로 확보하셨다.

■ 이제 제5절과 제6절에서는 예수 그리스도의 중보(구속)의 유익에 대해 본격적으로 다루고 있습니다. 그러나 이러한 유익은 전적으로 택하심을 입은 자들에 한해서라는 사실도 분명하게 언급하고 있습니다.

요점 1

"예수 그리스도께서는 택하신 사람들을 대표하여서 완전한 순종과 완전한 희생을 통해 완전한 배상을 치루셨다."

↳ 그리스도께서는 그 대표하신 사람들을 위하여 완전한 순종과 자기희생으로 완전한 배상을 치르셨다.

43. 빌 2:8은 예수 그리스도께서 하신 순종의 완전함을 어떻게 말합니까? [382]

44. 히 9:13,14은 옛 제사제도를 인용하면서 그리스도의 배상이 완전하였음을 어떻게 표현하고 있습니까? [383]

45. 엡 1:4에 의하면 "우리로 사랑 안에서 그 앞에 거룩하고 흠이 없게"하신 것은 창세 전에 (   ) [384] 안에서 우리를 (   ) [385] 때문입니다.

요점 2

"예수 그리스도께서는 자기가 대표하신 사람들에게 하나님께서 공의로 요구하시는 모든 것들을, 가장 엄밀하고도 완전하게 배상하셨다."

46. 예수 그리스도께서 수행하신 우리에 대한 배상은 우리를 어떠한 저주에서 속량하신 것입니까(갈 3:13)? [386]

47. "조상의 유전한 망령된 행실에서 구속된 것은" 무엇으로 구속한 것이기 때문입니까(벧전 1:19)? [387)]

요점 3

"이 뿐 아니라, 예수 그리스도께서는 그가 대표하신 사람들을 위해 죄의 용서, 하나님의 진노에 대한 화해, 천국의 영원한 상속까지 확보하셨다."

 예수 그리스도께서는 영원한 언약의 조건에 따라, 자신이 대표한 사람들을 위해서 죄의 용서와 하나님의 진노의 화해 뿐 아니라, 영광의 나라에서의 상속까지 확보하셨다.

◆ ◆ ◆

48. 천국의 영원한 상속을 위하여 우리에게 먼저 필요한 것이 무엇입니까(계 1:5)? [388)]

49. 그리스도의 피로 죄 사함을 받은 자가 하나님의 진노에 대하여 화해하게 되는 것은 무엇 때문입니까? [389)]

– 롬 8:14,15 참조

50. "성령을 우리 구주 예수 그리스도로 말미암아 우리에게 풍성히 부어 주사 우리로 저의 은혜를 힘입어 의롭다하심을 얻게" 하심은 결국 "영생의 소망을 따라 (   ) [390] 가 되게 하려 하심"이다(딛 3:7).

■ 현대의 기독교 신앙과 문화에서는 사실 하나님의 선택하신 백성에게 예수 그리스도께서 제한적으로 속죄사역을 수행하시고 효력을 발휘하신다는 '제한 속죄'의 교리가 거의 다뤄지지 않는 실정입니다. 현대 기독교에서 제한 속죄의 교리가 거의 다뤄지지 않고 있는 것에는 여러 이유와 배경들이 있지만, 대표적으로 선교와 전도에 방해가 되는 교리가 바로 제한 속죄의 교리라고 생각하기 때문입니다. 기본적으로 땅 끝까지 이르러 복음을 전할 뿐 아니라 모든 족속을 구원하려는 양적 성장 전략에 기초를 두는 전도와 선교에 제한 속죄의 교리는 큰 방해가 된다고 생각하는 것입니다. 이런 점에서 현대의 전도와 선교전략은 기본적으로 '보편구원론' 즉 하나님은 모든 사람들이 구원에 이르기를 원하신다는 생각에 가깝다고 볼 수가 있습니다. 그러나 성경은 분명히, 하나님께서는 영원 전에 어떤 사람은 택하시고 어떤 사람은 버려두심으로, 하나님의 사랑과 공의를 통해 영광이 되도록 작정하신 가운데 세상이 창조된 것이라고 말하고 있습니다.

한 주간의 정리

1. 예수님은 하나님으로서, 그리고 인간으로서 어떤 분이시며 삼위일체 하나님으로서의 그는 어떤 분이십니까?

2. 삼위일체 가운데서의 예수 그리스도의 인성과 신성의 특징은 무엇입니까?

3. 중보로서의 그리스도의 직책은 사람이신 분으로서 입니까, 하나님이신 분으로서 입니까, 혹은 모두입니까?

4. 그리스도의 직책은 누구에 의해 임명되며, 누구의 권위로 수행 하시는 것입니까?

5. 그리스도께서 택하신 사람들을 대표해서 치르신 배상은 어떠한것을 통해서입니까?

6. 그리스도께서 택하신 사람들을 대표해서 치르신 배상은 어떠한 배상입니까?

연구 과제

1. 그리스도 신성과 인성에 관련하여 '아폴리나리우스주의', '네스토리우스주의', '유티케스주의'에 대해 조사하여 설명해봅니다. (웨스트민스터 신앙 고백서 강해, G.I 윌리암슨 / 나용화 역, 개혁주의신행협회, p 121-122 참조)

2. 그리스도의 신성과 인성에 대한 정확한 이해가 '중보자'로서의 그리스도와 어떠한 연관이 있는지 설명해봅니다.

제6조

비록 구속 사업이 그리스도의 성육신 후에까지는 실제로 성취되지 아니하였으나, 구속의 공덕과 효능과 혜택은 창세로부터 이어오는 모든 세대를 통하여 택한 자들에게 전달되었으니, 약속과 예표와 제사들을 통하여 여자의 후손으로 계시되고 예시된 그리스도 곧 뱀의 머리를 상하게 하실 이요 창세로부터 죽임을 당하신 어린양은 어제나 오늘이나 영원토록 동일하시다.

요점 1

"예수 그리스도의 순종과 고난 받으심에 의해서 치러진 완전한 배상은 그가 성육신하신 이후뿐 아니라 그 이전에도 선택된 모든 사람들에게 그 혜택이 완전히 적용된다."(7장 5, 6 참조)

51. 계 13:8에서 "죽임을 당한 어린양(예수 그리스도)의 생명책"에 녹명된(혹은 녹명되지 못한) 자들은 언제부터의 사람들입니까? [391)](#)

52. 그러한 배상이 그가 성육신하신 이후 뿐 아니라 그 이전에도 적용되어 "선택된 모든 사람들"로 언급되는 것은 무엇에 근거합니까? (히13:8) [392]

■ 우리들은 하나님의 영원한 작정을 이해하면서 그것이 시간이 시작되기 이전의 일, 곧 시간의 개념이 적용되기 전에 이뤄진 내용이라는 사실을 앞서 살펴보았습니다. 하나님께서는 절대적인 무(無)로부터 모든 만물들을 창조하셨고 보이는 세상과 보이지 않는 세상의 모든 존재들까지 창조하신 분이기에 시간도 하나님의 창조에서 예외가 아닙니다. 그러므로 하나님의 영원한 작정 가운데 준비된 모든 내용들, 즉 창조와 타락과 구속 그리고 종말의 완성 등 모든 시간 안의 일들은 이미 작정 안에서 불변하며 확실하게 계획되었으며, 따라서 실재로도 그렇게 불변하고 확실하게 성취되는 것입니다.

또한 삼위일체 하나님에 관하여 우리들은 그 속성과 사역(일하심)이 전혀 다르지 않으며, 오히려 하나님의 전능하시고 불변하시며 무한하신 속성에 따라서 하나님의 사역이 확고하게 성취되는 것을 살펴보았습니다.

이처럼 하나님의 영원하신 계획(작정)은 완전하며 불변한데, 그 가운데서의 하나님의 언약 또한 구약과 신약에서 각각 양상이 다르게 드러날지라도 처음부터 다르지 않은 은혜의 언약이며, 그 적용과 혜택 또한 예수 그리스도의 구속과 성취가 완성되기 전부터 항상 동일하게 부여되는 것이기에 예수 그리스도의 구속의 은혜는 하나님의 택함을 입은 구약백성에게나 신약백성이게나, 그리고 우리와 앞으로 있을 택한 백성들에게나 모두 동일하게 주어지는 것입니다.

예수 그리스도의 구속 사역은 바로 이처럼 확실하고 불변한 하나님의 작정 가운데 있는 일이기에, 우리들은 전적으로 하나님께 속하고 그를 신뢰하며 그를 의지해 마땅한 것입니다. 즉 하나님 외에 우리의 상급이 없고, 하나님 외에 우리의 소망도 없기에, 오직 하나님을 바라보며 끝까지 인내할 수가 있는 것입니다.

제7조

그리스도는 중보의 사역을 함에 있어서 그의 두 가지 품성 즉 신성과 인성을 따라 행하시는데, 두 성품이 각각 자체에 합당하게 움직이지만, 그러나 한 몸에 연결되어 있으므로 때때로 성경에 한 품성에 적합한 것이 다른 품성으로 지칭된 몸에 나타나고 있다.

요점 1

"그리스도께서는 중보 사역에 있어서 그의 두 본성, 곧 신성과 인성을 따라서 행하시되 각 본성은 그 본성 자체에 본래 속한 것을 행하신다"

 그리스도께서 중보로서의 활동을 하실 때에, 그의 두 본성은 각각 그 자체에 고유한 활동으로 협력하며 이바지 한다.

◆ ◆ ◆

53. 히 9:14의 죄책을 제거하는 속죄 사역은 주로 그리스도의 어느 품성의 활동입니까? [393)

54. 벧전 3:18은 죽임을 당한 것이 그리스도의 (   ) [394)라 하였으며 (   ) [395) 으로는 살리심을 받으셨다 하였습니다.

■ 일반적으로 그리스도의 신성은 그의 선지자로서의 계시활동의 원천이며, 동시에 그의 인성은 그의 신성을 계시하는 수단이 되는 한 형태이고, 그의 육신은 그의 신성의 영광을 내포하는 일종의 수건과 같습니다. 즉, 그리스도의 신성과 인성은 각각 그 자체의 고유한 활동이 있지만, 섞이거나 혹은 분리되거나 혼동되지 않고 협력하며 이바지하는 것입니다. 그러므로 그리스도의 모든 중보행동도 신인(神人) 즉, 하나님이시며 동시에 사람이신 그의 위격 전체에 돌려야 하는 것입니다. 이러한 그리스도에 대한 이해가 어려운 것이 사실이지만, 기독교 역사에 있어서 이단을 가리는 중요한 근거가 되는 중요한 신앙의 내용입니다.*

55. 행 20:28은 "하나님이 자기 피로 사신 교회"라고 했는데, 실제로 피를 흘리신 분은 누구입니까? [396)]

56. 요 3:13에서 "하늘에서 내려온 자"는 누구입니까? [397)]

■ 제7절이 언급하는 내용들은 성경에 근거하지만 충분하고 조심성 있게 사고하는 가운데서 알게 되는 원리이기도 합니다. 그러므로 이러한 원리에 따라 성경을 볼 때에 우리들은 그리스도의 신성과 인성에 대한 오류에 빠지지 않을 수가 있는 것입니다.

---

* G. I 윌리암슨, 나용화 역「웨스트민스터 신앙 고백서 강해」(서울: 개혁주의신행협회, 2004), 121~122쪽을 참조하시오.

제8조

그리스도께서는 값주고 사신 구속의 혜택을 입을 모든 사람들에게 확실하고 또 유효하게 구원을 전달하고 적용시키신다. 저는 그들을 위하여 대신 간구하시고 말씀 안에서 혹은 말씀으로 말미암아 구원의 신비를 저희에게 제시하시고, 성령으로 효력있게 저희를 감동하사 믿고 순종하게 하시고, 말씀과 성령으로 저희 마음을 다스리시고 저희의 원수를 그의 전능하신 권능과 지혜로 모두 정복하시는데, 하나님의 놀랍고 헤아릴 수 없는 경륜에 가장 일치하는 방법과 모양으로 이루신다.

요점 1

"그리스도께서는 값을 치르고 구속(救贖)하신 모든 사람들에게 바로 그 구속을 확실하고도 효과 있게 적용하시고 전달해 주신다."

◆ ◆ ◆

57. 요 6:39에서 예수 그리스도께서는 그 구속의 확실함을 어떻게 말씀하셨습니까? [398]

요점 2

"그리스도께서는 값을 치르고 구속하신 모든 사람들을 위하여 대언하신다."

◆ ◆ ◆

58. 롬 8:34 말씀은 우리가 정죄될 수 없는 것은 예수 그리스도 께서 하나님 우편에서 무엇을 하시기 때문이라 했습니까? [399]

요점 3

"그리스도께서는 말씀 안에서 그리고 말씀을 통해서 값을 치르 고 구속하신 모든 사람들에게 구원의 비밀을 계시하신다."

◆ ◆ ◆

59. 엡 1:7~9은 그리스도의 구속이 우리에게 어떤 유익이 되었 음을 말합니까? [400]

60. 요 17:6,8에서 언급하는 "아버지의 말씀"이란 일반적으로 무 엇을 의미하겠습니까? (12절 참조) [401]

■ 예수 그리스도의 구속은 그 사역에 있어서는 구약시대에는 예비적이었으나, 신약시대에는 성취적입니다. 또한 오늘날에는 믿음의 신자(택자)들에게 확정적이고도 즉각적으로 적용됩니다. 그런데 이러한 모든 내용들과 사실들을 우리가 알고 깨닫는 것은 하나님의 말씀인 성경을 통해 주어지는 것으로서, 그리스도의 선지자 직분과 연관되어 있습니다. 한마디로 구원에 관계된 총체(總體)가 전부 그리스도로 인해 신자에게 주어지는 것입니다.

요점 4

"그리스도께서는 그의 성령에 의하여 효과적으로 구속하신 모든 사람들을 설복하여 믿고 순종케 하며, 그들의 심령을 그의 말씀과 성령으로 주관하신다."

61. 요 14:6에서 예수 그리스도께서는 그 자신을 무어라고 하십니까? [402]

62. 히 12:2은 예수 그리스도를 어떤 이로 말합니까? [403]

63. 롬 8:9,14의 "하나님의 영"이란 바로 (   ) [404] 이시다. (롬 8:1,2 참조)

64. 요 14:26로 볼 때, 성령께서는 무엇을 생각나게 하시어 우리를 가르치십니까? [405)

요점 5

"그리스도께서는 구속하신 모든 사람들의 모든 원수들을 그의 전능하신 능력과 지혜로 물리치시되, 그의 기이하고 측량할 수 없는 섭리에 가장 부합되는 방법으로 하신다."

65. 고전 15:25의 "왕 노릇"하시는 분은 누구십니까? [406)

66. 말 4:2,3, 롬 15:18,19 말씀을 함께 살펴보고 하나님께서 그리스도를 통해 예비하신 기이하고 측량할 수 없는 섭리에 대해 나누어 봅시다. [407)

■ 8장의 내용들을 전체적으로 대략 간추려 보면, 예수 그리스도께서는 하나님의 선택에 대한 결정을 실천하실 목적으로 죽으셨으며, 그렇게 대속하시려는 그리스도의 계획은 확정된 사람들 즉, 선택된 사람들을 위한 것이었고 예수 그리스도께서는 자기가 대신 배상을 치르신 그 사람들의 구원을 확보하셨다(구

원의 성취, 믿음과 회개를 가능케 하시고 빼앗길 수 없게 하심, 하나님의 진노에 대한 화해와 양자의 명분 등등을 사신 것)는 것입니다. 그리고 예수 그리스도께서는 그 확보하신 것들을 각각의 모든 사람들에게 있어서 적당한 때에 효과적으로 또 확실하게 성령님을 통하여 적용하십니다.

그러나 우리들은 이러한 그리스도의 구속과 그로 말미암는 중보의 적용이 누구에게 그리고 언제 적용되는지에 대하여서는 사실상 알지 못합니다. 왜냐하면 하나님께서는 성경을 통해 그러한 내용에 대해서는 드러내지 않으셨기 때문입니다. 다만 성령께서는 분명하고도 확정적으로 그러한 모든 것들을 택하신 백성들에게 적용하시는 만큼, '제한 속죄'의 교리가 우리를 자만하게 하거나 각양각색의 사람들에 대하여서 폐쇄적으로 대하도록 하는 근거가 될 수는 없는 것입니다. 바로 이 부분에 대한 오해로 현대의 기독교 신앙에서 중보자이신 그리스도의 구속과 그 혜택이 제대로 다뤄지지 못하며, 그로인해 오직 믿음으로 말미암는 구원의 교리가 얼마나 귀하고 복된 것인지를 올바르게 이해하지 못하고 오히려 그것이 신자를 나태하게 한다고 생각하는 것입니다. 성경은 분명히 그리스도의 속죄가 하나님의 택하심을 입은 자들에게만 적용되는 사실을 명백히 언급하고 있습니다. 그리고 그것은 그 영광과 가치를 축소하고 제한하는 것이 아니라 오히려 무한히 펼치며 높이는 것입니다. 즉 바로 이러한 신앙이 하나님께 무한한 영광이 되는 것입니다.

본과의 내용을 정리해 보고
의문점을 메모해 보세요.

....
....
....
....
....
....
....
....
....
....
....
....
....
....
....
....
....
....
....
....

Chapter 9

자유의지

제1조

하나님께서는 사람의 의지에 그 본성으로서 자유를 주셨기 때문에 사람의 의지는 선악간의 어떤 강요를 당하거나, 자연의 절대적 필연성에 의해 결정되는 것이 아니다.

요점 1

"하나님께서는 사람의 의지에 그 본성으로서 자유를 주셨다"

 사람은 창조될 당시 스스로가 원하는 대로 행하거나 행하지 않을 자결(自決)능력을 부여받았다.

◆ ◆ ◆

■ 오늘날 '자유의지'의 문제는 철학과 신학 그리고 과학에 있어서 여전히 중요한 주제입니다. 인간에게는 자유의지가 있기 때문에 의식(意識)과 계시를 통한 도덕적 통치가 가능하다는 점에서 이 문제는 아주 중요하다 하겠습니다. 그러나 자유의지에 대한 구체적인 이해로 들어가 보면, 우리들은 신앙에 있어서의 자유의지와 일반적인 자유의지의 개념에 차이가 있다는 사실을 알게 됩니다.

1. 사람은 본성적으로 자유의지를 지니고 있었습니까?

2. 창 2:16~17은 이와 관련해서 무엇을 말합니까? [408]

■ 사실, 우리가 여기에서 언급하는 '자유의지'에 대한 논의들은 엄밀한 의미에서 '아담'에게 주어졌던 상태를 말합니다. 즉, 하나님의 명하시는 것에 자발적으로 순종할 수도 있고 불순종할 수도 있었던 무죄했던 상태가 바로 사람이 지녔던 진정한 자유의지의 상태였던 것입니다. 본래적 인간으로서의 아담은 바로 그와 같은 자유의지를 유일하게(인류의 대표로서) 지니고 있었습니다. 태초에 아담에게 하나님께서는 "동산 각종 나무의 열매는 네가 임의로 먹되 선악을 알게 하는 나무의 열매는 먹지 말라 네가 먹는 날에는 반드시 죽으리라"(창 2:16~17)고 하셨습니다. 그리고 이 때의 사람은 그러한 하나님의 명하시는 것을 직접 듣고 한동안 그 나무의 열매를 피했으나, 뱀의 유혹을 받은 여자는 결국 그 나무의 열매를 따서 먹고 그것을 남편에게도 주었다고(창 3:6) 성경은 언급하고 있습니다.

이처럼 태초의 사람은 하나님의 금하는 것을 따라 행동을 하지 않을 수 있었으나, 결국 하나님의 금하는 것을 스스로 취하고 말았습니다. 그리고 그 때에 사람은 하나님에게 강요되지도 않았고 뱀에게 강요되지도 않았습니다. 성경은 분명 그들이 하나님께서 금하신 행동을 한 것에 대해 자발적으로 그렇게 행동했음을 명백히 언급하고 있습니다.

3. 창 8:21은 사람에 대해 어떻게 말하고 있습니까? [409]

요점 2

"사람의 의지는 선악간의 어떤 강요를 당하거나 자연의 절대적 필연성에 의해 결정되는 것이 아니다"

↳ 사람의 의지는 본성의 어떤 절대적인 필연성에 의해 결정을 내리도록 강제되거나 강요받지 않는다.

◆ ◆ ◆

■ 아담의 자유의지의 상태에 대한 이해는 하나님의 금지명령을 어기고 범죄 한 아담에게 죄에 대한 책임을 물을 수 있는지의 문제를 곧장 불러옵니다.

4. 아담이 하나님의 금지명령을 어긴 것은 외부적인 강요(강압)에 따른 것입니까?
　　－ 창 3:1-7절 참조

5. 그렇다면 하나님의 금지명령을 어긴 죄의 책임은 누구에게 있는 것입니까? [410)

■ 창 3:7은 그들이 자발적으로 하나님께서 금하신 일을 행했을 때에 곧장 그들에게 변화("그들의 눈이 밝아져" 창 3:7)가 있었음

을 나타내는데, 그것은 긍정적인 변화가 아니라 부정적인(그들 자신에 대한 부끄러움과 하나님으로부터의 도피) 것이었습니다. 그리고 그들의 후손 가운데 가인은 또한 분노(창 4:5-6)와 살의(殺意)를 갖게 되었으며, 이내 세상에는 죄악이 관영하게 되었습니다.(창 6:5) 그리고는 창 8:21은 이르기를 "사람의 마음이 계획하는 바가 어려서부터 악함이라"고 했습니다. 이처럼 하나님께서 금하신 것을 자발적으로 거스르며 행한 이후로 사람에게 곧장 생긴 변화는 부정적인 것으로 창 8:21은 그것을 '악함'이라고 분명히 말하고 있습니다.

그러나 아담은 필연적으로 즉 거스를 수 없는 어떤 강요나 압력에 의해 죄를 범한 것이 아니라 자발적으로 죄를 범한 것입니다. 즉 죄는 인간에게 자연스러운 것이 아니라 부자연스러운 것, 곧 원래는 없었던 것이라는 말입니다. 그러므로 죄로 말미암은 '탐심' 혹은 '욕망'과 같은 것은 원래 본성으로 사람이 지니고 있었던 것이 아니라 범죄로 말미암은 타락의 결과로 자리하게 된 것으로, 어디까지나 분명하게 '죄'에 해당하는 것입니다. 사실 마음에 '욕망' 혹은 '탐심'이 없는 사람은 없습니다. 누구나 마음 가운데에는 저마다의 욕심이 자리하고 있기 마련인 것입니다. 그러므로 그런 인간의 상태에 대해 마틴 루터는 '노예 의지'의 상태라고 했습니다. 즉 죄에 사로잡혀 죄의 노예로 행하는 것이 사람이라는 것입니다.

한 주간의 정리

1. 예수 그리스도의 완전한 배상은 그가 성육신하신 이후의 선택 된 사람들에 대해서만 적용됩니까?

2. 그리스도께서 대언하시는 모든 사람들은 어떤 사람들입니까?

3. 그리스도께서 값을 치르고 구속하신 모든 사람들에게 계시하 시는 비밀은 무엇 안에서 그리고 무엇을 통해서입니까?

4. 그리스도께서 그의 성령에 의하여 효과적으로 구속하신 모든 사람들에게 행하시는 것은 어떤 것들입니까?

5. 그리스도께서 구속하신 모든 사람들의 모든 원수들을 그의 전 능으로 물리치시는 것은 어떤 방법에 의해서 입니까?

6. 하나님께서 그 의지의 본성으로서 자유를 주신 사람은 누구 입니까?

연구 과제

1. '보편구원론'에 대하여 조사하여 설명해봅니다.

2. 중보자로서의 예수 그리스도가 왜 보편구원과는 반대가 되는지 설명해봅니다.

3. 아담의 '자유의지'와 우리의 '의지'를 비교하여 설명해봅니다.

제2조

사람은 무죄한 상태에서는 하나님이 보시기에 선하고 그가 기뻐하시는 것을 원하고 행할 자유와 능력이 있었다. 그러나 그것은 변해서 타락할 수 있었다.

요점 1

"사람은 무죄한 상태에서는 하나님이 보시기에 선하고 그가 기뻐하시는 것을 원하고 행할 자유와 능력이 있었으나 그것은 변해서 타락할 수 있었다."

↳ 사람이 창조될 당시(무죄한 상태)의 자유의지는 선을 향할 수도, 그 반대(타락)를 향할 수도 있었다.

◆ ◆ ◆

■ 우리들은 아담을 이상적인 인류의 상태라고 생각하기 쉽습니다. 아담이야말로 하나님이 보시기에 선하고 그가 기뻐하시는 것을 원하고 실제로도 행할 자유와 능력을 지니고 있었기 때문입니다. 그러나 아담의 상태는 완벽한 인류의 상태가 아니었습니다.

6. 창 2:17의 아담은 죽음과 관련해서 어떤 상태였나요? [411)]

7. 하나님의 금령을 어긴 아담은 실제로도 죽었습니까? [412)]

■ 아담이 하나님의 금하신 것을 거스르고 자발적으로 죄를 범한 후로 인간은 타락하여서 항상 하나님과 멀어지게 됐습니다. 사도 바울은 그러한 우리의 상태에 대해 상세하게 언급하는데, 롬 7:15에서 이르기를 "내가 원하는 것은 행하지 아니하고 도리어 미워하는 것을 행함이라"고 했으며, 롬 7:8에 따르면 그렇게 되는 것은 "죄가 기회를 타서 계명으로 말미암아 내 속에서 온갖 탐심을 이루었"기 때문이라고 말합니다. 첫 사람 아담의 범죄로 말미암아 우리들은 하나님께서 요구하시는 바를 온전히 따라 선을 행하지 못하며, 오히려 온갖 탐심으로 죄를 행할 뿐인 곤고한 존재(롬 7:24)가 된 것입니다. 롬 5:12에서 사도 바울은 "한 사람으로 말미암아 죄가 세상에 들어오고 죄로 말미암아 사망이 들어왔나니 이와 같이 모든 사람이 죄를 지었으므로 사망이 모든 사람에게 이르렀느니라"고 했습니다. 아담은 죄를 짓지 않을 수 있었을 뿐 아니라 죄를 지을 수도 있었는데, 실제로도 죄를 지음으로 말미암아 사망이 인류에게 들어온 것입니다.

이렇듯 가장 탁월했던 인간 아담조차도 죄를 지을 수 있었고,

죄를 지음으로 죽을 수밖에 없는 존재(mortar being)가 되었으니 이후로 모든 사람은 아담과 같이 하나님의 금하신 것을 온전하게 순종하며 따르지 못할 뿐 아니라 더욱, 하나님께서 금하시는 죄를 행하는 자발성(탐심)만이 마음에 가득하게 된 것입니다. 그러므로 아담은 인류의 완벽한 모습이 아니었습니다. 그는 하나님의 법에 순종할 수 있었지만, 완전하지는 못하여서 하나님의 법에 불순종할 수가 있었기 때문입니다.

결국 이상적인 인류의 상태는 흔히 생각하는 것처럼 아담의 상태와 같이 순종할 수도 있고 불순종할 수도 있는(죄를 범치 않을 수도 있고 죄를 범하여 타락할 수도 있는) 상태가 아닌 것입니다.

제3조

사람은 타락하여 죄의 상태에 빠짐으로 말미암아, 구원을 동반하는 영적 선을 행하고자 하는 모든 의지력을 완전히 상실하고 말았다. 따라서 자연인으로서의 사람은 선을 싫어하며 죄 안에서 죽었으며, 자기 스스로는 회개하거나 회개에 이르도록 준비할 수도 없다.

요점 2

"사람은 타락하여 죄의 상태에 빠짐으로 말미암아 … 선을 싫어하며 죄 안에서 죽었으며, 자기 스스로는 회개하거나 회개에 이르도록 준비할 수도 없다."

↪ 사람은 타락한 결과로 선을 싫어하며, 자기 힘으로는 선을 향해 돌아서거나 준비하지 못한다.

◆ ◆ ◆

■ 아담의 타락(하나님의 금령을 어긴 범죄의 결과)으로 말미암아 모든 아담의 후손인 인류는 타락 이후의 아담의 상태 가운데서 태어나고 살아가다가 결국에는 죽음을 맞습니다. 이는 롬5:12-14 말씀이 분명하게 가르쳐 주고 있습니다. 그렇다면 타락 이후의 인류는 어떤 상태 가운데 있을까요?

8. 창 3:6 이하에서 하와와 아담이 금지된 실과를 먹은 후 그들은 어떤 행동들을 했습니까? [413)]

9. 창 6:5에서 하나님은 사람에 대해 뭐라고 하십니까? [414)]

10. 창 3:8에서 하나님의 낯을 피한 하와와 아담의 후손들에 대해 롬 1:28~31은 어떻게 말합니까? [415)]

■ 사람은 그 영혼이 원하는 대로 의지력을 행사한다는 점에서 '자유의지'를 지녔습니다. 이 점에 있어서는 타락 이전이나 이후로나 동일합니다. 그러나 사람의 영혼이 지닌 자유의지는 타락으로 말미암아서 진정한 의미에서의 자유의지를 상실한 무능(無能) 가운데 처했습니다. 성경 곳곳에서 발견되는 아담의 후손들의 타락상은 바로 타락한 자유의지의 결과인 것입니다.

그러나 타락한 상태의 인간의 의지로도 양심에 따라 여전히 윤리적이거나 도덕적인 어떤 선(善)을 취할 수는 있습니다. 이러한 의지마저 완전하게 상실했다고 한다면 아마도 인류는 존속할 수 없었을 것입니다. 문제는 이 조차도 태초의 아담과 같이 전적으로 온전한 상태가 아니며, 무엇보다 하나님에 관한

한, 그리고 구원과 신앙에 관련해서는 인간은 전적으로 무능력한 상태, 전적인 부패 가운데 처해있다고 성경은 명백히 선언합니다.

11. 요 6:65에서 예수님께서는 사람이 그를 영접하는 것에 대해 어떻게 말씀하십니까? [416)]

12. 롬 9:16에서 사도바울은 야곱과 에서의 예를 통해 무엇을 말합니까? [417)]

■ **인간의 자유의지와 하나님의 주권은 상충되는가?**

얼핏 인간의 자유의지와 하나님의 주권(主權)에 대한 사상은 서로 상충하는 것처럼 생각될 수 있을 것입니다. 인간에게 자유의지가 있다면, 하나님의 주권적인 역사는 인간의 자유로운 의지만큼 침해를 받을 수밖에 없을 것이니 말입니다. 인본주의 사상이 성경에 반대하는 중요한 주제가 바로 인간의 자유의지에 대한 문제입니다. 인본주의 사상에서는 인간은 원죄로 말미암은 타락으로 인한 무능력 가운데 있지 않으며, 그런 만큼 지금도 얼마든지 스스로 선(善)이나 악(惡)을 택할 수 있다고 생각합니다. 더군다나 그러한 사상이 기독교 안에서도 어느 정도

수용이 돼서 예수 그리스도를 믿는 '믿음' 은 우리 스스로 취할 수 있는 것이라고 말합니다. 예수 그리스도께서는 믿음의 길을 닦아두신 것이고, 우리들은 그 믿음을 향해 적극적으로 나아가야 한다고도 말합니다.

그러나 성경(요6:65, 롬9:16절 등)은 구원과 관련해서 하나님의 주권을 말하며, 심지어 악인도 하나님의 뜻 가운데서 세움을 받았다고 말함으로서 전적인 하나님의 주권적 역사를 말합니다(롬9:17절 참조). 악이든 선이든 우리가 행하는 모든 것들에 있어서 하나님의 뜻과 역사를 벗어나는 것은 하나도 없습니다. 로마서 9장을 보면 하나님의 주권적인 선택과 관련해서 우리들이 생각할 수 있을법한 의문에 대해서 19절부터 다루고 있는 것을 볼 수 있습니다. 즉, 야곱은 사랑하시고 에서는 미워하시며, 하고자 하시는 자를 긍휼히 여기시고 하고자 하시는 자를 완악하게 하시면서 어떻게 죄의 책임을 사람에게 돌릴 수가 있는가? 하는 의문입니다. 이에 대해 사도바울은 21절에서 토기장이가 빚는 진흙의 예를 들어 우리가 결코 하나님께 그러한 의문을 가질 수 없다고 말합니다. 사실, 우리의 자유의지의 입장에서만 하나님의 주권을 보면 하나님의 주권이 부당하게 보일 수도 있을 것입니다. 그러나 우리를 창조하신 하나님의 관점에서 문제를 바라보면 그것이 전혀 부당할 수 없다는 사실을 성경은 밝히고 있는 것입니다. 바로 그러한 성경의 내용을 통해서만 우리들은 모든 문제들을 이해할 수 있습니다.

제4조

하나님께서 죄인을 회개시켜 은혜의 상태로 옮기실 때에는, 인간을 죄의 자연적 속박과 노예상태에서 해방시키사 오직 그의 은혜로 말미암아 영적으로 선한 것을 자유롭게 의지하고 행할 수 있게 하신다. 그러나 인간에게는 아직 부패한 본성이 남아 있어서 선한 것만을 원하지 않을 뿐 아니라 악한 것까지도 원한다.

요점 1

"하나님께서 회심(回心, conversion)케 한 사람은 죄의 속박에서 벗어나 은혜로 선한 것을 의지하고 행할 수 있게 된다."

■ 타락 후의 우리의 상태는 죄를 지을 수 있는 능력은 있어도 온전히 죄를 짓지 않을 수 있는 능력은 잃어버린 상태, 하나님께로 향한 선의 의지는 사라지고 하나님을 대적하려는 죄와 악의 의지만 남은 죄의 자연적 속박과 노예상태 가운데 있습니다. 그러나 하나님의 주권적 선택 가운데서 '회심(回心)'한 사람은 그 상태에 있어서 근본적인 변화를 시작하게 되는데, 그것은 죄를 지으려는 의지만 남은 상태에서 죄를 짓지 않으려는 의지가 시작되고 영적 선을 행하려는 의지와 행동까지도 시작되는 것입니다.

13. 요 8:34에서 유대인들을 무엇의 종이라 했습니까? [418]

14. 롬 6:17은 사람들에게 본래 무엇의 종이라 했습니까? [419]

15. 롬 6:20은 본래 죄의 종인 사람이 어떻다 했습니까? [420]

16. 골 1:13은 하나님께서 성도들에게 어떻게 하셨다 했습니까? [421]

17. 빌 2:13은 하나님의 성도들을 어떻게 말합니까? [422]

■ 사실 사람은 타락 이전에는 하나님의 명하시는 것(선)을 향하여 자유롭게 의지(意志)했었지만, 타락 후에는 죄의 속박 가운데서 하나님의 명하시는 것을 자유롭게 거스르려 하게 되었습니다. 즉 의지(意志)의 방향이 뒤바뀌게 된 것이지요. 그러나 이제 은혜 가운데 중생한 사람은 자유롭게 선을 향하기도 하고 반대로 여전히 그 스스로 악을 향하기도 하는데, 그들의 영적인 형편 즉 경건의 여부에 따라 자유롭게 하나님의 명하시는 선을 향하기도 하고 반대로 악을 향하기도 합니다. 기억할 것은 이러한 상태는 타락한 인간의 모든 형편이 아니라 은혜 가운데서 중생한 인간의 형편이라는 사실입니다. 일반적으로는 타락한 이후의 사람은 자유로이 악을 향하여 있지 하나님의 명

하시는 바 선을 향하지 않습니다.

요점 2

"그러나 회심한 사람이라도 완전하게 선을 원하며 행하는 것은 아니고, 악한 것까지도 원한다."

◆ ◆ ◆

■ 회심한 후에 우리는 죄를 짓지 않으려는 의지 가운데서 하나님께 자발적으로 순종하기도 하지만, 더불어 여전히 죄를 짓기를 원하고 실제로도 죄를 짓습니다. 소위 '완전(完全)주의'를 바탕으로 하는 일부 교단에서는 은혜의 두 번째 역사(second blessing)가 존재한다고 말하며 이 은혜의 두 번째 역사를 체험한 신자는 죄를 짓지 않는다고 주장하지만, 성경은 그렇게 말하지 않습니다.

18. 롬 7:21에서 사도바울은 자신에 대해 무어라 말합니까? [423)]

19. 갈 5:17은 우리가 어떤 상황에 있음을 알게 합니까? [424)]

■ 사도바울은 롬 7:25에서 "내 자신이 마음으로는 하나님의 법을 육신으로는 죄의 법을 섬기노라"고 했습니다. 즉, 하나님

의 부르심을 입은 사도일지라도 이 땅 가운데서는 여전히 원하는바 하나님의 법을 따르지 못하고 원하지 않는 죄의 법을 섬기는 삶에서 완전하게 벗어나지는 못하는 것입니다. 이러한 우리의 상태는 얼핏 절망스러운 상황처럼 보이지만 바로 그러한 절망 가운데서 비로소 우리들은 예수 그리스도의 구속의 은혜가 어떠한 지를 생각하며 그 안에서 감사하며, 성령의 능력을 신뢰할 수 있게 된다는 사실도 기억해야 합니다. 즉 은혜 가운데 중생하고 새로이 선을 향한 의지가 발현되어 경건 가운데서 하나님의 선을 향하게 되는 은혜가 있고, 더불어 그러한 의지의 발현이 부족하여지고 경건의 능력이 외소하게 되는 때에라도 예수 그리스도의 대속과 그의 중보로 말미암는 은혜가 있으므로 더욱 하나님을 의지하고 감사하게 되는 것입니다.

이러한 우리의 상태, 즉 하나님의 은혜로 중생하게 되어 경건 가운데서 자유로이 선을 행하려고 하지만 때로는 경건치 못하게 되고 자유로이 악으로 떨어지는 우리의 상태에 대하여 사도 바울은 롬 7:22-23절에서 이르기를 "내 속사람으로는 하나님의 법을 즐거워하되 내 지체 속에서 한 다른 법이 내 마음의 법과 싸워 내 지체 속에 있는 죄의 법으로 나를 사로잡는 것을 보는도다"라고 했습니다. 그러나 이어 사도 바울은 "오호라 나는 곤고한 사람이로다 이 사망의 몸에서 누가 나를 건져내랴"(롬 7:24)고 하면서 끝으로 이르기를 "우리 주 예수 그리스도로 말미암아 하나님께 감사하리로다 그런즉 내 자신이 마음으로는 하나님의 법을 육신으로는 죄의 법을 섬기노라"고 했는데, 바로 이러한 상태가 은혜 가운데 중생한 신자들의 지상에서의 상태인 것입니다.

제5조

사람의 의지가 완벽하고 변함없이 선만을 원하고 행할 수 있는 것은 영화롭게 된 상태에서 가능하다.

■ 앞서 우리들은 아담의 상태가 스스로 선을 행할 수도 있고 악을 행할 수도 있는 상태였다고 했습니다. 그리고 타락 후 우리들의 상태는 선을 행하려는 의지는 결여되고 부패된 채로 악을 행하려고만 하는 육적인 상태 가운데 있다고 했습니다. 또한 은혜로 중생한 사람의 상태는 육체를 따르는 소욕에 이끌리어 여전히 죄를 원하고 악을 행하기도 하지만 성령을 따라서 선을 행하려는 의지가 시작되고 실제로 선을 행하기도 한다는 것을 성경가운데서 확인해보았습니다.

그런데 우리들은 여기서 '진정한 자유'에 대해 생각해 보아야 합니다. 즉 인간이 진정으로 의지에 있어서 자유로운 상태는 다시 아담과 같이 선을 행할 수도 있고 악을 행할 수도 있는 상태로 되돌아가는 것이냐는 말입니다.

20. 엡 4:13은 장차 우리가 어떻게 되리라고 합니까? [425]

21. 요일 3:2은 우리가 언제 그리스도와 같이 될 것으로 말합니까? [426]

22. 요일 3:5은 그리스도를 어떤 모습으로 말합니까? [427)

■ 우리가 온전하게 죄를 짓지 않게 되는 것은 오직 그리스도 안에서입니다. 그러므로 마지막 때에 그리스도께서 다시 오실 때 우리들은 온전한 사람을 이루어 그리스도의 장성한 분량이 충만한 데까지 이르게 되는데(참모습), 그 때의 상태는 아담과 같이 선을 행할 수도 있고 악(불법)을 행할 수도 있는 상태가 아니라 전적으로 악(불법)을 행할 수 없고 온전하게 선만을 행하는 영화(靈化)의 상태로, 이때야말로 진정한 의미의 자유의지를 지닌 상태인 것입니다. 왜냐하면 죄로 말미암아 부패한 상태, 자유로이 죄를 향하려는 의지는 원래부터 우리에게 있었던 자연스러운 것이 아니라 부자연스러운 것일 뿐 아니라, 하나님께 전적으로 순종하는 선을 향하는 자유로운 의지의 완성이야말로 진정한 자유의지의 모습이기 때문입니다.

여기서도 우리는 한 가지를 유념하여야 하는데, 이처럼 진정한 자유의지의 상태에 이르기 전 뿐만 아니라 이른 후에도 신자의 소망과 감사의 근거는 우리들 자신이 아니라 그 모든 것을 이루시고 이끄시는 하나님의 은혜에 따르는 것이라는 사실입니다. 중생한 신자는 자유로이 하나님의 선을 의지하지만, 그것은 우리들 스스로의 자유의지가 아니라 전적인 은혜의 의지로 말미암는 것입니다. 그러므로 세세토록 모든 영광은 하나님께 돌려져 마땅한 것입니다.

본과의 내용을 정리해 보고
의문점을 메모해 보세요.

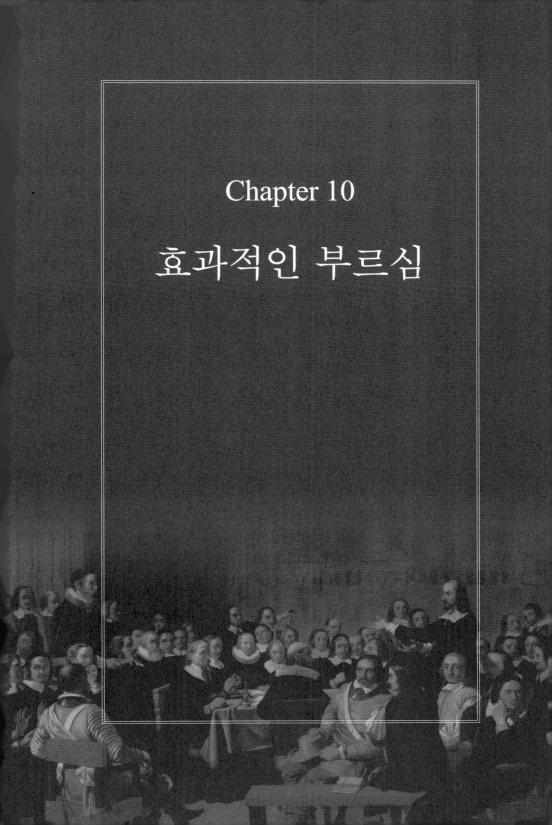

Chapter 10

효과적인 부르심

제1조

하나님께서는 생명에 이르도록 예정된 사람들을 지정하신 적당한 때에 그의 말씀과 성령에 의해 본성상 처해 있는 죄와 죽음의 상태로부터 예수 그리스도로 말미암은 은혜와 구원에로 부르셨다. 또한 하나님께서는 이들의 마음을 영적으로 조명하시고 구원하사 하나님의 일들을 이해하도록 하시고, 돌과 같이 굳은 마음을 살과 같이 부드럽게 하시고, 저들의 의지를 새롭게 하시고 그의 전능하신 권능에 의해 그들로 하여금 선을 향하도록 하시고, 효과적으로 그들을 예수 그리스도께로 이끄신다. 이 때에 그들은 하나님의 은총에 의해 자원하는 마음으로 아주 자유롭게 예수 그리스도께로 나아온다.

요점 1

"하나님께서는 생명에 이르도록 예정된 사람들을 … 예수 그리스도로 말미암은 은혜와 구원에로 부르셨다"

↳ 하나님께서 예정가운데서 택하신 사람들만이 말씀과 성령에 의해 그리스도로 인한 은혜와 구원으로 부르신다.

◆ ◆ ◆

■ 성경의 신앙은 처음부터 끝까지 철저히 하나님의 주권(主權)

을 바탕으로 합니다. 특히 구원에 관해서는 더더욱 하나님의 주권에 의한 구원을 고백하는 것이 성경의 신앙입니다.

그런데 하나님께서는 그의 주권 가운데서 모든 사람들을 구원하시지는 않으십니다. 오히려 하나님께서 생명에 이르도록 택하신 사람들만을 예정 가운데서 그리스도 안에서의 구원으로 부르십니다. 한마디로 하나님께서는 오직 택하신 사람들만을 효과적으로 부르십니다.

1. 살후 2:13에서 사도바울은 주께서 사랑하시는 형제들에 관해 마땅히 감사할 것이 무엇이라 했습니까? [428)]

2. 살후 2:13에서 언급하는 구원의 방편은 무엇일까요? [429)]

3. 살후 2:14에서 언급하는 부르심의 방편은 무엇일까요? [430)]

■ 이외에도 엡 1:10~11, 딤후 1:9 등 성경은 일관되게 어떤 사람을 구원으로 부르심이 하나님의 예정 가운데서 택하심을 입은 자들을 "그의 뜻의 결정대로 일하시는 이의 계획을 따라

적절한 때에 그의 말씀(복음)과 성령에 의해 죄와 죽음의 상태로부터 은혜와 구원에로" 부르시는데, 그 모든 것이 예수 그리스도로 말미암아서라고 언급하고 있습니다. 우리가 인식하거나 이해하기 시작하는 '구원의 서정(ordo salutis)'은 대부분 여기서 시작됩니다. 즉 하나님의 부르심이 유효적으로 적용되고 드러나는 데서 시작하는 것입니다.

그렇다면, 그 같은 하나님의 예정 가운데 택하심을 입은 자들에 대한 하나님의 부르심(롬 8:30 "또 미리 정하신 그들을 또한 부르시고…")은 어떠한 부르심일까요?

한 주간의 정리

1. 사람의 무죄한 상태는 타락의 가능성이 없는 상태였습니까?

2. 타락하여 죄의 상태에 빠진 사람의 상태는 어떠한 모습입니까?

3. 하나님께서 회심케 한 사람은 무엇을 행할 수 있게 됩니까?

4. 회심한 사람은 완전하게 선을 원하며 행합니까?

5. 사람의 영화롭게 된 상태는 무엇만을 행하는 상태입니까?

6. 하나님께서 예수 그리스도로 말미암아 은혜와 구원에로 부르신 사람들은 어떤 사람들입니까?

연구 과제

1. 태초에 아담이 지닌 '자유의지'에 있어 허락된 것과 금지된 것을 구별하여 설명해봅니다.

2. 타락후의 인간이 지닌 '의지'에 있어 행할 수 있는 것과 행하지 못하는 것을 구별하여 설명해봅니다.

3. '중생'한 사람이 지닌 '의지'에 있어 행할 수 있는 것과 행하지 못하는 것을 구별하여 설명해봅니다.

요점 2

"하나님께서는 이들의 마음을 영적으로 조명하시고 구원하사 … 저들의 의지들을 새롭게 하사 … 효과적으로 이들을 예수 그리스도에게로 이끄신다."

↪ 우리(생명에로 예정된 사람들)가 하나님의 부르심에로 나아오는 것은 하나님께서 효과적으로 우리를 이끄시기 때문이다.

◆ ◆ ◆

4. 당신은 하나님의 은혜가 우리를 구원으로 이끌더라도 의지의 자유를 가진 우리는 그 은혜를 붙잡아야지 붙잡지 않으면 그러한 은혜를 거부하는 결과를 낳는다고 보십니까?

5. 롬 8:3은 위의 질문에 대해 어떠한 도움을 줍니까? [431]

요점 3

"이 때에 그들은 하나님의 은총에 의하여 … 아주 자유롭게 예수 그리스도에게로 나아온다."

6. 요 6:44은 예수 그리스도께로 나아가는 것은 무엇으로 말미암는다 했습니까? [432]

■ '복음' 그 자체는 모든 인류에 대해 열려 있습니다. 즉 복음 자체를 선포하는 일은 모두를 향하는 것입니다.

하지만 그 복음이 효과적으로 부르심(소명)이 되는 것은 오직 예정하신 택자들에 대해서만 되는 것입니다. 왜냐하면 그것이 효과적이 되는 것은 우리의 결단에 의한 것이 아니라 하나님의 은총에 의한 것이기 때문입니다. 일반적으로 복음에 반응하는 사람이 적은 것은 이를 반증한다 하겠습니다.

제2조

이와 같이 하나님의 효과적 부르심은 예지된 인간의 공로에서가 아니라 오직 하나님의 무조건적이고 특별한 은혜에서 온 것이다. 이에 대해 인간은 수동적이다. 인간은 성령에 의하여 깨우침을 받고 새롭게 되어야 이 하나님의 부르심에 응답할 수 있고, 이 부르심에 의하여 제공되고 전달된 은혜를 수용할 수 있는 것이다.

■ 17세기 초에 네덜란드에서 유명한 신학논쟁이 있었는데, 그것은 종교개혁 가운데 대두된 개혁주의 신학에 대해 '항론(抗論)파'들이 다섯 가지의 반론을 재기하면서 초래됐습니다. 그 가운데에는 하나님의 은혜가 우리를 구원으로 이끄시더라도 우리들은 그러한 하나님의 은혜에 저항할 수 있기 때문에 그 은혜를 받아들이기 위한 우리 측의 적극적인 수용이 필요하다는 견해가 있었습니다.

얼핏 항론파들이 주장했던 은혜에 대한 저항은 우리에게 여전히 의지의 자유가 있기에 얼마든지 발생할 수 있을 것으로 보입니다. 그러나 롬 8:3절에서 사도바울은 이르기를 구원을 위한 율법에 대해 우리는 무능한("연약하여 할 수 없는") 상태라고 했습니다. 아울러 그처럼 구원에 대해 무능한 우리를 그리스도 예수 안에 있는 생명의 성령의 법으로 하나님이 구원하셨음을 말합니다. 그런데 여기서 사도바울은 우리의 구원을 무능한 우리의 관점에서가 아니라 은혜와 구원에로 부르시는 하나님의 관점에서 설명하고 있습니다, 그러므로 우리는 구원에 있어서 우리의 관점이 아니라 하나님의 관점으로 철저히 생각해 볼 때에 비로소 그 능력이 어디로서 오는 것고, 그 확실성이 얼마나 분명한 것인지를 알 수 있는 것입니다. 그래서 원래 부르심 앞에는 '효과적(effectual)'이 아니라 '불가항력적(unconditional)'이라는 단어가 사용됐던 것입니다.

7. 딤후 1:9은 우리의 부르심과 구원이 무엇으로 말미암는다고 합니까? [433)]

8. 요 5:25에서 "하나님의 아들의 음성"을 듣고 살아나는 자는 어떤 상태 가운데 있던 자입니까? [434)]

■ 어떤 사람들은 하나님께서 우리를 부르신 것은 그 사람이 하나님의 부르심에 반응할 만한 믿음이 있는 것을 미리 아시고, 그러한 자들을 실제로 부르심이라는 점에서 은혜라고 말했습니다. 만일 그렇다고 한다면, 우리는 하나님의 부르심에 능동적으로 나아갈 수도 있고 반대로 거부할 수도 있음을 전제하는 것이라 할 것입니다.

그러나 성경은(겔 36:27; 요 6:37 등) 분명히 하나님의 효과적인 부르심에 대해 인간을 수동적으로 언급하고 있습니다. 마치 죽은 나사로가 주님의 음성을 들으려고 기다리고 있다가 주님의 음성을 듣고서 능동적으로 반응했다고 말할 수 없는 것처럼, 효과적 부르심은 부르심 자체가 효과적인 것이지 우리가 부르심을 효과적이 되도록 할 수 있는 것이 아닙니다. 사실 '효과적' 혹은 '유효적'이라는 말은 당연히 은혜에 의한 것임을 내포하고 있습니다. 즉 인간이 의지적으로 받을 수도 거부할 수도 있다면, 그것은 결국 효과적이지도 유효적이지도 않은 것입니다.

■ 부르심이 효과적 혹은 유효적이기 위해서는 그 효력이 인간의 편에서가 아니라 하나님의 편에서 오는 것이어야 할 것임은 논리적 개념으로도 쉽게 이해할 수 있는 내용이라 할 것입니다. 그러나 이러한 사실은 성경을 통해 분명하게 드러나는 내용입니다.

9. "육에 속한 사람은 하나님의 (   )의 일들을 받지 아니하나니 이는 그것들이 그에게는 (   )보임이요 또 그는 그것들을 알 수도 없나니 그러한 일은 (   ) 분별되기 때문이라" (고전 2:14)

10. "(   )은 하나님과 원수가 되나니 이는 하나님의 법에 (   ) 뿐 아니라 할 수도 없음이라" (롬 8:7)

11. "허물로 (   ) 우리들을 그리스도와 함께 살리셨고" (엡 2:5)

■ 우리들은 항상 우리의 감각과 이성에 따라 사고하기 쉬운데, 실제로 어떤 사람들은 하나님의 부르심에 대해서는 우리가 응답하고 반응하며, 또한 결단하는 것이라고 생각합니다.

그러나 성경은 그것이 전적으로 성령님의 사역의 결과라고 말하는데, 행 16:14에서 자색 옷감을 팔던 루디아가 바울이 전한 복음을 듣고 바울을 따른 것은 "주께서 그 마음을 열어 바울의 말을 따르게 하신" 것이라고 말하며, 때로는 성령께서 허락치 아니하시고 못하게 하시므로 복음이 전하여지지 못하기도 한다고 말합니다. 이러한 성령의 사역으로 말미암은 부르심과 관련해서, 요 3:1-8 말씀은 구원과 관한 모든 인간의 영적인 활동에 선행해서 성령께서 주권적으로 일하시는 것을 말하며, 또한 그것은 성령에 의해서만 그리고 예비하신 때와 장소에서 반드시 이뤄지는 것임을 깨닫게 합니다. 그러므로 요 3:3은 그것을 '거듭나는 것' 곧 '중생(重生)'이라고 말하며, 사람이 알지 못하는 신비한 것임을 말합니다.

12. "또 (   )을 너희 속에 두고 (   )을 너희에게 주되 너희 육신에서 (   )을 제거하고 (   )을 줄 것이며 또 (   )을 너희 속에 두어 너희로 (   )를 행하게 하리니 너희가 내 규례를 지켜 행할지라" (겔 36:26-27)

■ 요 5:25은 하나님의 음성(부르심)을 듣게 되는 때에 대해 말하면서 그 이전의 사람의 상태에 대하여 말하기를 "죽은 자들"이라고 했습니다. 여기서 죽은 자라는 것은 주님의 말씀을 듣고도 영적으로 아무런 반응을 보일 수 없는 상태를 말하는 것으로, 성령의 역사로 비로소 "하나님의 아들의 음성을" 듣게 되는 역사가 있었음을 기록하고 있는 것입니다. 이렇듯 효과적이고도 유효한 부르심은 성령의 역사로 말미암은 자유로운 반응인 것입니다.

제3조

택함을 받은 유아는 비록 어려서 죽는다고 할지라도 성령을 통해 그리스도로 말미암아 중생하고 구원을 얻는다. 이러한 성령의 역사는 그가 기뻐하시는 때와 장소에서 그가 기뻐하시는 방법으로 일어난다. 모든 다른 택함을 입은 사람들은 비록 말씀 사역에 의해 외적으로 부름을 받을 수 없을 경우에라도 중생하고 구원을 얻는다.

■ 우리는 앞에서 하나님의 효과적인 부르심에 대해 인간이 전적으로 수동적이라고 했습니다. 이러한 사실은 제3절의 고백에서 더욱 분명해집니다. 즉, 지성을 가지고 하나님의 말씀에 의한 부르심과 그 밖의 은혜의 수단들을 전혀 듣거나 접할 수 없는 경우에도 중생이나 구원이 가능한가? 하는 것에서 우리들은 효과적 부르심에 있어서 인간의 수동성을 확인할 수 있는 것입니다.

요점 1

"택함을 받은 유아 … 모든 다른 택함을 입은 사람들은 … 외적으로 부름을 받을 수 없을 경우에도 중생하고 구원을 얻는다."

↳ 택자들은 부르심의 수단이 없는 경우라도 반드시 구원을 얻는다.

9. 눅 18:16의 "이런 자"는 구체적으로 어떤 자입니까? [435)]

10. 행 2:39에서 베드로사도는 자신의 설교를 들은 자들에게 죄 사함의 세례를 주면서 무어라 했습니까? [436)]

■ 어린 아기들을 비롯해서, 당장에 복음으로 부를 수 없는 사람들도 구원을 얻는다고 성경은 말하고 있는데, 그렇다면 하나님께서는 은혜의 실제적 수단들을 사용하지 않고서도 얼마든지 그들을 중생시키시며 거룩하게 하시어 구원하실 수가 있다는 말일 것입니다. 마치 태초에 모든 만물들을 무(無)에서 말씀으로 명하사 창조하신 것과 같이 아무런 수단이나 도구나 재료가 없더라도 그의 뜻과 의지에 따라 구원을 이루신다는 말입니다.

요점 2

"이 성령의 역사는 그가 기뻐하시는 때와 장소에서 그가 기뻐하시는 방법으로 일어난다."

11. 요 3:8에서 예수님은 성령의 역사로 거듭난 사람에 대해 무어라 하십니까? [437)]

■ 예수님은 유대인의 지도자였던 바리새인 니고데모와 '중생 (重生, 거듭남)'을 말씀하셨지만, 니고데모는 이를 전혀 이해하지 못했습니다. 예수께서 행하신 표적(이적)을 보고 "하나님께로부터 오신 선생인 줄 아나이다"라고 고백한 니고데모였지만, 예수께서 말씀하신 중생에 대한 언급을 도무지 이해하지 못했습니다. 그런 니고데모에게 예수께서는 중생이 성령을 통해서 일어나는 것이며, 그런 만큼 그 때나 장소, 혹은 방법은 마치 바람이 임으로 어디로든 부는 것과 같이 짐작할 수 없으면서도 분명한 그런 것이라고 말씀하셨습니다.

우리가 생각하기에 유아기에 죽은 자나 오지(奧地)에서 한 번도 복음을 접할 기회가 없었던 자들의 경우에는 모두 다 구원받지 못했을 것이라고 생각할 수 있겠지만, 성경은 그런 경우에라도 오직 하나님의 택하심 안에서 성령을 통해 그가 기뻐하시는 시간과 장소와 방법으로 구원을 얻는다고 말합니다.

■ 우리를 유효하게 부르시는 것이 오직 성령님의 자유로운 역사의 결과인 것을 충분히 살펴보았는데, 특히 그것은 유아들의 구원과 관련하여서 더욱 분명하게 설명될 수 있는데, 유아들의 경우에는 성령의 역사에 대한 아무런 판단의 근거도 찾아볼 수가 없기 때문입니다.

12. 제3절의 후반부의 문구는 모든 사람들이 결국에는 구원에 이르게 됨을 말하는 것입니까? [438)

13. 위의 질문에서 '예' 혹은 '아니요'라고 답변했다면 그 이유는 무엇인지 설명해 보시기 바랍니다. [439)

14. 행 4:12에 따르면 구원과 관계해서 오직 누구로 말미암아 구원에 이릅니까? [440)

15. 그렇다면 유아(영아)들 외에 그처럼 구원에 이르게 될 것으로 볼 수 있는 사람들은 어떤 사람들입니까? [441)

16. 위의 답변에 해당하는 사람들은 모두 구원에 이르게 되는 것입니까? [442)

17. 위 답변에 대해 요일 5:20은 어떻게 말하고 있습니까? [443)

■ 유아(영아)기에 죽은 자들의 경우에라도 그들의 구원에 관한 판단근거는 오직 예수 그리스도신데, 우리의 이성으로는 그들이 복음을 듣고 예수 그리스도를 지적으로 받아들이거나 이

해했다고 보기가 어렵습니다. 따라서 어떤 사람들은 유아기에 죽은 자들은 모두 구원에 이른다고 주장하기도 했습니다.

그러나 유아기에 죽은 자라 할지라도 그들의 구원의 근거는 오직 예수 그리스도이시기에, 우리들은 예수 그리스도를 믿는 믿음의 부모들 사이에서 태어난 유아들에 대해서만 택자들로 보고 그처럼 판단할 수 있으며, 지적 장애인이나 치매환자의 경우에도 마찬가지입니다. 그들의 구원에 대한 판단근거 또한 유아기에 죽은 자들과 동일한 것입니다.

제4조

택함을 받지 못한 사람들은 비록 말씀 설교를 통해 성령의 역사를 동일하게 받을지라도 결코 그리스도에게로 올 수 없고, 결국 구원을 얻지 못한다. 하물며 기독신앙을 고백하지 않는 사람은 말할 것도 없다. 구원은 오직 그리스도를 통해서만 가능하다. 택함을 입지 못한 사람들은 이성의 빛을 따라 높은 윤리생활을 영위하고, 깊은 종교의 경지에 도달한다고 해도 하나님의 말씀의 보장이 없기 때문에 구원받을 수 없는 것이다.(택함을 받지 못한 다른 사람들은 말씀 사역에 의하여 부르심을 받고 성령의 어떤 일반적인 역사들을 경험할지라도, 그들은 그리스도에게로 결코 참되게 나아오지 않으며 따라서 구원받을 수가 없다. 더 말할 나위 없이, 기독신앙을 고백하지 않는 사람들은 어떤 다른 방법으로도 구원받을 수가 없으며, 그들은 본성의 빛과 그들이 신봉하는 종교의 규칙에 맞추어 살 만큼 열심을 내지도 못한다. 그리고 그들이 구원받을지도 모른다고 단언하고 주장하는 것은 매우 해롭고 가증한 일이다)

■ 제4절은 현대의 기독교인들이 참으로 꺼려하는 주제입니다. 다원화되고 모든 문화가 통합되다시피 한 현대사회에서 이러한 고백을 견지하는 것을 꺼리는 것입니다. 그래서 어떤 사람들은 제3절의 고백을 조금 변형하여 "모든 자들이 결국에는 여러 수단과 방법 가운데서 구원을 얻을 것"이라고 말합니다.

그러나 성경에 따르면 결코 그렇게 생각할 수 없습니다. 성령을 통해 수단들을 사용하지 않고 구원을 얻도록 하시는 것은 모든 자들에게가 아니라 오직 택함을 입은 자들에 한정되며, 오히려 선택되지 않은 사람들은 그들이 추구하는 윤리적 삶이나 종교, 심지어 그가 비록 기독교 종교를 받아들이고 복음설교를 듣는다고 해도 결코 구원을 얻지 못합니다. 그러므로 그처럼 하나님의 선택을 느슨하게 하고 무너뜨리는 생각은 심히 위험하고 가증스런 생각이라는 것이 제4절에서의 고백입니다.

요점 1

"택함을 받지 못한 사람들은 … 구원을 얻지 못한다."

18. 혼인잔치 비유에서 예수께서는 무어라고 하셨습니까?(마 22:14) 444)

19. 요 6:26에서 예수께서는 그를 따르는 무리들이 자신을 찾은 것이 무엇 때문이라 하셨습니까? 445)

20. 마 7:22~23에서는 또 무어라 하셨습니까? 446)

■ 오늘날 기독교 내에는 '성령의 역사'와 같은 체험을 강조하는 성향이 강하여 교파에 따라서는 '방언' 등 성령의 역사에 대한 증거를 구원의 확신과 연관해서 판단하지만, 성경에 따르면 구원은 복음선포나 성령체험 등 외적 부르심의 요소가 아니라 오직 하나님의 택하심에 한정됩니다. 그러므로 우리들은 그들을 선별(選別)하는 것이 아니라 한정(限定)할 수 있을 뿐입니다.

한 주간의 정리

1. 생명에로 예정된 사람들이 하나님의 부르심에로 나아오는 것은 무엇 때문입니까?

2. 이 때에 그들이 하나님의 부르심에로 나아오는 것은 하나님의 강제하심으로 말미암습니까?

3. 이 때에 그들이 하나님의 부르심에로 나아오는 것은 순전히 인간의 자발성에 의해서입니까?

4. 유아들과 같이 부르심의 수단이 없는 자들의 경우에는 중생이 없으므로 구원이 유보되거나, 모두 구원받는 것입니까?

5. 하나님의 부르심과 관련하여 성령의 역사는 어떤 때에 일어납니까?

6. 택함을 받지 못한 사람은 구원을 받지 못하는 것입니까?

연구 과제

1. 구원에로 나아오는 것이 인간 자신에게 달린 것이라고 주
   장하는 자들에게는 무엇이 전제(前提)되는지 설명해봅니다.

2. 구원에로 나아오는 것이 인간 자신에게 달린 것이라고 한
   다면 가장 구원에 소외되는 대상은 어떤 사람들이겠습니까?

3. 구원에로 나아오는 것과 관련하여 소외가 없고 가장 넓은 대
   상에게 적용되는 신앙은 어떤 신앙인지 설명해봅니다.

요점 2

"구원은 오직 그리스도를 통해서만 가능하다."

21. 엡 2:12은 이방인들을 누구 밖에 있었다고 말합니까? [447)]

22. 행 4:12에서 공회 앞에 선 베드로사도는 구원에 관해 무어라 했습니까? [448)]

요점 3

"그들(기독신앙을 고백하지 않는 사람들)이 구원을 받을지 모른다고 생각하는 것은 가증스런 생각이다."

23. 갈 1:6~7에서 "그리스도의 복음" 외에 다른 복음(복된소식)이 있다고 했습니까? [449)]

24. 고전 16:22에서 바울사도는 무어라 했습니까? [450)]

■ 그리스도의 복음 외에 다른 구원의 복음은 지금까지도 그리고 앞으로도 전혀 없으며, 오히려 불신앙에 따른 심판이 있을 뿐입니다.

그러나 현대의 기독교에서는 이처럼 성경이 말하는 구원의 바탕에 대해서도 전도와 선교에 저해가 된다고 생각하여 복음을 전파하고 선포하는 일보다 구제활동, 의료봉사, 교육사업 등 문화적인 일에 중점을 두는 것을 쉽게 찾아볼 수 있습니다. 더군다나 이슬람 문화권을 비롯한 이방 문화에서 선교활동을 하는 선교사들도 공공연하게 '토착화(土着化)'를 말하기도 하고, 심지어 타종교인들도 그들 나름의 가치 가운데서 하나님의 일반적인 자연법인 '양심'을 따라 구원에 이를 수 있다고까지 말하는 것을 볼 수 있습니다. 이러한 사조는 에큐메니칼운동을 지향하는 세계교회협의회(WCC)와 같은 단체에 의해 더욱 확산되고 있는데, 행 4:12, 요일 5:12의 말씀 등으로 볼 때, 그런 주장은 그야말로 가증스런 것입니다.

본과의 내용을 정리해 보고
의문점을 메모해 보세요.

Chapter 11

칭의(稱義)에
관하여

제1조

하나님께서는 효과적으로 부르신 사람들을 또한 무조건적으로 의롭다 하시는데, 하나님은 이들 속에 의를 주입시키심에 의해서가 아니라, 이들의 죄를 무조건적으로 용서하시고 이들 안에 있는 그 무엇이나 이들에 의해 성취된 그 무엇 때문이 아니라 그리스도로 인해 이들의 인격을 의로 여기시고 의로 받아들이심으로 이들을 칭의하신다. 이들이 의롭다 칭함을 받는 것은 자신들의 신앙 자체나 신앙하는 행동이나 복음적인 순종 때문이 아니라 그리스도의 (성부께로 향한) 순종과 (율법의 요구를) 만족케 하심이 이들에게 전가(轉嫁)됨으로 일어나는 것이다. 이들은 신앙으로 그리스도와 그리스도의 의를 받아들이고 의지할 뿐이다. 그런데 이 믿음조차도 이들의 노력으로 받는 것이 아니라 하나님의 선물이다.

■ 사회에서 기독교인들에 의해 벌어지곤 하는 불미스런 사건들 가운데서 마치 그러한 병폐가 기독교의 잘못된 칭의(稱義), 오직 믿음으로 의롭다하심을 얻는다고 하는 신앙이 결과적으로는 기독교인들의 선행에 대한 무관심을 초래하게 되는 것이라면서, 신자들의 행함이 믿음에 더해질 때에 비로소 의(義)가 온전하게 된다고 주장하는 것을 볼 수가 있습니다. 그러나 그렇게 생각하는 것은, 그런 주장을 펴는 분들이 얼마만큼 '칭의'에 대한 바른 이해(성경의 이해)를 갖지 못했는지를 단적으로 보여주는 사례일 뿐입니다. 오히려 우리의 신앙고백서에서는 칭

의란 애초부터 우리의 행함을 전혀 고려한 것이 아니라고 말하고 있습니다.

요점 1

"하나님께서는 효과적으로 부르신 사람들을 값없이 의롭다 칭하신다."

1. 롬 3:24은 하나님께 의롭다 하심을 얻은 자 된 것이 어떻게 되었다고 했습니까? [451]

2. 롬 8:30에서 의롭다 하신 자들은 어떤 자들입니까? [452]

■ 사도바울은 로마서를 통해서 하나님께서 미리 정하신 자들이 효과적인 부르심 가운데서 의롭다 칭함을 얻음을 말하고 있습니다. 그리고 그것은 전적인 은혜로 값없이 얻은 것입니다.

그런데 값없이 의롭다 하심을 얻음에 대해 말하고 있는 로마서 3장을 보면 "예수 그리스도를 믿음으로 말미암아 모든 믿는 자에게 미치는 하나님의 의"에 관해 언급하기 전, 죄 아래에 있는 인류의 상태를 말하고 있습니다. 즉, 20절에서 말하는 바 "그 (하나님)의 앞에 의롭다 하심을 얻을 육체가 없는" 가운데서 "하나님의 한 의"가 나타난 것입니다. 이처럼 칭의는 처음부터 우리에게 어떤 선(善)이나 의(義)도 찾을 수 없는 상황, 오히려 "목구멍은 열린 무덤이요, 그 혀로는 속임을 일삼으며, 그 입술에는 독사의 독이 있고, 그 입에는 저주와 악독이 가득하고, 그 발은 피 흘리는 데 빠르며, 파멸과 고생이 그 길에 있어 평강의 길을 알지 못하였고, 그들 눈 앞에 하나님을 두려워함이 없는" 끔찍스런 처지 가운데서 나타난 것입니다.

요점 2

"칭의는 (효과적으로 부르신) 이들에게 의를 주입시키심이 아니고 이들에 의해 성취된 그 무엇 때문도 아니다."

3. '의(義)의 주입'을 주장하는 사람들을 알고 있습니까? [453)]

4. 롬 4:6은 하나님께서 의로 여기심(칭의)에 대해 무엇을 말합니까? [454)]

5. 롬 4:8은 우리를 의롭다하심이 어떤 배경 가운데서 언급되고 있습니까(요 3:18절 참조)? [455)]

6. 당신은 당신 안에서 역사하는 그리스도의 의가 당신을 의롭게 한다고 보십니까? [456)]

■ '칭의'에 있어 중요한 것은, 그것이 실질적인 어떤 능력이나 형질의 변화를 가져오는 것이 아니라는 점입니다. 즉 의롭다고 칭하게 되는 것은 의를 주입하여 의롭게 되도록 하는 것이 아니라, 법정에서 선언하는 것과 같은 것입니다. 그러므로 하나님께서 효과적으로 부르신 택자들 만이 의롭다 칭함을 얻는 것입니다. 이러한 칭의의 개념을 오해하는 어떤 사람들(예: 구원파)은, 신자는 절대적으로 의롭게 된 사람이므로 신자에겐 죄가 성립하지 않는다고 생각하여 '무(無)율법주의'의 오류에 빠지기도 합니다.

요점 3

"칭의의 근거는 예수 그리스도의 의를 하나님께서 우리에게 전가(轉嫁)하시기 때문이다."

↪ 우리를 의롭다 칭하는 것은 예수 그리스도께서 공생애를 통해 성취하신 의를 하나님께서 우리에게 속한 것으로 여기시기 때문이다.

7. 롬 10:4은 그리스도에 대해 무어라 말합니까? [457)]

8. 빌 3:9은 우리의 의가 누구로부터 난 의라고 했습니까? [458)]

9. 고후 5:21은 우리의 의에 대해 무어라 말합니까? [459)]

■ '칭의'에는 두 가지의 '전가(轉嫁)'가 있습니다. 하나는 우리의 죄를 예수 그리스도께로 전가시키는 것이고, 또 하나는 죽기까지 복종하심으로 성취하신 예수 그리스도의 의를 우리에게 전가하는 것입니다. 바로 이러한 이중적인 전가가 주께서 달리신 십자가를 통해 이루어지고 가능해진 것입니다. 이를 예표(豫表)적으로 나타내 보이는 것이 바로 구약시대의 '희생제사'입니다. 여기서 우리들은 그리스도의 의가 우리에게 투입(投入)된 것이 아니라 전가된 것이라는 사실에 주의를 기울여야 합니다. 우리의 삶이 의로울 수 있는 것은 우리가 실제로 의로운 삶을 살아서가 아니라, 처음부터 그처럼 의롭게 여기시기 때문인 것입니다. 그러므로 반드시 중보자이신 예수 그리스도를 통해서만 우리들은 의롭다 불리는 것이지요.

이처럼 어떤 측면에서 불완전한 의는 '성화(聖化)'의 과정 전반에 거쳐서 영향을 줍니다. 따라서 '성화'는 우리가 이루는 어떤 것이 아니라 예수 그리스도로 말미암는 것이요, 그리스도의 재림 혹은 개인적 종말(육신의 죽음) 이후에 비로소 완전한 영화(靈

化)에 이르며, 이때에 비로소 우리들은 완전한 '의(義)'로 살아가
게 되는 것입니다.

이 땅에서 신자는 항상 완전한 의(영화)의 상태가 아니라 선과
죄가 싸우는 가운데 있으며(성화), '칭의'는 그러한 가운데서도
우리에게 여전히 선포된 의(칭의)인 것입니다.

제2조

이처럼 그리스도와 그의 의를 받아들이고 의지하는 신앙만이 칭의의 유일한 수단이다. 그러나 칭의된 인격은 이 믿음뿐 아니라 다른 모든 구원의 은혜들을 함께 지니며, 이 믿음은 죽은 믿음이 아니라 사랑으로 역사하는 믿음이다.

요점 1

"칭의를 위해 필요한 도구 혹은 수단은 그리스도를 믿고 의지하는 것이다."

■ 우리는 앞에서 우리의 불완전한 삶(죄와 실수를 여전히 범하는 이 땅에서의 삶)으로 인해 칭의가 불완전하다고 생각할 수 없음을 알 수가 있었습니다. 이를 부정하는 사람들은 흔히 우리가 그렇게 된 것은 우리를 의롭게 여기는 것이 '오직 믿음'으로 말미암는 것이라는 오해에서 비롯된다고 말합니다. 그러면서 진정한 칭의는 믿음에 수반하여서 더해져야만 하는 선행을 통해서 비로소 온전하게 된다고 말합니다. 그러나 우리의 신앙고백서가 바탕으로 하는 성경은 칭의에 대해 전혀 그렇게 말하지 않습니다.

10. 행 16:31은 구원을 위해 무엇을 말하고 있습니까? [460)]

11. 갈 2:16은 사람이 의롭다 함을 얻는 것이 무엇으로 말미암는 다고 합니까? [461)]

■ 이처럼 칭의의 도구 혹은 수단이 되는 예수 그리스도를 믿는 믿음은 우리 자신이 취할 수 있는 것이 아니라, 하나님의 은혜로 주시는 선물이라고 성경은 말합니다(행 14:27; 엡 2:7-8 등). 그러므로 우리의 선행이 칭의를 이루는 보조적 기능을 한다는 생각은 더더욱 받아들일 수 없는 것입니다.

칭의는 시간 안에서 종말론적으로 완성되는 것이 결코 아닙니다. 오히려 칭의는 과정(科程)이 아니라 어느 때(하나님이 아시는 어떤 시기)에 이루어지는 것으로써, 성화에 있어 미흡하고 미약한 사람이라고 할지라도 하나님의 때에 지체(遲滯)없이 적용되는 것입니다. 그러므로 칭의에 있어 필요한 수단 혹은 도구인 "예수 그리스도를 믿고 의지하는" 것도 단번에 시작되는 것입니다. 이처럼 구원의 전 과정은 우리의 눈에는 시간적 순서(順序)요 누적(累積)되는 과정처럼 보이지만, 값(공로)을 도저히 치를 수 없는 우리에게 값을 요구하지 않으시고 주시는 전적인 은혜인 것입니다.

여기서 분명히 이해해야 하는 것은 우리를 의롭다 칭하는 것이 하나님의 은혜로 되는 것은, 그것이 가볍거나 간단한 것이기 때문이 아니라 우리가 도저히 요구하거나 받을 수 없는 것이기 때문이라는 사실입니다. 때문에 그것이 은혜로 부여될 수밖에 없는 것입니다.

요점 2

"의롭다하심을 받는 유일한 도구인 믿음은 홀로 있는 것이 아니라, 항상 다른 모든 은사(gift)들을 동반한다."

12. 약 2:24 말씀은 무엇을 말합니까?

13. 갈 5:4~6 말씀은 무엇을 말합니까?

14. 위의 두 구절이 어떻게 조화를 이룰 수 있을까요? [462]

■ 신앙에 있어 우리들이 '믿음'과 '행함'을 생각할 때에 한 가지 유의할 것이 있는데, 그것은 우리가 눈으로 혹은 감각으로 인지할 수 있는 것은 '행함'이라는 점입니다. 하나님께서는 마음을 보시지만 우리들은 대부분 행함을 볼 뿐입니다. 누군가가 상대방에게 사랑의 마음을 가지고 있다면 어떤 식으로든 그의

행동에서 그 마음이 드러나게 마련인 것처럼 말입니다. 그러므로 의롭다 하시는 '믿음'이 우리에게 있을 때에는 항상 행함가운데서 드러나게 마련인 것입니다. 아브라함에게 하나님에 대한 전적인 믿음이 있었지만, 그것이 명확히 확인된 것은 그가 이삭을 하나님께 제물로 드리는 것을 통해 분명하게 드러났던 것처럼 말입니다.

이처럼 하나님께서 의롭다 하시는 것은 오직 그리스도를 믿는 믿음에 근거하지만, 그러한 믿음은 또한 사랑으로써 역사하는 것입니다. 한마디로 말해 사랑을 실천함으로 비로소 믿음이 발생하는 것이 아니라 사랑으로써 믿음이 더욱 명확해지는 것입니다.

하지만 그렇다고 해서 '행함'이 반드시 믿음을 나타내는 것은 아닙니다. 오히려 행함이 있음에도 사실은 그것이 믿음에 따른 것이 아닌 경우를 우리들은 종종 발견하기도 하는 것입니다. 우리들은 행함을 근거로 믿음을 보는 방식에 익숙하지만, 더 본질적인 것은 믿음에 있기 때문에 사람의 마음을 감찰하시는 하나님께서만 확실하게 믿음을 분별하시며, 바로 그 믿음이 원인이 돼서 비로소 행함이 드러나는 것입니다.

제3조

그리스도께서는 그의 순종과 죽음에 의하여 이렇게 칭의 얻은 모든 사람들의 빚을 전부 탕감하여 주셨을 뿐만 아니라 이들을 대신하여 아버지 하나님의 의를 정식으로, 실제로, 또한 충분히 만족케 하셨다.

그러나 이들을 위하여 그리스도께서 아버지 하나님으로부터 보냄을 받으셨고, 이들을 대신하여 그리스도의 순종과 만족케 하심이 아버지 하나님께 열납되었다.

이 두 가지는 이들이 지니고 있는 그 무엇이나 이들이 행한 그 무엇 때문이 아니다. 따라서 이들의 칭의는 값없이 받는 무조건적인 하나님의 은혜다. 그러므로 엄위하신 하나님의 의와 풍성한 은혜는 죄인의 칭의에서 그 영광을 드러낸다.

■ 우리는 칭의의 교리에 대해서 뿐만 아니라, 칭의 자체의 가치가 얼마나 놀라운 것인지에 대한 지식이 상당히 부족합니다. 그러므로 예수 그리스도의 대속(代贖)은 피상적이며 막연한 가치로 인식되기가 쉬운 안타까운 현실 가운데 있습니다.

15. 사 53:10에 의하면 여호와 하나님께서는 그리스도에게 무엇을 계획하셨습니까? [463]

16. 사 53:3은 여호와 하나님의 그리스도를 향한 계획을 어떻게 말합니까? [464)]

17. 사 53:7은 여호와 하나님의 기뻐하시는 뜻을 성취하신 그리스도에 대해 어떻게 말합니까? [465)]

18. 히 10:14은 그리스도의 대속에 대해 뭐라 했습니까? [466)]

19. 엡 2:5~7은 그리스도로 말미암은 칭의에 대해 어떻게 말하고 있습니까? [467)]

■ 우리들은 "허물과 죄로 죽었던(엡 2:1)"자들로서 "본질상 진노의 자녀(엡 2:3)"였습니다. 반면에 칭의(의롭다함)는 하나님의 공의(公義)를 완전하게 만족시키는 것을 근거로 합니다. 그리스도로 말미암아 허물과 죄로 죽었던 우리를 하나님의 공의를 완전하게 만족시킨 자로 선언하고, 처벌하지 않기로 선언하는 것이 바로 우리의 칭의(의롭다함)인 것입니다. 더구나 그런 우리를 그리스도 예수 안에서 함께 하늘에 앉히시니(엡 2:6), 이야말로 얼마나 크고 풍성한 은혜(엡 2:7)입니까.

하이델베르크 요리문답 제60문은 이르기를 "당신은 하나님 앞에서 어떻게 의로운 자로 인정됩니까?"라고 묻습니다. 그리고 이에 대해 "예수 그리스도를 참으로 믿기 때문일 뿐입니다. 그래서 내 양심은 내가 하나님의 모든 계명을 심히 어겼다고 나를 비난하며, 계명을 하나도 지키지 않았고, 지금도 모든 악으로 기울어졌다고 하지마는, 그럼에도 불구하고 하나님께서 아무 좋은 점도 없는 저에게 순전한 은혜로, 그리스도의 완전한 배상과 의와 성결을 돌려주십니다."라고 대답합니다. 그런데 이러한 대답은 효과적으로 부르심을 입은 직후에만 하는 대답이 아니라, 마지막 때에 부르심을 입을 때까지 계속적으로 의지하게 되는 위로(慰勞)입니다. 바울사도가 스스로를 "죄인중의 괴수"라고 한 것처럼 우리의 신앙이 깊으면 깊을수록 오히려 더욱 우리들은 자신의 부족함과 죄악 됨을 고백하게 되는 것입니다. 그러므로 그러한 우리를 의롭다 하심이야말로 얼마나 영광스럽고 놀라운 은혜입니까!

한 주간의 정리

1. '택자'의 구원은 오직 누구를 통해서만 가능한 것입니까?

2. 기독신앙을 고백하지 않는 사람들에게도 다른 구원의 수단이 있는 것입니까?

3. 하나님께서 효과적인 부르심과 칭의를 위해 우리는 어떤 값을 치러야 합니까?

4. 효과적으로 부르신 이들의 칭의는 그들이 성취한 것으로 인해 의가 주입되었기 때문입니까?

5. 의롭다하심을 받는 도구인 믿음은 항상 무엇을 동반합니까?

6. 구약시대의 신자들이 얻은 칭의는 신약시대의 신자들이 얻는 칭의와는 전적으로 다른 것입니까?

연구 과제

1. 효과적인 부르심의 교리가 전도와 선교의 현장에서 어떻게 접목될 수 있는지를 설명합니다.

2. 세계교회협의회(W·C·C)를 비롯한 현대의 에큐메니칼 운동에 있어 근본적인 문제가 무엇인지를 설명합니다.

3. 소위 '새 관점(the New Perspective of Paul, NPP)'에서의 칭의론이 지니는 문제점이 무엇인지 설명해봅니다. (톰 라이트에 대한 개혁신학적 반응, 이승구, 합신대학원출판부, p. 43-61 참조)

제6조

구약시대의 신자들이 얻은 칭의는 신약시대의 신자들이 얻는 칭의와 전적으로 모든 점에서 동일하다.

■ 제4절의 신앙고백에 앞서서 제6절의 신앙고백을 먼저 살펴보고자 합니다. 이는 시간의 개념에 익숙한 우리의 사고 가운데서 제4절의 신앙고백을 오해할 소지가 있기 때문인데, 실제로 세대(世代)주의자들은 구약에서의 구원의 방식과 신약에서의 구원의 방식이 전혀 다른 것이라고 믿습니다. 그리고 그러한 생각을 배경으로 하나님의 구원의 방식 또한 변화하는 시대에 맞춰 발전해 왔다고 생각합니다.

20. 갈 3:13~14에서 예수 그리스도의 대속(代贖)은 누구에게까지 소급(遡及)되고 있습니까? [468]

21. 히 13:8은 그러한 그리스도를 어떻게 말합니까? [469]

■ 하나님의 약속을 믿음으로 말미암아 의롭게 된 구약의 대표적 인물은 아브라함입니다. 그런데 아브라함이 무엇을 믿음으로 의롭다 칭함을 얻었느냐하면, 그 역시도 예수 그리스도의 구속 안에서(구속을 믿음으로) 의롭다 칭함을 얻은 것입니다.

시간적으로 볼 때에, 아브라함은 예수 그리스도께서 구속의
사역을 이루시기 수 천 년 전의 인물입니다. 그러므로 우리들
은 아브라함과 예수 그리스도를 전혀 연결하여 생각하지 못
합니다.

하지만 아브라함은 "약속하신 그것을 (하나님이) 능히 이루실 줄
을 확신"했는데, 그것은 표면적으로는 이삭을 주실 것에 대한
믿음이었지만, 더 나아가 하나님께서 이삭을 바치라 하실 때
에도 이삭을 통해 후손을 이으리라 약속하신 하나님께서 능히
이삭을 살리실 것을 믿는 믿음이었으며, 더 나아가 죽은 자 가
운데서 다시 살아나신 예수 그리스도까지 이어지며(마태복음
1장 참조), "예수 우리 주를 죽은 자 가운데서 살리신 이를 믿는"
우리에게까지 이어지는 믿음이었습니다(롬 4:18-25 참조). 무엇
보다 "어제나 오늘이나 영원토록 동일하신(히 13:8; 벧전 1:20에
서는 "그는 창세전부터 미리 알린바 되신 이"라고 말합니다)" 예수 그리
스도 안에서 구약시대의 신자들이 얻은 칭의나 신약시대의 신
자들이 얻는 칭의, 그리고 우리에 대한 칭의는 전적으로 모든
점에서 동일하게 "예수는 우리가 범죄한 것 때문에 내어줌이
되고 또한 우리를 의롭다 하시기 위하여 살아나셨"음을 믿는
믿음에 의합니다.

제4조

제4조

하나님께서는 영원 전부터 모든 택함을 입은 자들을 칭의 하실 것을 작정하셨다. 그리스도께서는 때가 무르익었을 때에 이들의 죄를 대신하여 죽으셨고, 이들을 의롭게 하 시려고 부활하셨다. 그럼에도 불구하고 이들은 성령께서 적당한 때에 그리스도를 실제로 이들에게 적용하실 때까 지 칭의를 받을 수 없다.

요점 1

"하나님께서 택하실 자들에 대한 칭의는 영원 전부터 작정된 것이다."

22. 갈 3:8 가운데서 당신은 어떤 교훈을 받습니까? [470)]

23. 이와 관련해서 롬 8:30 말씀은 어떻게 말합니까? [471)]

요점 2

"하나님께서 택하실 자들에 대한 칭의는 성령께서 그리스도를 적당한 때에 실제로 적용하실 때에 이뤄진다."

◆ ◆ ◆

24. 골 1:21은 거룩하고 흠 없고 책망할 것이 없는 자로 하나님 앞에 세우기 전, 우리에 대해 뭐라 했나요? [472)](472)

25. 딛 3:5은 우리의 구원에 대해 어떻게 말합니까? [473)](473)

■ 제4절은 '칭의'와 관련해서 두 측면을 밝히고 있습니다. 즉 칭의의 작정은 영원 전에 이뤄진 것이며, 칭의의 실제적인 적용은 하나님의 때(혹은 그리스도의 때)에 성령에 의해 적용되는 것임을 밝히고 있는 것입니다. 그런데 이러한 두 측면의 구별과 이해는 칭의가 법정적 선언의 개념이라는 것을 이해하는데 중요한 근거가 됩니다. 하나님의 택하신 자들의 칭의는 이미 시간이 있기 전, 하나님의 영원한 작정 가운데서 이뤄진데 반해 그 실제적 적용은 우리가 알 수 없는 하나님의 때에 시간 안에서 적용되는 것이기 때문에 그것이 법정적인 것입니다.

그러나 어떤 사람들은 이러한 구별에 오류를 범하여서, 예수 그리스도께서 십자가에 달리셨을 때에 모든 인류 가운데의 택자들의 죄를 다 없이하도록 대가가 지불된 것이라고 주장합니다. 그리고 그 때에 율법은 더 이상 쓸모가 없어 폐기되었다고 말합니다. 또한 이렇게 해서 신자들에게는 율법이 적용되지 않으며, 율법이 없으므로 죄 또한 없다고 말합니다. 따라서 율법을 거스를 뿐 아니라 윤리적으로나 도덕적으로나, 심지어 실정법상의 범법(犯法)행위에 대해서도 전혀 죄가 아니라고 주장하곤 합니다.

하지만 칭의의 작정은 영원 전에 이뤄진 것이므로 모든 인류 가운데서의 택자들에 대한 칭의 자체는 시간 전에 이뤄진 것이지만, 칭의에서 반드시 필요한 구속자의 대속과 중보사역은 시간 안에서, 특별히 신약시대에 이뤄졌고, 그러한 구속의 적용과 칭의의 적용은 성령으로 말미암아 하나님의 때에 적용되는 것입니다. 그러므로 이러한 구별이 없다고 한다면, 신자들에게는 유효적 소명이나 회개, 그리고 중생과 같은 일련의 서정(庶政)들 또한 무시될 것인데, 성경은 오히려 구원에 있어서의 그러한 서정들을 언급해 주며, 실제로도 그러한 서정 가운데서 우리의 믿음과 신앙이 서는 것을 볼 수가 있습니다.

실질적으로 우리를 의롭다 하시는 것은 믿음 가운데서 그리스도와 완전한 연합 가운데서 비로소 이루어지는 것인데, 그러한 연합은 이 땅에 완성되는 것이 아니며, 오히려 이 땅에서는 사도 바울이 롬 7:24에서 고백하는 바와 같이, 의를 행하려는 새롭게 된 의지와 죄를 행하려는 부패한 의지가 끊임없이 대립하며 갈등하는 가운데 있는 것이니 만큼, 신자라도 이 땅에서는 롬 7:25을 따라서 "내 자신이 마음으로는 하나님의 법을 육신으로는 죄의 법을 섬기노라"고 대답할 수밖에 없는 것입니다. 이처럼 신자라도 이 땅에서의 삶은 '나그네'의 삶(히 11:13)입니다. 칭의의 완성은 그리스도와 온전히 연합하는 영화(靈化)의 상태에서 비로소 가능한 것인데, 실제로 죄를 전혀 행하지 않는, 그래서 율법이 전혀 쓸모가 없고 폐기되기에 이르는 것은 마지막 때(종말의 때)와 하나님의 나라에서만 가능한 것입니다.

제5조

하나님께서는 칭의받은 사람들의 죄들을 계속해서 용서하신다. 이들은 칭의의 상태에서 결코 떨어질수 없다. 그러나 이들은 자신들의 죄로 말미암아 아버지 하나님의 불쾌감을 일으킬 수도 있다. 이러한 경우 이들은 자신을 낮추고 죄를 고백하고 용서를 간구하고 신앙과 회개를 새롭게 하지 않는 한 하나님의 얼굴의 빛을 회복키 어려울 것이다.

■ 현대의 기독교에 있어서 크게 흔들리고 있는 것 가운데 하나가 바로 칭의의 '확실성'과 '불변성'에 대한 확신입니다. 기독교인들 가운데에는 믿음으로 의롭다 칭할 수 있겠는가 싶을 만큼 그 행실에 있어 덕이 되지 않는 경우들이 상당히 많습니다. 그리하여 과연 한 번 칭의받은 사람들의 죄가 계속해서 용서될 수 있는가? 하고 의심하는 지경에까지 이른 실정입니다.

일반적으로 칭의에 대한 로마 가톨릭의 교리는 믿음과 함께 행함이 더해져서 의롭게 된다는 입장(공로사상, 신인협력)입니다. 하지만 그와 반대로 '반율법주의'를 주장하는 사람들은 그리스도를 믿게 될 때에 오직 믿음에 의해 의롭다 칭하므로 이후의 행함은 아무런 상관이 없다(정죄되지 않는다)고 생각합니다. 우리의 신앙고백서에서는 로마 가톨릭 교리나 반율법주의의 주장과 달리 오직 믿음으로 의롭다 칭함을 얻은 믿음에는 반드시 선행이 따르기 마련이라 말합니다. 앞에서 이미 언급한 바와 같이 의롭다 칭함을 얻는 믿음에는 반드시 사랑의 행실이 동반되기 마련인 것입니다.

요점 1

"칭의받은 사람들의 죄는 계속해서 용서되며 이들은 칭의의 상태에서 결코 떨어질 수 없다."

◆ ◆ ◆

26. 요일 1:8~10 말씀은 "우리가 우리 죄를 자백하면 그는 미쁘시고 의로우사 (   ) 우리를 모든 불의에서 (   )" 이라고 했습니다.

27. 요일 2:1은 또 "만일 누가 죄를 범하여도 아버지 앞에서 우리에게 (   )가 있으니 곧 의로우신 (   )시라"했습니다.

■ 요한일서 1장 말씀에 따르면 "하나님은 빛이시라 그에게는 어둠이 조금도 없으시다(5절)"고 했습니다. 그러므로 "만일 우리가 하나님과 사귐이 있다 하고 어둠에 행하면 거짓말을 하고 진리를 행하지 아니함(6절)"이라고 했습니다.

그러면, 요한일서 1장의 말씀들은 의롭다 칭함을 입은 우리들은 더 이상 죄를 짓지 않는다고 말하는 것입니까? 전혀 그렇지 않습니다. 오히려 요한일서 1:8 말씀은 이르기를 "만일 우리가 죄가 없다고 말하면 스스로 속이는 것이고 또 진리가 우리

속에 있지 아니할 것"이라고 했습니다. 또한 10절에서는 이르기를 "만일 우리가 범죄하지 아니하였다 하면 하나님을 거짓말하는 이로 만드는 것"이라 했습니다. 그러므로 우리들은 9절 말씀대로 "우리 죄를 자백"해야만 합니다. 그러면 "그는 미쁘시고 의로우사 우리 죄를 사하시며 우리를 모든 불의에서 깨끗하게 하실 것"입니다. 바로 이것이 빛 가운데 행하는 것입니다. 요한일서를 쓴 것은 우리들이 "죄를 범하지 않게 하려 함(요일2:1)"이지만, 죄를 범하면 우리의 대언(代言)자이신 예수 그리스도를 힘입어 우리 죄를 자백하고 하나님의 자비와 용서를 마땅히 구해야 하는 것입니다.

28. 히 10:14 말씀에 의하면 한 번 드린 그리스도의 제사는 어떤 제사입니까? [474]

29. 요 10:28에서 그리스도께서는 의롭다 칭함을 얻은 그의 양들에 대해 뭐라고 하셨습니까? [475]

■ 우리들은 앞에서부터 계속 반복적으로 성경의 교리들이 하나님의 속성에 바탕을 두고 있으며, 그런 만큼 하나님의 작정 또한 하나님의 속성을 따라 완전하며 불변할 뿐 아니라, 이후의 창조, 섭리, 타락과 부패, 구속 등 모든 교리체계의 기본바탕이 불변성 내지 통일성이라는 사실을 염두에 두고 있습니다.

이러한 원리는 '칭의'에 관해서도 마찬가지입니다. 칭의의 바탕에는 예수 그리스도의 구속이 있고, 그러한 구속은 영원한 하나님의 작정 안에서의 경륜(經綸)을 따라 하나님의 때에 정확하고 불변하게 시행(성취)된 것일 뿐 아니라, 그러한 구속으로 말미암아 신자들에게 적용되는 의(義)인 칭의 또한 성령을 통해 우리에게 적용되는데, 이 모든 것들이 모두 하나님의 작정 가운데서 정확하고 불변하게 이뤄진 것입니다. 그러므로 이후의 모든 내용들(구원의 서정을 비롯한)에서도 이처럼 정확하고도 불변한 원리가 계속 적용되는 것입니다. 무엇보다 칭의는 예수 그리스도의 구속을 배경으로 하는 만큼, 그 적용에 있어서도 단회적이며 불변한 것입니다. 결국 칭의가 확실하지 않다는 것은 곧장 예수 그리스도의 구속 또한 불완전하고 확실하지 않다는 것입니다.

요점 2

"그러나 칭의받은 사람들도 자신들의 죄로 말미암아 아버지 하나님을 불쾌하시게 할 수 있다."

↳ 그러므로 자기를 낮추고 죄를 고백하며 용서를 빌어 믿음과 회개를 새롭게 하기까지 하나님의 얼굴의 광명을 회복하지 못하기도 한다.

◆ ◆ ◆

30. 시 89:30~32에서 하나님께서는 그의 법과 계명을 버리는 백성에 대해 어떻게 하리라 말씀하십니까? [476)]

31. 이어서 시 89:33은 어떻게 말합니까? [477)]

32. 고전 11:32은 "주께 징계를 받는 것"이 무슨 이유에서 라고 했습니까? [478)]

■ 눅 1:18을 보면 세례 요한의 출생을 예고하는 천사에게 사가랴는 이르기를 "내가 이것을 어떻게 알리요 내가 늙고 아내도 나이가 많으니이다"라고 말했습니다. 이에 대해 천사 가브리엘은 20절에서 대답하기를 "보라 이 일이 되는 날까지 네가 말 못하는 자가 되어 능히 말을 못하리니 이는 네가 내 말을 믿지 아니함이거니와 때가 이르면 내 말이 이루어지리라"고 했습니다.

이처럼 하나님 앞에 의인이며 주의 모든 계명과 규례대로 흠이 없이 행하는 자(눅 1:6)라도 불신으로 인해 징계를 받기도 하는 것을 볼 수 있습니다. 그러므로 우리들이 믿음을 지닌 자가 때로 죄를 범할 뿐 아니라 그 믿음이 다 없어져버린 것 같은 상황에 처한다고 할지라도 그것으로 인해 낙담할 필요는 없습니다. 왜냐하면 그것은 '정죄(定罪)'가 아니라 '징계(懲戒)'이기 때문입니다.

이 시대에 많은 기독교인들이 믿음에 합당하게 생활하지 못하고 심지어 불신자들에게까지 책망과 불신을 받는 것은 참으로 안타까운 일입니다. 그리고 때로는 그로인해 믿음을 저버리거나 잃어버리는 것 같은 사람들도 있습니다. 그처럼 하나님께서 의롭다 여기신 자라도 이 세상 가운데서는 계속해서 죄를 지을 수 있고 징계를 받기도 하지만, 그것은 고전 11:32에 이른바와 같이 "우리로 세상과 함께 정죄함을 받지 않게 하려 하심"임을 알고 자신을 더욱 낮추고 죄를 고백하고 용서를 간구하며 신앙과 회개를 새롭게 해야 할 것입니다. 그럴 때에 우리는 이 시대에도 하나님께서는 분명히 "그의 인자함을 다 거두지는 아니하며 그의 성실함도 폐하지 아니하실"것을 확신하게 될 것입니다.

본과의 내용을 정리해 보고
의문점을 메모해 보세요.

....
....
....
....
....
....
....
....
....
....
....
....
....
....
....
....
....
....
....

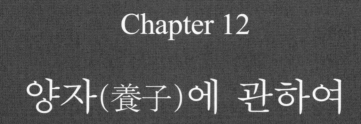

Chapter 12

양자(養子)에 관하여

제1조

하나님께서는 칭의얻은 모든 사람들을 독생자 예수 그리스도 안에서, 그리고 이 예수 그리스도를 위하여 양자의 은혜에 참여할 수 있는 특혜를 베풀어 주신다. 또한 이 칭의얻은 사람들은 양자가 됨으로 하나님의 자녀의 수에 들어가게 되고, 하나님의 자녀의 자유와 특권을 누린다. 이들은 또한 하나님의 이름을 갖게 되고, 양자의 영(성령)을 받고, 담대하게 은혜의 보좌 앞에 나갈 수 있고, 아바 아버지라고 부를 수 있으며, 불쌍히 여김과 보호를 받으며, 하나님이 필요한 것을 우리에게 베풀어 주시고, 육신의 아버지께 징계를 받는 것처럼 하나님 아버지의 징계를 받는다.

그러나 이들은 결코 버림받지 않고 오히려 구속의 날에 인(印)치심을 받고, 영원한 구원의 상속자로서 약속들을 물려받는다.

■ 예수 그리스도의 대속(代贖)에 대한 믿음으로 말미암아 은혜 가운데 우리를 의롭다 하시는 '칭의'가 우리에게 얼마나 풍성하고 놀라운 것인지 앞 장에서 간단하게나마 살펴보았는데, 이번 장에 소개되는 양자(養子)에 관한 신앙고백에서 더욱 풍성하게 확인할 수 있습니다.

1. 롬 5:1에서 사도바울은 "믿음으로 의롭다 하심을 받은" 자들에게 무엇을 누리자고 합니까? [479)

2. 요 14:27에서 예수께서는 유다의 배신으로 잡히시던 날 밤에 제자들에게 뭐라 말씀하셨습니까? [480)

■ 예수님께서는 요한복음 15장에서 그와 신자들을 포도나무와 가지로 비유합니다. 특히, 요 15:16에 이르기를 "너희가 나를 택한 것이 아니요 내가 너희를 택하여 세웠나니 이는 너희로 가서 열매를 맺게 하고 또 너희 열매가 항상 있게 하여 내 이름으로 아버지께 무엇을 구하든지 다 받게 하려 함이라" 했습니다. 이처럼 우리가 포도나무이신 예수 그리스도 안에 거하게 되는 순간 하나님과의 관계가 변화를 겪게 되는데, 하나님과 우리 사이가 무엇이든지 구할 수 있는 아버지와 아들의 관계로 화목(화평)을 이루게 됩니다. 아울러 원래 하나님의 유일한 상속자는 예수 그리스도 한 분뿐인데, 마치 포도나무에 붙은 가지와 같이 이제는 우리도 예수 그리스도 안에서 예비 된 하나님의 나라를 상속받게 되는 것입니다(마 25:34; 롬 8:14~17 참조). 그런데 성경에서는 사람이 하나님의 자녀가 됨에 대하여 여러 가지의 사례를 언급합니다.

3. 행 17:28,29에서 말하고 있는 하나님의 아버지 되심은 어떤 의미의 아버지 되심입니까? [481)

4. 신 14:1,2에서 말하는 "여호와의 자녀"들은 누구를 일컫는 것입니까? [482)

5. 갈 3:26이 말하는 "하나님의 아들"은 어떤 자들입니까? [483]

■ 사실, 예수님께서 이 땅에 오셨을 당시 하나님을 아버지라
고 부르는 유대인은 아무도 없었습니다. 따라서 당시의 유대
인들은 하나님을 감히 아버지라고 부르는 예수님에게 많은 적
대감을 가졌던 것입니다.

그러나 예수께서는 삼위일체 안에서의 위격으로서 자신을 아
들이라 칭하셨으며, 하나님을 '아버지'라 칭하셨습니다. 더군
다나 예수 그리스도께서는 우리에게 기도에 대해 가르쳐 주시
면서 하나님을 "(하늘에 계신)우리 아버지여(마 6:9)"라고 부르도
록 하셨으니, 하나님의 이름조차 쉽게 부르지 못하던 유대인
들로서는 당연히 심한 적대감을 가질 수밖에 없었던 것입니다.

예수님은 삼위(三位) 가운데서 아들이신 하나님이십니다. 그러
므로 우리의 아들 됨은 삼위 안에서의 아들 됨을 말하는 것이
결코 아닙니다. 이러한 아들 됨은 오직 예수 그리스도께서만
지니십니다. 반면에 창조에 있어서의 자녀 됨은 아담의 타락으
로 인해 타락하고 부패하여 상실된 자녀 됨이니, 우리의 신앙
고백서가 말하는 자녀 됨은 이러한 창조에 있어서의 자녀됨이
아니라, 예수 그리스도의 구속으로 말미암는 자녀 됨, 곧 '양자
(養子)'의 자녀 됨입니다. 그런데 예수님께서 우리들도 예수님
과 같이 하나님을 아버지라고 부르며 기도하도록 가르치셨으
니, 이것은 하나님을 예수님과 함께 아버지로 부를 수 있도록
화목(和睦)케 된 우리의 상태가 얼마나 놀라운 것인지를 단적으

로 보여주는 예라 할 것입니다.

■ 그러면 예수 그리스도를 믿음으로 말미암아 의롭다 칭함으로 하나님의 자녀로 양자된 우리의 처지에는 어떤 변화가 있게 되는 것일까요?

6. 하나님의 (   )을 받는다(렘 14:9;계 2:17;3:12).

7. 하나님의 특별한 (   )을 받는다(요 17:23;롬 5:5-8).

8. 양자의 (   )을 받는다(롬 8:15).

9. 현세에서 (   )와 (   )를 받는다(시 125:2;사 66:13).

10. 때로 우리의 유익을 위해 (   )와 (   )도 받는다(잠 3:11~12).

11. 그러나 결코 (   )을 받지 않는다(애 3:31).

12. 또한 구속의 날까지 (   )을 받는다(엡 4:30).

13. 궁극적으로는 영원한 (   )을 상속받는다(히 1:14).

■ 이처럼 우리는 그리스도 예수 안에서 아들의 영(성령)으로 말미암아 하나님의 자녀로 입양된 것(갈 4:4-5;롬 8:14-15)입니

다. 그런데 그처럼 하나님이 우리를 양자로 삼으시는 것은 그리스도를 위함이라는 사실 또한 신앙고백서는 분명히 하고 있습니다.

14. 요 6:37은 양자된 우리들을 어떤 자라고 합니까? [484]

15. 롬 14:7~8은 양자된 우리가 누구의 것이라고 합니까? [485]

16. 빌 1:29 말씀은 양자된 우리에게 은혜를 주신 것은 (   )를 위함이며, 그를 위하여 (   )도 받게 하려 하심이라고 했습니다.

■ 우리의 양자됨은 항상 그리스도 예수 안에서입니다. 그러므로 오직 그리스도 예수 안에 있는 사람들만이 하나님의 자녀가 되는 특권을 누리는 것입니다. 그런데 현대적인 종교의 추세는 모든 종교의 통합과 보편성의 강조 가운데 있습니다. 하나님은 기독교의 하나님일 뿐 아니라 모든 인류의 하나님이며, 그런 만큼 하나님 안에서 모든 인류가 다 형제라는 의식이 일반화되고 있습니다.

하지만 하나님은 모든 인류의 아버지가 아닙니다. 하나님께서는 모든 인류를 창조하셨지만, 오직 그리스도 예수 안에서만 우리의 아버지가 되십니다. 또한 성경은 우리가 양자된 것은 우리를 위해서만이 아니라 그리스도를 위한 것이기도 하다는 사실을 말합니다. 오직 그리스도 안에서, 그리스도를 위해서 우리들은 진정한 의미의 형제가 될 수 있는 것입니다. 그러므로 우리들은 빌 1:27에 이른바와 같이 "그리스도의 복음에 합당하게 생활"해야만 합니다.

17. 만일 양자에 있어서의 아버지 되심이 아니라 보편적 아버지 되심을 강조할 경우 어떤 문제가 발생하겠습니까? [486]

■ 이처럼 우리의 양자됨은 항상 그리스도 안에서, 그리스도를 위하는 것입니다. 즉 예수 그리스도께 붙어 있으므로 말미암아 비로소 우리에게 적용되며, 그 특권들 또한 예수 그리스도 안에서 풍성하게 되는 것이라는 점에서 웨스트민스터 소교리문답 제34문답과 같이 "양자 됨은 하나님의 값없이 주시는 은혜의 행위로서, 이에 의해 우리는 하나님의 아들들이 되며, 하나님의 아들들에 속하는 모든 특권들을 갖게 되"는 것입니다.

본과의 내용을 정리해 보고
의문점을 메모해 보세요.

....
....
....
....
....
....
....
....
....
....
....
....
....
....
....
....
....
....

한 주간의 정리

1. 하나님께서 택하신 자들의 칭의는 언제 작정되었습니까?

2. 하나님께서 택하신 자들에 대한 칭의는 언제 이뤄집니까?

3. 칭의받은 사람들의 죄는 원죄에 대해 한 번만 사해지는 것이며, 이후에는 죄로 인해 언제든지 칭의가 취소될 수 있습니까?

4. 아니면 칭의받은 사람은 죄를 지어도 하나님께서 전혀 불쾌하게 여기시지 않는 것입니까?

5. 칭의받은 백성들이 하나님의 자녀의 수에 들어가도록 하나님께서는 그들에게 어떤 특혜를 베푸십니까?

6. 하나님께서 칭의받은 사람을 양자로 삼으시는 것은 궁극적으로 누구를 위함입니까?

연구 과제

1. '칭의'의 시점을 영원 전부터로 말할 경우에 어떤 문제가 발생 하는지 설명합니다.

2. '칭의'의 시점을 예수 그리스도께서 성육신하시어 십자가에 달리신 때로 말할 경우에 어떤 문제가 발생하는지 설명합니다.

3. '그리스도'의 아들 되심과 '신자(信者)'들의 아들 됨의 차이를 통해 성화가 갖는 의미와 필요성을 설명합니다.

해 답

Chapter 1 – 성경에 관하여

1) 하나님은 기본적으로 불가해(不可解)한 분이십니다. 그러므로 하나님에 대한 지식은 하나님께서 스스로를 알리시는 것을 통해서 비로소 가능한 것입니다. 하나님은 어떤 방법으로, 인간에게 자신에 관한 지식을 전달하여 이것으로 하나님을 알게 하시고, 하나님을 예배하게 하시며, 하나님과 교제하면서 살 수 있는 길을 열어 주셨습니다.

2) "하나님의 선하심과 지혜와 능력을 분명하게 나타내"는 것입니다.

3) 그처럼 "자연의 빛과 창조하시고 섭리하시는 일들이 하나님의 선하심과 지혜와 권능을 나타내"는 만큼 사람은 하나님에 대하여 전혀 알지 못한다고 핑계할 수 없습니다.

4) 그 내용이 보편적인 것으로서, 일반적인 사람들이 그 대상입니다.

5) 특별한 방식으로 나타낸 것(히 1:1)으로서, 그 대상은 일반적인 사람들 모두가 아니라 하나님의 백성들에 한정됩니다.

6) "하나님과 그 뜻을" 아는 것입니다. 하나님이 어떠한 분이신지와 그러한 하나님께서 어떠한 뜻을 지니셨는지를 알 때에, 구원에 대한 지식에 대하여도 알 수가 있는 것입니다.

7) "이 세상이 자기 지혜로 하나님을 알지 못하"기 때문입니다. 그런 것들이 지금도 여전히 하나님의 선하심과 지혜와 권능을 나타내고 있지만, 이 세상은 그것들을 보아도 자기 지혜로는 그것을 알지 못하는 것입니다. 참조: 고전 1:21, 2:13~14

8) 아닙니다. 자연계시 그것 자체는 지금도 동일하게 하나님의 선하심과 지혜와 권능을 나타내고 있습니다.(시 19:1, 롬 1:20 참조).

9) 자연계시 자체가 하나님의 선하심과 지혜와 권능을 알기에 부족한 것으로 있는 것이 아니라, 그것을 접하는 인간의 지혜 자체가 무능력하고 불완전하여서 그것을 통해 하나님을 알지 못하는 것입니다.(고전2:14)

10) 불교, 현대의 가톨릭 등 대부분의 종교들은 수행과 자연에 대한 경외가 중요한 줄거리(그래서 두 종교가 그렇게 친숙해졌는지도 모르겠습니다만)이지만, 기독교와 이슬람은 철저히 경(經)에 복종하는 신앙체계라는 점에서 여타의 종교들과 중요한 구분이 있습니다.

그러나 이슬람의 코란은 역사 가

운데서 비교적 후기의 경전에 속하며, 성경은 오히려 태초에까지 소급되는 유래를 가집니다. 무엇보다도 성경은 시간의 역사 이전부터 영원토록 계시는 창조주 하나님에게서 유래하는 독특성이 있습니다. 그러므로 기독교가 점차 성경을 벗어나서 소위 말하는 '영성'을 추구하여 자연종교화하거나, 세속화 되는 것은 그 본질을 상실해 버리는 양상인 것입니다.

11) 자연계시 혹은 일반계시를 통하여 하나님에 대하여 알지 못하므로 초자연 계시 혹은 특별계시를 주셨다는 말입니다.

12) 처음 3,000년 동안 하나님께서 사람에게 자신을 알리신 여러 방법들, 즉 하나님의 출현과 들리는 음성, 꿈과 환상, 우림과 둠밈의 신탁, 그리고 여러 선지자들에게 주신 영감 등으로, 여러 특별계시들을 말합니다. 참조: 히 1:1, 엡 3:5-6

13) 그렇습니다. 하나님께서는 옛적에도 선지자들을 택하시어서 여러 방법들로 말씀하시어 하나님 자신과 그의 뜻을 드러내셨으니, 그러한 특별한 계시는 하나님의 택하심과 부르심 가운데 모인 교회에서 선포되었던 것입니다.

참조: 잠 22:19,21

14) 초자연 계시는 한동안 구전(口傳)되었다가 나중에는 그것이 기록되게 되었으니, 바로 기록된 '성경'을 말합니다. 참조: 잠 22:20, 사 8:20, 마 4:4,7,10

15) 후에 전체로 기록하게 하신 성경입니다. 참조: 엡 3:5-6

16) 모든

17) 교회

18) 택함

19) '성경'입니다.

20) 특별계시의 옛 방법들이 더 이상 사용될 이유가 없어졌습니다. 옛 시대의 모든 특별계시로써 드러내려는 궁극적인 내용들이 이제 완성되었고, 성경으로 기록되도록 했으니 더 이상 옛 방법의 사용은 불필요한 것입니다. 다만 섭리에 있어서 하나님의 비상적인 섭리의 가능성으로서 이적과 표적이 있을 수 있겠지만, 일반적으로는 이제 이적과 표적이 아니라도 성경 안에서 하나님과 하나님의 뜻을 명백하고 풍성하게 알 수가 있는 것입니다.

21) 그렇습니다. 성경의 기록은 이제는 종결되어 거기에 더 이상 추가할 수 없습니다.

22) "누구든지 이것들 외에(창세기~계시록까지의 내용) 더하면…재

앙들을 그에게 더하실 터이요…누구든지 이 책의 예언의 말씀에서 제하여 버리면…생명나무와 및 거룩한 성에 참예함을 제하여 버리시리라"고 하였습니다. *이것은 앞에서 언급한 계시의 종결에 관한 언급과 관련하여서도 생각할 수 있는데, 하나님께서 전달하시고자 하시는 구원에 관한 계시는 이제 성경을 통해 충분히 알리셨기에 더 이상 추가할 것이 없는 것입니다.

23) 구약, 신약 (혹은 신약, 구약)

24) 하나님의 감동으로 기록된 사실에 있습니다. 지금의 66권의 성경을 흔히 '정경(canon)'이라고 하는데, 이 canon이라는 말이 의미하는 바가 바로 믿음과 삶의 잣대라는 의미입니다.

25) 우리들의 신앙에 있어서 성경은 표준적인 규칙이며, 뿐만 아니라 우리들의 일상생활에서도 성경이 표준이며 규칙이라는 말입니다.

26) 하나님의 감동으로 기록된 것을 성경의 정경, 그렇지 않은 인간의 저작물일 뿐인 것을 외경이라 하였습니다.

27) 성경 자체입니다. 눅 24:27, 44에서 예수 그리스도께서 친히 당시 유 대인들의 구약정경을 인정한 사실에서 알 수 있으며, 롬 3:2

에서 유대인들에 대하여 "저희가 하나님의 말씀을 맡았음이"라 한 것에서 당시 유대인들의 구약성경의 정경성과 그것에 대한 유대인들의 역할을 생각할 수 있습니다. 이처럼 성경 본문 안에서 자체의 정경성을 증명하고 있는 것을 내적(內的)증거라고 합니다. 참조: 눅 24:27, 44, 롬 3:2

28) "그가 너희에게 모든 것을 가르치시고 내가 너희에게 말한 모든 것을 생각나게 하시리라"고 하였는바 사도들이 신약 성경들을 기록할 수 있도록 성령님께서 가르치시며 알게 하십니다.

29) "너희도 처음부터 나와 함께 있었으므로 증거하느니라"고 하였으니 사도들은 자신들이 목격한 것을 그대로 증거하는 자들입니다. 그러므로 사도들은 자신들이 목격한 것들과 성령님의 가르침을 통해 확실한 사실 들을 기록할 수 있는 자들인 것입니다.

30) 하나님의 말씀, 곧 '성경'을 말합니다. 즉 구약은 신약시대의 예수 그리스도를 미리 말씀하신 것이며, 신약은 마지막 때와 하나님의 나라에 대하여 미리 말씀하신 것입니다.

* 예언은 사람의 관점이 아니라 하나님의 관점에서 말씀하시는

것입니다. 그러므로 미리 말하는 것은 사람의 행동의 결과가 아니라, 하나님의 뜻과 의지에 의하여 반드시 이루어질 것들에 대하여 미리 말하는 것으로서, 성경은 그것을 기록한 가장 확실한 예언입니다

31) "오직 성령의 감동하심을 입은 사람들이 하나님께 받아 말한 것"이라 하였습니다.

32) "모든 성경은 하나님의 감동으로 된 것"이라 하였습니다.

33) 모든

34) 전체로서의 모든 성경구절입니다. 흔히 개인적인 성경공부를 할 때에 이해가 되거나 자신의 형편에 맞아 떨어지는 구절들과 교훈들만을 수용하려고 하는 경우가 많습니다. 또한 성경을 전체로서가 아닌 부분으로서 이해하는 경우(이를테면 구약은 옛것이니 신약을, 율법은 옛것이니 복음만을 선택하여 이해하는 경우가 있을 것입니다)도 있습니다만 그런 태도는 다 온전하지 못하며 다분히 주관적인 태도입니다.

35) 아닙니다. 성경의 권위가 개인이나 교회의 증언에 의존하는 것이 아니지만 개인과 교회는 여전히 성경의 권위를 높이도록 하여야만 합니다. 즉 성경이 진리임

을 더욱 확고히 하고, 그 진리가 신앙과 생활의 규칙이 되도록 하는 역할을 수행해야만 하는 것입니다.

36) '진리'입니다. 즉 교회는 진리의 터전이요, 진리의 기둥으로 세워진 살아 계신 하나님의 교회인 것입니다.

37) 교회는 진리의 말씀의 터전이니 성경의 말씀이 온전한 진리로 선포되며, 성경의 진리를 기둥으로 하는 성경의 권위 위에 세워져야 합니다. 그러므로 교회는 성경과 따로 떨어진 것이 아니라 성경을 바탕으로 비로소 세워지는 것이라 말할 수가 있습니다.

38) 그 문체의 신성함, 교리의 효능, 그 필체의 장엄성과 모든 부분의 통일성 및 전체적이고 총괄적인 목표(즉 모든 영광을 하나님께 돌리는) 또한 인간 구원의 유일한 길에 대한 충만한 발견, 그 외에도 비교할 수 없는 다른 많은 우수성과 전체적인 완전성 등

39) "여호와의 영이 나를 통하여 말씀하심이여 그의 말씀이 내 혀에 있도다"고 했습니다.

40) "주께서 예로부터 거룩한 선지자의 입으로 말씀하신 바"라 했습니다.

41) "모든 성경"이라 했으며 "하나

님의 감동으로 된 것"이라고 했습니다.

42) "네 위에 있는 나의 신" 곧 '성령'이십니다.

43) 우리를 "모든 진리 가운데로 인도" 하시며, 하나님에게서 "듣는 것을 말하시며 장래 일(하나님의 뜻과 하나님 나라의 일들)을" 우리들에게 알리시는 일을 수행하십니다.

44) "진리의 성령"

45) 성경 그러므로 성령님은 늘 말씀과 함께, 말씀 가운데 사역하십니다. 이러한 성령님의 사역이 없이는 사람은 결코 성경에서 진정한 구원의 은혜를 얻지 못합니다. 이러한 은혜가 신자들에게 허락되는 것입니다.

46) 딤후3:16절에 이른 "모든 성경"을 말합니다.

47) 일부가 아니라 전부 진술되어 있습니다.

48) 성경에 분명하게 진술되어 있는 내용들을 통하여 조리있고 필연적인 이치로 연역할 수 있습니다. 이처럼 성경은 우리들에게 일부 교훈적인 내용을 담고 있는 것이 아니라, 인간의 구원과 신앙과 생활에 필요한 모든 것에 관한 하나님의 뜻을 담고 있는 것이며, 무엇보다 하나님의 영광에 관한 하나님의 뜻은 성경에 분명하게 혹은 필연적으로 알 수 있도록 진술되어 있는 것입니다(성경의 완전성, 충족성).

49) 성경입니다. 그 외에 다른 것이 있는 것이 아니라, 오직 성경에서만 그 모든 것들을 알며 판단해야만 하는 것입니다.

50) 각각 "우리가 너희에게 전한 복음 외에 다른 복음을 전하면 저주를 받을지어다", "누구든지 너희의 받은 것 이외에 다른 복음을 전하면 저주를 받을지어다" 라고 하였습니다.

51) 구약, 신약.
 * 신약성경에서의 복음의 언급은 이미 그들이 받은바 구약성경을 제외한 것이 아니라 기본적으로 전제(前提)하고서 언급하는 것임을 유의하여야 할 것입니다.

52) "혹 영(어떤 예언적인 말)으로나 혹 말(구전하는 교훈)로나 우리에게서 받았다 하는 편지(바울의 편지를 사칭한 글)로나…쉬 동심하거나 두려워하거나 하지" 말고 이미 받은 복음에 충실하는 신앙의 태도를 시사합니다.

53) "예로부터 들은 자도 없고 귀로 깨달은 자도 없고 눈으로 본 자도 없었다"고 하였습니다.

54) "눈으로 보지 못하고 귀로도 들

지 못하고 사람의 마음으로도 생
각지 못하였다 함"과 같다고 하였
습니다.

55) 성령님이십니다.

56) 성령님이십니다.

57) "우리로 하여금 하나님께서 우
리에게 은혜로 주신 것들을 알게
하려 하심"이라고 하였습니다. 즉
"눈으로 보지 못하고 귀로도 듣지
못하고 사람의 마음으로도 생각
지 못하"는 것들을 우리에게 예비
하시고, 또한 이를 알도록 하나님
께로 온 영을 받은 것입니다.

58) "너희는 스스로 판단하라"고 하
였습니다.

59) "본성이 너희에게 가르치지 아
니하느냐"고 하였습니다.

60) "덕을 세우기 위하여 하라"고
하였습니다.

61) "적당하게 하고 질서대로 하라"
고 하였습니다. 자칫 우리들이 성
경의 권위를 극단적으로 앞세워
서 극단적으로 문자에 얽매이게
되면 그것이 바로 바리새적인 율
법주의가 되는 것입니다. 그러나
동시에 생각할 것은 그러한 자유
와 융통성에도 허용되는 조건이
있으니, 그것은 말씀이 가르치는
원칙들을 엄격하게 해석하는 범
위 안에서(적당하게 하고) 허용하
며, 그러한 원칙들을 합법적으로

(질서대로) 적용하여야 한다는 점
입니다. 이러한 것이 바로 성경에
서 연역할 수 있는 조리 있고 필연
적인 이치들인 것입니다.

62) 서신들에 대하여 이르기를 "그
중에 알기 어려운 것이 더러 있"
으며 그것을 "무식한 자들과 굳세
지 못한 자들이…억지로 풀다가
스스로 멸망에 이르"기도 하였다
하였습니다.

63) "우둔한 자에게"라 하였습니다.
즉 우리의 능력으로가 아니라 말
씀을 열어 비춰어 깨닫게 하심으
로 말미암아 우둔한 자라도 주의
말씀을 깨닫게 되는 것입니다.

64) 베뢰아 사람들은 "간절한 마음
으로 말씀을 받고 이것이 그러한
가 하여 날마다 성경을 상고하므
로" 믿는 사람들이 많았다고 하였
는데, 이처럼 성경을 부지런하고
착실하게, 그리고 진지하게 상고
하는 것이 성경을 대하는 마땅한
태도라 할 것입니다.

65) 하나님의 말씀은 구약의 이스라
엘 백성들의 언어에서 신약의 헬
라어를 쓰는 여러 나라의 백성들
에게로 더욱 확장되었으니, 하나
님의 말씀은 항상 각각의 시대마
다 대중적이고 공통된 언어로 널
리 읽혀지고 알려진 것입니다.

66) 원본.

67) 가지고 있지 않습니다.

68) 사본은 원본과 다를 수 있다. 그러나 고대의 사본들은 손으로 일일이 옮겨 적은 '필사(筆寫)본'이기 때문에 각각의 사본에서 저마다 다른 실 수를 발견할 수 있다. 그러므로 그러한 사본들을 취합하여 보면 각각의 실수를 보완할 수 있는 것입니다. (예:A사본의 실수를 동일하거나 비슷한 시기에 작성된 B사본과 C사본의 동일한 본문과 대조하여 보완할 수 있는 것). 무엇보다 그처럼 오랜 세월에 걸쳐 전수된 성경의 사본들이 내용에 있어서 거의 일치하고 있다는 것에서 하나님의 특별한 섭리와 보호하심을 생각하게 됩니다.

69) 그렇습니다.
바로 그러하기에 원본이 아닌 사본도 오류가 없는 하나님의 말씀인 것입니다. 그러나 오해하지 말아야 할 것은 여기서 말하는 '사본'이란 한글 사본이 아니라 원문 사본을 말하는 것이라는 점입니다. 한글사본에서는 지금도 오류가 발견될 수 있습니다.

70) "마땅히 율법과 증거의 말씀을 좇을지니…"라고 하였습니다.

71) "모세를 믿었더면 또 나를 믿었으리니"라고 하였는데, 모세를 믿는다는 것은 유대인들에게 당연한 것이었고 모세는 모세의 글, 즉 모세오경의 기록이 바로 예수 그리스도에 대하여 기록하였다는 것입니다. 한마디로 예수께서도 자신에 대한 논쟁에 대하여 성경에 호소하신 것입니다.

72) 성경.

73) 교인들에게 전혀 유익이 되지 못하는 방언을 말함과 같습니다.

74) 성경은 사사로이 함부로 해석하려고 해서는 안 된다는 사실입니다.

75) 성경의 예언은 사람의 뜻이 아니라 하나님께 받아 말한 것입니다.

76) 성경은 앞에서 언급한 것처럼 사람의 견해가 아니라 하나님께 받아 기록한 것, 즉 하나님의 말씀입니다.
이처럼 하나님의 말씀인 것은 성경이외에는 없습니다(이러한 측면에서 외경을 정경에서 배제하는 것이다) 그러므로 성경 밖의 기준으로 성경을 해석하는 것은 마치 사실 자체에 해당하는 기사를 사실이 아닌 소설이나 만화의 내용으로 판단하려고 하는 것과 같은 경우라 할 것입니다. 성경에 상응할 만한 해석의 자료는 유일하게 성경일 뿐입니다.

77) 관주성경입니다.
　　관주란 관련된 구절을 참고하기 쉽도록 첨부해 둔 것으로 본문과 관련된 성경의 다른 구절들을 손쉽게 찾아 볼 수 있는 아주 유용한 도구입니다.

78) 아닙니다.

79) 교리나 신조는 기본적으로 성경에서 오는 것입니다. 즉 성경으로 성경을 해석하여 잘 정의한 것이 바로 교리와 신조를 이루는 것입니다.
　　흔히 우리의 신앙에 있어서 유일한 권위는 성경에 있다며 교리와 신조를 부정하는 공동체들을 볼 수 있습니다. 그러나 그것은 교리와 신조가 성경에서 오는 것임을 전혀 이해하지 못한 것이며, 오히려 성경에 대한 자기 자신의 주장을 더욱 앞세우는 크게 잘못된 태도입니다.

80) 로마 가톨릭 교회.

81) 성경.

82) 성령님이십니다.

Chapter 2 – 하나님의 성 삼위일체에 관하여

83) "우리 하나님 여호와는 오직 하나인 여호와시니"

84) "하나님은 한분밖에 없는 줄 아노라"

85) "너희가 아무 형상도 보지 못하였은즉"

86) "영(靈)"

87) "영은 살과 뼈(몸과 신체)가 없으되"

88) "우리도 너희와 같은 성정(性情)을 가진 사람이라"고 하였습니다. 즉 자신들은 하나님과 달리 성정을 지닌 인간일 뿐임을 말한 것입니다.

89) 영이시기에 "하늘에 계셔서 원하시는 모든 것을 행하"실 수 있는 분이십니다.

90) "무한하시고(하나님의 무한성)", "변하지 아니하시고(불변성)", "영원하시고(영원성)", "전능하시고(전능성)", "가장 자유로우시고 가장 절대적이시다(절대성)" 등.

91) 하나님의 무한하심.

92) 하나님의 불변성.

93) 하나님의 영원성.

94) 그렇지 않습니다. 하나님께서는 그 모든 특성들을 무한하게 가지고 계시지만 피조물은 그 특성들의 지극히 일부만을 공유할 뿐입니다.

95) "사람이 어찌 하나님께 유익하게 하겠느냐…네가 의로운들 전능자에게 무슨 기쁨이 있겠으며

네 행위가 온전한들 그에게 무슨 이익이 있겠느냐"고 하였는바, 사람과 공유한 하나님의 속성이라고 해도 하나님과 비교하여서는 없는 것과 같이 무익한 것들일 뿐입니다.

96) 하나님이십니다. 그러므로 하나님의 영광도 우리가 돌리는 영광에 독립되어 있습니다. 우리가 하나님께 돌리는 영광으로 하나님께서 영광스러워지는 것이 아니라, 하나님 스스로가 영광스러우신 분이십니다. 다만 그런 하나님께서 우리가 돌리는 영광도 그분의 영광으로 받아주실 뿐 이라는 사실을 알아야만 하나님께 돌리는 참된 영광의 의미를 이해하는 것입니다.

97) "만물이 주에게서 나오고 주로 말미암고 주에게로 돌아감이라"고 하였는바, 하나님이십니다.

98) "…그때에 지극히 높으신 자가 인간 나라를 다스리시며 자기의 뜻대로 그것을 누구에게든지 주시는 줄을 아시리이다…땅의 모든 거민을 없는 것같이 여기시며 하늘의 군사에게든지 땅의 거민에게든지 그는 자기 뜻대로 행하시나니…"라고 하는 구절에서 알 수 있듯이 하나님께서 모든 피조물들의 지지자요 소유자와 처리자가 되십니다.

99) "…나는 스스로 있는 자니라…"고 하였으니 하나님께서는 모든 피조세계와 독립적이시며 자존하시는 분이십니다.

100) 성령.

101) 성자와 성령.

102) 성부.

103) "…아버지와 아들과 성령의 이름으로…" 곧 성부, 성자, 성령의 이름으로 주는 것입니다.

104) 주 예수 그리스도(성자)

105) 하나님(성부)

106) 성령

107) "나와 아버지는 하나이니라"고 하였으니, 성부와 성자와의 관계를 일체(一體)적으로 표현하고 있습니다.

108) "…아버지 품속에 있는 독생하신 하나님…" 이라고 하였습니다. 즉 성부와 성자의 관계를 부자(父子)관계로 말하고 있습니다.

109) "내가 아버지께로서 너희에게 보낼…" 이라 하셨으니 성자께서 보내시되, 또한 성령님은 "…아버지께로서 나오시는…" 분이시니, 성부와 성자에게서 나오신다 할 것입니다.

Chapter 3 – 하나님의 영원한 작정에 관하여

110) "예정을 입어 그 안에서 (하나님의) 기업이 되"는데 이는 "모든 일을 그 마음의 원대로 역사하시는 자의 뜻을 따라" 되는 것입니다.

111) 하나님의 지혜와 지식의 부요함과 판단은 측량치 못하며, 그의 길은 찾지 못한다 하였습니다.

112) "영원부터"이니 창세 전을 지칭합니다.

113) 역시 "영원부터"입니다.

114) "만세와 만대로부터"이니 창세 이후의 모든 세대들을 말합니다.

115) "모든 일"입니다.

116) "참새 두 마리가 한 앗사리온에게 팔리는 것"도 "아버지께서 허락지 아니하시면 그 하나라도 땅에 떨어지지 아니"하며 우리에게는 "머리털가지 다 세신 바 되었"다고 하였습니다.

117) 사람이 제비를 뽑지만 그 일의 작정은 여호와 하나님께 있다 하였습니다.

118) 여호와의 손에 있으며, 그가 임의로 인도하십니다.

119) 우리 안에서 행하시는 하나님께서 자기의 기쁘신 뜻을 위하여 행하게 하십니다.

120) 아닙니다. 오히려 하나님께서 요셉이 팔리도록 계획하신 것입니다.

121) 하나님께서는 이스라엘의 죄악을 심판하시는 도구로 앗수르 사람들의 교만한 마음(자신들의 능력에 대한 교만한 죄)을 사용하셨습니다.

122) "앗수르 왕의 완악한 마음의 열매와 높은 눈의 자랑", "나는 내 손의 힘과 내 지혜로 이 일을 행하였나니", "나의 손으로 열국의 재물을 얻은 것은 새의 보금자리를 얻음 같고" 등의 구절이 나타내는 바, 그들의 교만입니다.

123) 분명히 그들이 원하는 대로 예수께서는 십자가에 달리셨으며, 예수께서 합당한 죄 없이 십자가형을 받으셨으므로 당연히 그들의 죄가 물어져야 할 것입니다.

124) 그들의 악한 의도와는 반대로 "하나님의 권능과 뜻대로 이루려고 예정하신 그것을 행"했습니다.

125) 예정은 인간의 의지를 강제하지 않으며, 인간이 자유로 행동하는데 방해를 초래하지 않습니다. 그러므로 죄의 책임은 분명 인간에게 있는 것입니다. 인간의 범죄의 이유를 하나님께 돌릴 수 없으나 그러한 인간의 의지가 하나님

의 예정을 거스르는 것이 아니라 오히려 도구로 사용됩니다.

126) 실족케 하는 일들이 있음을 인하여서(예수 그리스도를 팔아 넘긴 가룟 유다, 혹은 예수 그리스도를 배척하였던 당시의 많은 수의 이스라엘 종교지도자들처럼) 세상에는 하나님의 진노와 심판이 있습니다. 그러나 동시에 그러한 일들을 인하여 하나님의 공의가 드러나게 됩니다. 즉 실족케 하는 일들이 하나님의 공의를 드러내도록 사용되는 것입니다. 물론 더 큰 틀에서는 그 모든 일들이 하나님의 계획 아래 일어나는 것입니다. 그러므로 실족케 하는 일이 없을 수는 없지만, 그렇다고 실족케 하는 일들이 하나님의 책임으로 돌려지는 것이 아니라 명백히 실족케 하는 그 사람에게 돌려져서 화가 되는 것입니다.

127) 두 가지로서, 첫째는 하나님의 정하신 뜻과 미리 아신 바에 따름이고, 두 번째로는 유대인들이 로마인들(율법을 모르는 자들)의 손을 빌어 정죄함이다.

128) "그가 하나님의 정하신 뜻과 미리 아신 대로 내어준 바 되었"다고 하였으니, 예정된 것이 분명합니다.

129) 그렇지 않습니다. 오히려 그

들은 손을 씻으며 잘못을 회피하는 빌라도 앞에서 그 책임을 자신들에게 돌리도록 하였으니, 그것은 자발적이며 의지적으로 된 것이다.

130) 자발적 혹은 스스로

131) 거스를(또는 벗어날, 뒤집을 등)

132) 14절 후반에서 "이는 여호와께서 압살롬에게 화를 내리려 하사 아히도벨의 좋은 모략을 파하기로 작정하셨음이더라"고 했습니다.

133) 스스로 자유롭게 택한 것입니다.

134) 미래의 일입니다.

135) 이방 사람들의 구원.

136) 아모스(암9:11~12)

137) 구약의 선지서(하나님의 말씀인 성경)

138) "아직 나지도 아니하고 무슨 선이나 악을 행하지 아니한 때에" 곧 영원 전에 택하심입니다.

139) "하나님의 뜻"입니다.

140) "하나님께서 하고자 하시는 자를 긍휼히 여기시고 하고자 하시는 자를 강퍅케 하시느니라" 하였습니다.

141) 자유로운 하나님의 뜻.

142) 불확정적입니다. 그들의 주장에 따르면 예정이란 성립할 수 없

습니다.

143) 예정을 따라 우리로 예수 그리스도로 말미암아 (하나님의) 아들들이 되게 하심은 "그의 사랑하시는 자 안에서 우리에게 거저 주시는 바 그의 은혜의 영광을 찬미하게 하려는 것"이라 하였습니다.

144) "우리로 그의 영광의 찬송이 되게 하려 하심이라"고 했습니다.

145) "왼편에 있는 자들…저주를 받은 자들…"을 언급했습니다.

146) "하나님이 그 진노를 보이시고 그 능력을 알게 하고자 하사…"

147) "아직 나지도 아니하고 무슨 선이나 악을 행하지 아니한 때에"

148) "창세 전에"

149) 창조 전에 이미 확정되었으며, 시간의 역사 가운데서 확정된 그대로 성취되는 것입니다.

150) 그 사람이 믿게 될 그 때에 확정될 것입니다.

151) 시간 안에서 믿게 될 때에 비로소 확정되므로 그 전까지 예정은 가변적이 되는 것입니다.

152) 그렇습니다. 예정은 시간(역사) 전에 이루어 졌으므로 시간의 선후관계에 상관없이 전체로서 선택도 결정되었다는 말입니다. 즉 택하심이 초시간적인 만큼, 택자의 수는 불변하는 것입니다.

153) 아닙니다. 흔히 합 2:14 말씀을 근거로 종말에는 모든 민족과 백성들이구원에 이르게 될 것이라고 생각하는 경우가 있으나, 요 13:18 말씀에서 언급함과 같이 택자의 수는 항상 제한된 수이며, 택자들 전체로서 의무수한 백성들이 여호와의 영광을 인정하며 세상에 가득하리라는 말씀입니다.

154) "창세 전에 그리스도 안에서 우리를 택하사 우리로 사랑 안에서 그 앞에 거룩하고 흠이 없게 하시려고 그 기쁘신 뜻대로 우리를 예정하사 예수 그리스도로 말미암아 자기의 아들들이 되게 하신" 것입니다.

155) "그리스도 안에서" 된 것입니다.

156) "그의 은혜의 영광을 찬미하게 하려는 것", "우리로 그의 영광의 찬송이 되게 하려 하심"입니다.

157) "성령의 거룩하게 하심과 진리를 믿음"입니다.

158) "자기의 아들들이 되게" 하시는 수단으로서 설명하고 있습니다.

159) "이 일은 하나님이 전에 예비" 하셨다고 하였는바, 예수 그리스도 안에서 행하는 선한 일들은 우리가 아닌 하나님께서 예비하신 것입니다. 이 말은 선한 일이 결

코 우리의 공로일 수 없다는 말이기도 합니다.

160) "부르시고(유효적 소명)…의롭다 하시고(칭의)…영화롭게(영화) 하셨"다 하였습니다.

161) "자기의 아들들이 되게(양자됨) 하셨"습니다.

162) "택하신 인류에게"

※ 예수께서는 양과 염소가 아니라 오직 양을 위하여 목숨을 버리노라고 하셨습니다.

163) "내가 비옵는 것은 세상을 위함이 아니요 내게 주신 자들을 위함"이라 하셨으며, 그들은 또한 "아버지의 것"이라 하였습니다.

164) 앞부분의 "인류 전체를 율법의 저주에서 구속하시기 위해"라는 문장입니다. 이러한 문구는 작은 차이이지만 이러한 문구를 주장하는 사람들은 이르기를 "예수께서는 구속을 얻기 위해 하나님께 나아갈 수 있는 길을 마련해 놓으셨을 뿐이다. 그러므로 이 길은 모든 사람을 위한 것이다."라고 합니다. 즉, 예수께서는 길을 여신 것뿐이고, 그를 믿기로 하는 사람(선택은 고려되지 않는다)은 누구라도 그 길로 갈 수 있다는 것입니다. 그러나 신앙고백서는 이에 대하여 "하나님께서는 특별한 사랑과 은총으로 타락한 인류 전체 가운데서 어떤 사람들을 선택하시어 구원하시기로 정하시고, 이 목적을 달성하시고자 예수 그리스도를 보내시어 선택하신 그들을 위해 저주의 십자가에 달리시어 죽도록 하시고, 성령을 보내시어서 그들을 새롭게 하시며 거룩하게 하시기로 정하셨다."고 가르칩니다. 간단하게 말하면, 예수께서는 모든 인류를 위해 죽으신 것이 아니라 오직 택하신 그의 백성들만을 위해 죽으신 것입니다.

165) "너(바로)로 말미암아 내(하나님의) 능력을 보이고 내 이름이 온 땅에 전파되게 하려 함이로라"고 하였습니다.

166) "하고자 하시는" 바, 곧 '하나님의 의지'입니다.

167) 토기장이가 진흙을 그의 뜻대로 귀하게 혹은 천하게 쓸 것으로 만들듯 하나님께서 선택과 유기의 예정을 그의 뜻에 의한 비밀한 계획에 따라 정하시는 것이 이상하거나 불의한 것이 아닙니다.

168) "지음을 받은 물건이 지은 자에게 어찌 나를 이같이 만들었느냐 말하겠느뇨"라고 하였으니, 먼저 창조자와 피조물의 무한한 간격을 인정하여야만 하는 것입니다.

169) 성경말씀에 더 유의하여서 성

경말씀에 따라 행하는 데 착념하여야 합니다. 예정교리 또한 성경에 언급하는 만큼 알고 믿어야 하는 것이지 우리에게 가려진(성경에 언급이 없는) 오묘하고 비밀한 일까지 알려고 하지 말아야 합니다.

170) "너희가 이것(부르심과 택하심 곧 예정의 교리에 따르는 내용들을 굳게 믿는 것)을 행한즉 실족지 아니하리라"고 하였습니다.

171) "그의 은혜의 영광을 찬미하게 하려는 것"이라 하였습니다.

172) 2절에서 "그 미리 아신 자기 백성을 버리지 아니하셨나니" 과 4절의 "내가 나를 위하여 바알에게 무릎을 꿇지 아니한 사람 칠천을 남겨두었다"는 말씀, 무엇보다 "이제도 은혜로 택하심을 따라 남은 자가 있느니라"는 5절의 말씀을 통해 '성도의 견인'과 관계된 믿음의 근거를 찾을 수가 있습니다.

173) "너희 이름이 하늘에 기록된 것(하나님의 예정 가운데서 그의 백성으로 선택된 것)으로 기뻐하라"고 하셨습니다. 특별히 주님께서는 귀신을 굴복시키는 능력보다 예정 가운데 택함을 입은 것에 더욱 비중을 두셨으니 그리스도의 제자된 모든 자들에게 진정한 기쁨은 능력을 행하는 것이 아니라 하나님의 택하심임을 유념케 합니다. 즉, 우리의 행하는 것이 아니라 하나님께서 택하심이 진정한 기쁨의 근거인 것입니다.

174) "높은 마음을 품지 말고 도리어 두려워하라"하였으니, 진지하게 예정교리의 복음을 순종하는 이들에게 겸손을 배우도록 합니다.

Chapter 4 – 창조에 관하여

175) "창세 전" 혹은 "땅과 세계도 주께서 조성하시기 전"이라 하였으니 만물이 있기 전의 시점을 언급합니다.

176) "말씀으로" 혹은 "명하심"으로 말미암아 기원하는 것으로 기록하였으니 성경은 이 세계가 스스로 존재하게 되었다고 말하지 않습니다.

177) "주에게로 돌아감이라"하였으니, 세상 만물이 그에게서 나온 것처럼 또한 그에게로 돌아간다고 하였습니다.

178) 하나님

179) 구별

180) 성부

181) 성자

182) 성부

183) 성령

184) 성부

185) 성자

186) 성령

187) 성삼위 하나님은 각각 분리되심이 없으며 동등하신 분이시기 때문에, 작정과 창조 그리고 섭리에 있어서 항상 분리되심이 없이 삼위일체 하나님으로서의 속성을 나타내신다는 점입니다.

188) 세상을 조성하시기 전이니, 이는 곧 만물이 있기 전의 무(無)의 상태를 반증해 줍니다.

189) "믿음으로"입니다.

190) "보이는 것들과 보이지 않는 것들"인데, 특별한 것은 보좌와 주관들 곧 권위와 권세까지도 그로 말미암고 그를 위하여 창조되었다고 한 점입니다. 즉, 이 세상의 권세도 하나님을 위하여 하나님께서 지으신 것이라 는 말입니다. 나중에 다루게 될 것이지만, 이러한 성경말씀에 따라서 그리스도인들은 세상의 권세에 대해 순종할 의무를 지니는 것입니다. 즉, 보이는 세상의 권세 또한 하나님께서 세우신 권세이기에 우리들은 이를 거스르지 말고 하나님의 권세로서 순종할 의무와 함께 그러한 권세가 하나님의 영광

을 드러내도록 하는 일에 책임이 있는 것입니다.

191) 엿새 동안입니다.

192) 엿새 동안입니다.

193) "그에게" 곧 하나님께 입니다.

194) 주께서 만물을 지으셨으니 만물이 주의 뜻대로 있었고 또 지으심을 받았기 때문입니다.

195) "모든 것을 다스리게" 하시고자 함이었습니다. 즉, 25절까지의 모든 피조물들을 다스리는 특별한 위치에 사람을 두신 것입니다.

196) 진화는 낮고 단순한 생물들에서 발전하여 인간이 가장 높은 위치에 이르게 되었다고 생각하는 것인데 반해, 창조는 처음부터 가장 높은 위치(다스리는 위치)에 있도록 지은바 되었다는 점에서 차이를 가집니다. 또한 진화론에서는 그 같은 발전의 원인이 우연적이며 맹목적이지만, 성경에 따르면 인간의 위치는 처음부터 목적을 두고 있는 것이다.

197) 27절의 "남자와 여자" 즉, '아담'과 '하와'입니다.

198) 홍수 후에 노아의 자손들에게서 민족들이 나뉘며(10장), 노아는 아담의 자손이므로(5장) 모든 민족들의 시조는 '아담'과 '하와'입니다.

199) 절대적일 수 없을 것입니다. 뿐만 아니라 이후의 명제들과 원죄교리와 이로 말미암은 예수 그리스도의 성육신과 대속까지도 절대적일 수 없게되며, 성경의 모든 내용들이 다 해체되고 맙니다.

200) "생령" 즉 영혼이 있는 생명.

201) 몸은 땅에, 영은 하나님께로 돌아간다 하였습니다.

202) "지식"

203) "의(義)와 진리의 거룩함"

204) 없습니다. 왜냐하면, 하나님의 형상(지식과 의와 진리의 거룩함) 자체를 지니고서 날 수가 없게 되기 때문입니다. 그러한 이론에 의하면 인간은 모든 것들을 경험(經驗)을 통하여 후천적으로 습득(習得)하게 되는 것입니다.

205) "하나님을 알 만한 것"

206) "본성" 곧 "그 마음에 새긴 율법" 때문입니다.

207) 하나님의 금령을 지킬 수도 있고 지키지 않을 수도 있는 상태.

208) "하나님이 사람을 정직하게 (올바르게) 지으셨으나 사람은 많은 꾀를 낸 것"이라 했습니다. 이는 하나님께서는 사람을 온전하게 지으시어 하나님의 말씀에 얼마든지 순종할 수 있었으나 사람은 많은 모의(謀議)를 꾀한 것으로, 범죄 할 가능성 아래, 그리고 변하게 되어 있는 그들의 자유의지를 나타내는 말이니, 아담은 거룩하고 순종할 수 있도록 창조되었으나 동시에 타락할 수도 있는 상태였다는 것이다.

209) 하나님께서는 선악을 알게 하는 나무의 실과를 먹지 말라 하셨습니다. 이것은 금지 명령임과 아울러 그 실과에 대한 금지 명령을 사람이 지킬 수도 지키지 않을 수도 있는 자유의지에 맡겨 두신 것이니, 이때의 사람의 상태는 완성된 혹은 완결된 성화의 상태가 아니었음을 전제합니다. 그러므로 사람은 아담의 상태가 아니라 완성된 순종의 상태인 영화의 상태를 목적으로 지어진 것이다. 즉, 우리의 완성된 상태는 아담과 같은 상태가 아니라 예수 그리스도 안에서 입은 새사람이 완성된 상태인 것입니다.

Chapter 5 - 섭리에 관하여

210) 예수 그리스도이십니다. 그러나 "이는 하나님의 영광의 광채시오 그 본체의 형상이시라"는 말씀으로 볼 때, 단순히 성자로서만이 아니라 하나님의 본체의 형상으로서 볼 것이며, 이는 곧 삼위일

체의 하나님을 대표하여(광채와 형상으로) 언급하는 것으로 보아야 할 것이다.

211) 하나님이십니다.

212) "천지와 바다와 모든 깊은 데" 곧 모든 곳에서 행하십니다.

213) 하나님이십니다. 사람이 살아갈 연대와 살아갈 장소를 하나님께서 정하시고 제한하시는 것으로 표현된 것입니다.

214) 하나님의 지도하심입니다. 우연히 쏜 것 같은 화살이 갑옷의 금속판들 사이를 뚫은 것은 21:19절의 엘리야를 통한 예언대로 사건을 이루시는 하나님의 방법인 것입니다. (왕상22:38절 참조)

215) "하나님이 기이한 음성을 울리시며 우리의 헤아릴 수 없는 큰 일을 행하시느니라." 하나님께서 자연계의 크고 작은 일들을 행하시지만 그러 한 일들이 우리에게는 기이하며 헤아릴 수 없는 큰 일입니다.

216) "참새 두 마리가 한 앗사리온에 팔리는" 사소한 일상의 일들조차도 하나님의 섭리가 없이는 일어나지 않습니다.

217) "사람이 제비를 뽑는" 것과 같이 우연한 일 조차도 하나님의 작정하심대로 이루어지는 것입니다.

218) 하나님이십니다.

219) "하나님의 권능과 뜻대로 예정하신" 것에 지배를 받습니다. 여기서 유의할 것은 하나님의 섭리를 떠나서는 죄 된 행동조차 일어나지 못할지라도, 그 죄 된 행동의 원인이 하나님이신 것은 아니라는 사실입니다. 죄 된 일도 하나님의 섭리를 벗어나지 못하지만, 죄는 사람의 악한 의도 가운데서 행해지는 것입니다.

220) "이 일은 하나님이 전에 예비하사 우리로 그 가운데서 행하게 하려 하신"것이니, 선한 일이야말로 하나님의 섭리로 말미암는 것입니다.

221) "이도 만군의 여호와께로서 난 것이라."하였으니, 파종과 타작과 같이 인간이 하는 일상의 일도 하나님의 지혜와 모략으로(하나님의 섭리로) 말미암는다는 것입니다.

222) "모든 일을 그 마음의 원대로 역사"하심을 말합니다. 그러한 하나님의 섭리 가운데서 우리가 예정을 입고, 그 안에서(예정 안에서) 기업이 되는 것입니다.

223) "내 이름이 온 천하에 전파되게 하려 하였음" 이라고 했습니다. 하나님을 모르는 바로의 행동조차도 하나님께서는 섭리로 하

나님께 영광이 되도록 하심을 알 수 있습니다.

224) "하나님의 정하신 뜻과 미리 아신 대로 내어준 바 되었"으니, 그러한 사건의 원인은 바로 "하나님의 정하신 뜻"에 있는 것입니다.

225) "여호와께서 이미 정하신 일을 행하시고 옛날에 명하신 말씀을 다 이루셨음이여"라고 했습니다. 이스라엘의 심판은 하나님의 정하신 바, 명하신 말씀을 이루는 것이었습니다.

226) 하나님의 전능성을 반영합니다. 즉 전능하신 하나님이시기에 그가 하시고자하는 것이면 반드시 그것을 행하시는 것이다. 이런 점에서 제 일 원인으로서의 하나님의 섭리하심은 절대불변인 것이다.

227) 제 이 원인의 필연적인 성격. 심으면 거둠이 있고, 더위의 여름이 지나고 추운 겨울이 오는 것, 낮과 밤이 쉬지 않고 반복되는 것은 우리 일상의 필연적인 일인데, 하나님과 무관하게 있는 것처럼 보이는 필연이 제 이 원인의 성격을 좇아서 발생한다는 것입니다.

228) "우연히" 벌어진 일이 사실은 하나님의 섭리임을 보여주고 있습니다.

229) 제 일 원인은 하나님의 의지(6절)이며, 제 이원인은 앗수르 사람들의 교만(자유로운 마음의 생각, 7절)입니다. 즉 앗수르 사람들의 침략의 원인은 하나님의 진노가 제 일 원인으로 있지만, 제 이 원인은 그들의 자유로운 교만의 마음에 있는 것이다.

230) 하나님께서는 하늘에, 하늘은 땅에, 땅은 땅의 산물들에 응하도록 하시어서 이스라엘에 긍휼을 베푸십니다. 즉, 수단들을 통하여서 이스라엘에 응하십니다.

231) "이 사람들(사공들)이 배에 있지 아니하면 너희가 구원을 얻지 못하리라"하였습니다. 하나님께서는 바울을 통해 배에 탄 사람들이 다 구원을 얻을 것이라고 말씀하셨지만, 그것은 사공들의 기술과 노력을 통하여서 얻도록 하셨습니다.

232) "활과 칼이나 전쟁이나 말과 마병으로" 즉, 수단들을 통하여 구원하시지 않으시고 수단들을 통하지 않는 방법으로 구원하실 것이라고 말씀 하셨습니다.

233) 수단을 사용하지 않을뿐더러 보편적인 상식을 이상의 기적적인 방식입니다.

234) 일반적인 질서에 역행하는 자유로운 역사라 할 것입니다.

235) 그것은 "생명을 구원하시려고 나를 당신들 앞서 보내셨" 다 한 것에서 알 수 있듯이 하나님께서 정하신 것입니다.

236) "여호와의 말씀과 같더라"고 하였으니, 이미 여호와께서 말씀하신 대로 된 일입니다. 출7:3절 말씀은 좀 더 분명히 이르기를 "내가 바로의 마음을 강퍅케" 한 것으로 기록하였습니다.

237) 그것은 "하나님의 정하신 뜻과 미리 아신 대로 내어준 바" 된 것이니, 하나님으로 말미암아 그렇게 된 것입니다.

238) "내가 갈고리로 네 코에 꿰고 자갈을 네 입에 먹여 너를 오던 길로 끌어 돌이키리라"고 기록한 것에서 알 수 있듯이, 죄를 짓는 사람들("내게 향한 분노와 네 교만한 말")을 억제하시며 통제하십니다.

239) 선으로(예수를 죽은 자 가운데서 살리시어 영화롭게 하심으로) 바꾸셨습니다. 창 50:20절 참조.

240) 14절 "자기 욕심에 끌려 미혹됨"입니다.

241) "세상으로(육신으로) 좇아온 것이라" 했습니다.

242) "그는 변함도 없으시고 회전하는 그림자도 없으시니라" 하였으니 하나님에게서 선(빛)과 죄(그림자)가 함께 할 수 없습니다.

243) 26절에 나타난 바, 히스기야의 마음의 교만을 뉘우치도록 함입니다.

244) 이스라엘 백성들의 거역(하나님께서 기름부어 세우신 왕을 대적하는 무리에 동조한 것)을 벌하시며, 그 마음을 돌이켜 겸손케 되도록 하시기 위함이었습니다.

245) 겸손

246) 그리스도의 능력

247) "예수께서 자기에게 하신 말씀" 혹은 "닭이 두 번 울기 전에 네가 세 번 나를 부인하리라 하심"

248) "깨어 경성하게"

249) "깨어 경성하게"

250) "공의롭고 거룩한 목적"

251) "마음의 정욕대로 더러움에 내어버려"두신다고 하였습니다. 즉, 그들 마음속의 악하고 더러운 죄악에 그대로 버려두는 것입니다.

252) "혼미한 심령과 보지 못할 눈과 듣지 못할 귀를" 주시어 완악하게 됩니다.

253) 저희의 받은 바 은사들(좋은 점들)도 빼앗기리라는 것입니다.

254) "표징과 이적(출7:8절 이하)"을 많이 행하시나, 바로가 모세의 말을 듣지 아니하고 그 마음을 강퍅케 하여 여러 큰 재앙을 겪게 됩

니다.

255) "듣는 것과 보는 것" 즉, 여호와 하나님의 말씀입니다. 이스라엘 백성일지라도 완악한 백성들의 마음은 선지자들을 통하여 들리는 여호와의 말씀을 통해 깨닫지 못하며 율법을 보면서도 여전히 이해하지 못하도록 하신 것입니다.

256) 23절에서 언급한 "모세의 율법과 선지자의 말"입니다. 전체적으로는 성경말씀을 말하며, 그러한 성경(사도행전의 시점에서는 구약성경)을 통하여 오시는 메시아(예수)의 일을 깨달아야 했던 것입니다.

257) "범죄 한 나라에 주목하여 지면에서 멸하"고, "야곱의 집은 온전히 멸하지 아니하리라"고 하였습니다. 즉, 범죄한 나라는 분명한 섭리 가운 데 지면에서 멸할 것이나, 야곱의 집은 비록 악행에 대하여 징벌하실지라도 완전히 멸하지는 않고 보호하시는 섭리로 구분되는 것입니다. ※ 암9:9절 참조

258) "애굽을 너의 속량물(ransom)로 구스와 스바를 너의 대신(stead)으로 주었노라"고 하였는바, 주변국들의 손길로부터 이스라엘 백성들이 보호되도록 섭리하심으로 처리하신다 하였습니다.※ 이외에 롬8:28; 사 43:4,5,14절 참조

Chapter 6 – 인간의 타락과 죄와 형벌에 관하여

259) "뱀(사단을 상징하는 동물)이 나를 꾀므로 내가 먹었나이다"라고 하였습니다.

260) "너희(하와를 비롯한 모든 인류) 마음이 그리스도를 향하는 진실함과 깨끗함에서 떠나 부패할까 두려워하노라"고 하였는바, 뱀의 간계에 미혹케 됨은 곧 하나님을 향하는 진실함과 깨끗함에서 떠나 부패하게 된 것이다.

261) 죄를 짓지 않을 수도 있고(하나님의 금령에 순종하는 것), 죄를 지을 수도 있는(하나님의 금령에 순종하지 않는 것) 상태였습니다.

262) 그들이 죄를 지을 것을 충분히 알고 계셨음을 나타냅니다. 왜냐하면 하나님께서는 죄를 짓지 않을 수 있도록 그들에게 우리와는 다른 경건과 율법의 지식을 주셨지만, 죄를 짓지 못하도록 하시지는 않으셨기 때문이다. 그러므로 아담과 하와의 범죄(원죄, Orig-

inal sin)는 처음부터 예정에 포함되어 있었던 것이다. 만일 그렇지 않다면 예정의 불변성은 깨어지고 예정 자체가 성립할 수 없는 것(불변성이 깨어지므로)이다.

263) 롬 8:28의 "그 뜻대로 부르심을 입은 자들에게는 모든 것이 합력하여 선을 이루느니라"는 말씀과 함께 아담과 하와의 상태를 생각하여 보면 하나님의 예정은 아담과 하와의 타락까지도 합력하여 하나님의 선을 이루도록 계획하심을 생각하게 합니다.

264) "긍휼을 베풀려 하심"입니다.
참고 : 여기서 "모든 사람"은 온 인류를 언급하는 것이 아니라 하나님의 택함을 입은 모든 사람들을 말하는 것입니다. 즉, 로마서 12장은 사도바울이 유대인 신자들과 이방인 신자들에게 말하고 있는 상황(로마서의 수신자들에 관해서는 롬 1:7 참조)이지 온 인류를 대상으로 말하고 있는 상황이 아니라는 것입니다.

265) 하나님께 영광이 돌아가는 것입니다.

266) 죄로 말미암아서 그들 스스로가 하나님께 가까이 나아갈 수 없게 된 것입니다. 이런 점에서 하나님과의 교제의 단절은 하나님이 멀어지시는 것이 아니라 우리들 스스로가 멀어지며 숨는 양상이었다 할 것입니다.
※ 전7:29절 참조.

267) "하나님의 영광에 이르지 못하더니"라고 하였습니다.

268) "자기들의 몸의 벗은" 것이었습니다. 즉, 죄를 범하기 전 그들은 부족함이 없는 원래의 의를 지니고 있었으나 죄를 범한 후 그들은 원래의 의가 사라진 부족함을 감추고자 하였던 것입니다.

269) "정녕 죽으리라"하셨습니다. 이 말은 히브리어로 "죽고 죽으리라"입니다. 즉, 선악을 알게 하는 나무의 실과를 먹는 날에는 영적으로 (이미) 죽고, 육체적으로도 (결국) 죽으리라는 것입니다.

270) "죽었던 너희"라 하였습니다. 허물과 죄로 말미암아 결국 죽을 뿐 아니라 이미 죽은 상태임을 본문은 말하고 있습니다.

271) "사람의 죄악이 세상에 관영"하며 "그 마음의 생각의 모든 계획이 항상 악할 뿐"이라 하였습니다. 이 말씀은 실질적인 죄가 세상에 관영한데, 이것은 사람들의 마음의 생각과 모든 계획이 항상 악할 뿐이기 때문이라는 것입니다. 지금까지도 사람들의 마음의 생각과 계획은 궁극적으로 모두 다 스스로를 위할 뿐(창조목적

에 위배)으로 항상 악한 상태에 있습니다.

272) "마음"이라 하였습니다. "만물" 즉, 세상의 보이는 모든 것들의 거짓과 부패보다 심히 부패하고 거짓된 것이 바로 "마음"이라는 것입니다.

273) 모든 사람이 다 죽는다는 사실입니다. 본문은 이르기를 "모든 사람이 죄를 지었으므로 사망이 모든 사람에게 이르렀"다고 하였습니다.

274) "아담 안에서" 즉, 아담을 자연적이고 공동체적인 인류의 머리(대표)로 하여 모든 사람이 아담과 동일하게 죽은 것이라 하였습니다.

275) 선악을 알게 하는 나무의 실과를 먹지 말라하신 하나님의 말씀에 대한 아담과 하와의 불순종.

276) 인류의 조상 즉, 머리(대표)로서의 아담과 하와.

277) "자기 모양 곧 자기 형상과 같은 아들"이라 하였습니다. 이것은 하나님의 형상으로 창조된 아담과 같은 표현으로써, 아담의 본성을 계승한 후손으로서의 셋에 대한 표현입니다.

278) "죄 중에" 잉태하여 "죄악 중에 출생하였"다고 하였습니다. 즉, 모태와 잉태된 자신 모두를 죄악 가운데 있는 것으로 말합니다.

279) 예수 그리스도께서는 보통의 생육법(아버지의 정자와 어머니의 난자의 수정에 의한)이 아니라 '동정녀 탄생(성령으로 잉태됨)'이라는 특별하고도 기적적인 방법으로 출생하신 점에서 다릅니다.

280) "하나님의 법에 굴복치 아니할 뿐 아니라 할 수도 없음이라"고 하였습니다. 이처럼 타락 이후의 영혼의 상태는 하나님의 법(율법)에 대하여서 불완전하거나 미흡한 것이 아니라 전적 무능력의 상태입니다.

281) "원함은 내게 있으나 선을 행하는 것은 없노라"고 하였습니다. 이는 부패한 영혼의 상태가 선(善)에 대하여도 전적으로 무능력함을 말합니다.

282) 부패한 사람의 상태는 무익하며 악한 것을 전적으로 따라가는 성향 가운데 있는 것입니다.

283) "마음에서" 나온다고 하였습니다. 그런데 창8:21절에서 그러한 마음에 대하여 이르기를 "사람의 마음의 계획하는 바가 어려서부터 악함이라"고 하였습니다. 사람의 마음은 스스로 있으면서 하나님을 찾지 않는 상태, 하나님

께 순종하기보다 스스로의 생각과 욕구에 더 착념한다는 점에서 부패했으며, 이 부패 가운데서 모든 실제적인 죄들이 빚어지는 것입니다.

284) "불순종의 아들들 가운데서 역사하는 영"으로 말미암아 더욱 진노의 자녀가 됩니다.

285) 하나님의 법을 따르기를 원하나 동시에 여전히 죄의 법 아래로 사로잡는 지체 속의 다른 법이 있어서 서로 싸운다 하였습니다.

286) "아주 없느니라."

287) "예수 그리스도"로 말미암습니다.

※ 롬7:21~25; 고전15:22절 참조

288) "율법으로 말미암는 죄의 정욕이 우리 지체 중에 역사하여 우리로 사망을 위하여 열매를 맺게 하였"습니다.

289) "죄"

290) "내 속"

291) "우리 육체와 마음의 원하는 것"과 "우리 육체의 욕심을 따라 지내"는 것이 모두 본질상 하나님의 진노를 받을 것이라는 사실을 교훈합니다. 즉, 모든 사람들 안에 있는 마음의 원하는 것이 육체의 욕심을 따르는 것이고 그것은 하나님의 진노를 받아 마땅한 죄악된 것이니, 이것이 근본적인 죄 (Original sin)이며 여기서 모든 실제적인 죄들이 나오는 것입니다. 롬7:5절 참조

292) 하나님의 법(율법)입니다. 롬 7:23절에서는 "내 지체 속에서 한 다른 법이 내 마음의 법과 싸워 내 지체 속에 있는 죄의 법 아래로 나를 사로잡아 오는 것을 보는도다"라고 하였는데, 이것은 내 지체 속의 죄의 법과 내 마음에 있는 법(하나님의 법, 의의 법, 율법)을 분명하게 대조하여 우리의 성향이 선(내 마음의 법)에 무능하고 악(죄의 법)에 익숙함을 말해 주어 우리들이 항상 범법함을 언급하고 있습니다.

293) "죽었던 너희"라 하였습니다. 여기서 허물과 죄란 불법적인 행위(자범죄)와 불법적인 상태(원죄의 상태 혹은 타락의 상태)를 말하며, 이 모두   로 인한 죄책으로 영적으로 이미 죽은 너희라는 말입니다.

294) 율법을 준행하여야만 하는 모든 사람들(여기에는 하나님의 율법을 아는 사람들만이 아니라 하나님의 율법을 모르는 사람들 모두가 포함됩니다). 그러므로 행위에 따라서는 信·不信 간에 모두 다 정죄되며 저주 아래 있는 자들인 것입니다. 왜냐하면 믿는 자들

도 율법을 다 지키지는 못하기 때문입니다. (마19:16~22절 참조)

295) "영원한 멸망의 형벌을 받으리"라고 하였습니다. 특별히 "하나님을 모르는 자들과 우리 주 예수의 복음을 복종치 않은 자들", "주의 얼굴과 그의 힘의 영광을 떠나"라는 구절에 강한 경고와 정죄가 담겨 있습니다.

Chapter 7 – 인간과 맺은 하나님의 언약에 관하여

296) "그는 우리를 지으신 자시요 우리는 그의 것이니 그의 백성이요 그의 기르시는 양이로다" 하였습니다.

297) "그 앞에는 모든 열방이 아무 것도 아니라 그는 그들을 없는 것 같이 빈 것같이 여기시느니라." 하였습니다. 하나님께서는 모든 만물들을 무(無)에서 창조하신만큼 모든 만물들, 그 가운데서도 우리는 하나님 앞서 당장이라도 다시 무(無)로 돌아갈 수 있는 그런 피조물임을 알아야 합니다. 또한 그 말은 작정 즉, 하나님의 뜻과 계획은 피조물에 관한 어떤 것에도 상관이 없이 오직 하나님 자신의 의지와 능력으로 목적한 바를 그대로 이루신다는 사실을 깨닫게 합니다.

298) 하나님 앞에 "우리는 무익한 종"입니다. 그런 만큼 하나님의 명령과 의무를 수행하는 것은 피조물로서의 우리에게 필연적으로 따르는 것으로 그야말로 "우리의 하여야 할 일을 한 것뿐"입니다. 욥22:2,3; 35:7; 행 17:24,25절 참조.

299) "우주와 그 가운데 있는 만유를 지으신 신"이시며 "천지의 주재"이신(24절) 하나님이십니다. 그러므로 창조주의 충만과 사랑을 피조물인 우리가 즐기게 되는 것은 전적으로 주권적인 은혜의 문제이며, 오직 창조 주이신 하나님의 뜻에 따라 결정되는 것입니다.

300) "지음을 받은 물건이 지은 자에게 어찌 나를 이같이 만들었느냐 말하겠느뇨. 토기장이가 진흙 한 덩이로 하나는 귀히 쓸 그릇을, 하나는 천히 쓸 그릇을 만드는 권이 없느냐"고 하였습니다.

301) "하나님 편에서 자원하셔서 낮아지"시어 성립할 수 있게 되었다 하였습니다. 시113:5,6절 참조

302) 그러합니다. 타락하기 전 아담의 상태는 하나님께서 약속에 덧붙여 제시하신 조건을 충분히 수

행할 능력을 지니고 있는 '원의(原義)'의 상태였고, 하나님과의 교제 또한 온전한 가운데 있어서 동산에 관계된 언약 의 조건들에 동의(창3:1~3절 참고: 아담과 하와는 동산의 언약에 붙은 조건으로서의 금령을 충분히 숙지하고 있는 상태인데, 이 말은 그들이 그 언약에 동의하였음을 반영한다) 하였던 것입니다. 참조: 호 6:7절

303) 노아와의 언약(창9:11,12), 아브라함과의 언약(창17:1~21)이 대표적이라 하겠습니다.

304) '아담'입니다.

305) 아담의 불순종으로 죄가 들어오고, 그 죄의 결과로 사망이 왔으며, 아담이 인류의 대표이므로 이후의 모든 인류도 아담과 같이 사망에 이르게 되었습니다. 롬5장 전체 참조.

306) 허락된 것입니다. 그러나 생명나무의 열매는 약속된 것으로, 선악을 알게 하는 나무의 열매를 먹지 않는 것으로 예표 된 계명(율법)을 지키는 것이 조건적으로 제시된 가운데서 였습니다.

307) 금지된 것입니다. 17절에서 하나님께서는 "선악을 알게 하는 나무의 실과는 먹지 말라 네가 먹는 날에는 정녕 죽으리라"고 하셨습니다.

308) 허락, 혹은 약속

309) 완전한 순종

310) 조건

311) 첫 언약은 우리가 언약의 조건을 만족시킬 수 있었으나, 두 번째 언약은 더 이상 우리가 그 조건을 만족시킬 수 없습니다. 롬 8:3 참조

312) 둘 다 은혜로 주어진 점이다. 첫 언약의 경우 완전한 순종을 조건으로 하지만, 피조물이 그 창조주에 대해서 진 순종의 의무는 피조물의 존재 자체에 본질적으로 포함된 필연적인 것이었기 때문에 첫 언약 자체도 피조물에게 더하여진 은혜의 성격이었습니다. 그러므로 두 번째 언약은 은혜 위에 은혜로 더하여진 것입니다.

313) "자기 아들을 죄 있는 육신의 모양으로 보내어 육신에 죄를 정하사…율법의 요구를 이루어지게" 하셨다고 하였습니다. 우리가 죄를 인하여 할 수 없는 그것(할 수 있었던 아담이 하지 못하므로 누구도 하지 못하게 된 율법-하나님의 금령에 대한 순종-의 요구)을 예수 그리스도를 보내시어 하나님께서 하신 것입니다.

314) "하나님의 은혜로 값없이 의롭다 하심을 얻은 자 되었다"고 하였습니다.

315) "네 입으로 예수를 주로 시인 하며 또 하나님께서 그를 죽은 자 가운데서 살리신 것을 네 마음에 믿으면 구원을 얻"는다 하였습니다.

316) "나를 보내신 아버지께서 이끌 지 아니하면 아무라도 내게 올 수 없으니"라고 하셨습니다. 즉, 두 번째 언약에서 그리스도에 대한 믿음이 요구되었어도 그것은 이 미 언약의 조건에 대해 무능력한 우리에게 주어진 것이며, 본문에 서 주님은 자신에 대한 믿음(주님 께 나아감)을 아버지께서 이끄시 는 것으로 말씀하셨습니다.

317) 우리 속에 두신 하나님의 영 (성령)이십니다.

318) 죽으셨습니다. "첫 언약 때에 범한 죄를 속하려고" 십자가에 달 려 죽으셨습니다.

319) "이 잔은 내 피로 세우는 새 언 약이니"라고 하셨으며, 그것을 우 리를 위해 붓는다고 하셨습니다.

320) "유언은 그 사람이 죽은 후에 야 견고"하며 효력이 있으므로 죽 으심.

321) "무할례시에 믿음으로 된 의" 를 인침입니다. 그런데 히8:10절 말씀은 그 같은 구약의 율례가 가 리키는 것은 하나님의 법을 "저희 생각에 두고 저희 마음에…나는

저희에게 하나님이 되고 저희는 내게 백성이 되리라"는 것을 기록 함이었다고 말합니다.

322) "손으로 하지 아니한 할례" 곧 "그리스도의 할례"

323) 그리스도의 희생 곧 그리스도 께서 십자가에 달리시어 죄에 대 한 심판을 넘어가게 하는 유월절 희생양이 되심을 예표합니다.

324) 예수 그리스도를 쫓는 무리들 의 모습.

325) "나의 때" 곧 실체로 오신 예수 그리스도의 때. 이처럼 율법의 시 대로 알고 있는 구약시대의 제도 와 율례들에서 택함받은 자들(노 아, 아브라함, 이삭, 야곱, 요셉, 모세 등등)은 성령의 역사를 통하 여 약속된 메시아를 믿도록 가르 침을 받았다. 히11장 참조

326) "다 구름과 바다에서 세례를 받"았다고 했습니다. 즉, 이스라 엘 백성들이 광야에서 구름과 바 다 가운데를 지난 것이 신약의 세 례와 같음을 말하고 있습니다.

327) "신령한 반석"이신 예수 그리 스도로 말미암아 "신령한 음식" 과 "신령한 음료"를 마셨다고 했 습니다. 즉, 광야의 이스라엘 백 성들이 먹음 신령한 음식인 '만 나'는 신약시대에 예수께서 제정 하신 성찬의 떡을 예표하며, 신령

한 음료인 반석에서 나온 물은 성찬의 음료(포도주)를 예표하는 것이라 했습니다. 그리고 그 때의 반석이 그리스도시라는 것은 그리스도께서 성찬을 제정하신 것을 나타냅니다.

328) 그리스도에 대한 믿음입니다. 그런데 주님은 그를 믿는 믿음에 대해 광야의 이스라엘 백성들 뿐 아니라 아브라함을 포함한 구약의 거의 모든 믿음의 인물들을 히브리서 11장에서 총망라하고 있습니다.

329) "그리스도"입니다.

330) "성령의 약속"입니다.

331) 세례(마28:19)와 성찬(고전 11:23~25)입니다. 구약시대의 모든 율법과 제도와 규례들은 새 언약의 실체로서 오시는 예수 그리스도를 가리키며 신약시대의 복음과 성례(구약시대에 비하여 훨씬 간결하고 분명한) 또한 예수 그리스도를 가리키는 것입니다.

332) "모든 족속(민족)"입니다. 그런데 그것은 주님께서 세상 끝날까지 우리와 항상 함께 하시기 때문에 반드시 성취되는 언약입니다.
※ 오늘날에도 기독교가 가지는 본질적인 모습은 말씀사역과 성례에 있음을 잊지 말아야 합니다. 이러한 본질 외에 기독교의 새로운 모습이 있는 것이 아니라 이러한 본질 위에 기독교의 영원한 모습이 있는 것입니다.

333) 주님께서는 마지막으로 이르시기를 "내가 너희에게 분부한 모든 것을 가르쳐 지키게 하라"고 하셨습니다.

334) "창세 이후"입니다.

335) 예수 그리스도이십니다. 계 3:5절에도 "생명책"이 언급되는데, 후반부에서 이르기를 "그 이름을 내 아버지 앞과 그 천사들 앞에서 시인하리라"고 하여 한 인격체이신 분이 생명책에 대해 언급하는 것으로 되어 있는데(계5장에서는 이 분을 어린양-6절-, 죽임을 당하신 어린양-12절-으로 언급하고 있습니다) "내 아버지"라는 언급으로 볼 때, 성자이신 예수 그리스도가 바로 생명책을 든 죽임당한 어린양이심을 본문 안에서 깨달을 수 있습니다.

336) 예수 그리스도이십니다. 그러므로 구약시대와 신약시대에 언약의 실행방식은 각각 다르더라도 언약의 본질은 그리스도 안에서 동일하였음을 깨달을 수 있는 것입니다.

337) 믿음입니다.

338) "그리스도"

Chapter 8 – 중보이신 그리스도에 관하여

339) 하나님의 말씀을 인간에게 전하는 중계(中繼)자로서(신 5:5,27), 하나님의 말씀만을 우리에게 전하시는 것이 아니라 우리의 사정을 하나님께고(告)하므로 (갈3:20) 결과적으로 하나님과 화목케 하는 역할입니다.

340) "흠없고 점 없는 어린 양"입니다. 이는 곧 구속을 수행하시는 중보자의 정결함을 나타냅니다. 또한 이 점은 중보자로서의 그리스도의 필연성을 유발합니다. 즉, 아담 안에서 누구도 흠 없고 점 없는 어린 양이 될 수 없는 타락하고 부패한 존재인 것이 인간이기 때문에, 필연적으로 그러한 역할을 수행할 그리스도가 필요한 것입니다.

341) "창세 전부터 미리 알리신 바 된 자"라고 하였으니, 창세 전부터 중보로 정해졌음을 시사합니다. 그러므로 중보자에 대한 이해는 시간의 순서에 따른 논리 가운데서 이해될 수 있는 성질의 것이 아니라, 전적으로 성경계시를 바탕으로 하는 논리 가운데서 이해해야하는 성질입니다.

342) "사람이신 그리스도 예수"라 하였습니다. 그리고 그러한 중보는 하나님이 한 분이신 것과 같이 한 분이시라고도 했습니다.

343) 예수 그리스도이십니다.

344) "아들과 또 아들의 소원대로 계시를 받는 자 외에는 아버지를 아는 자가 없느니라"고 하였으니, 그는 중보인 선지자로서 모든 계시의 원천이심을 말하고 있습니다. 즉, 모든 계시가 그를 예표하고 증거하며, 그를 통해 모든 계시가 전해지고, 그를 통하여 하나님을 알 수 있는 것입니다.

345) "큰 대제사장"으로 소개하고 있습니다.

346) 그리스도.

347) "왕이 되어 지혜롭게 행사하며 세상에서 공평과 정의를 행할 것"이라 하였습니다.

348) 영원한 왕.

349) "자기를 비어 종의 형체를 가져 사람들과 같이 되"시며, "자기를 낮추시고 (십자가에서) 죽기까지 복종하"심에 대한 상으로 "하나님이 그를 지극히 높"히셨습니다.

350) 교회의 머리.

351) 만유의 후사.

352) "천하를 공의로 심판". 곧 세상의 심판주로서의 그리스도이십니다.

353) "사람이신 그리스도 예수라"고 하였습니다.

354) 분노와 동정과 슬픔을 느끼는 인간으로서의 예수 그리스도의 모습을 보여주고 있습니다.

355) 예수께서 인간이 되심으로 인간인 우리들의 연약함에 참여하셨고 우리가 겪는 시험(인간으로서의 연약함과 유혹의 시험)을 받으셨으며, 그러므로 우리의 연약함을 모두 아십니다. 제사장은 하나님과 사람 사이의 중보적 역할을 수행하지만 사람 가운데서 세워졌습니다. 그러므로 예수께서도 우리의 중보를 위해 사람으로 오신 것입니다.

356) 우리와 같은 죄(원죄와 자범죄 모두)는 없으십니다.

357) "그에게서 아무 죄도 찾지 못한 것을"말합니다. 특별히 이방인 빌라도의 입을 통하여 예수 그리스도의 죄 없으심을 "알게 하려 함"은 참으로 의미심장한 역설이라 할 것입니다.

358) "거룩하고 악이 없고 더러움이 없고 죄인에게서 떠나 계시고 하늘보다 높이 되신 자"이십니다. 27절에 언급하듯이 제사장에게 요구되는 것은 죄를 속하는 것인데, 죄가 없으신 예수 그리스도야말로 영원한 대제사장으로서

합당한 분이심을 알 수 있습니다.

359) "그는 참 하나님이시오 영생"이십니다.

360) 하나님. 교회의 머리이시며 교회를 사시려고 피를 흘리신 분은 예수 그리스도이신데 본문은 그를 하나님으로 언급하는 것입니다.

361) "하늘에서 내려온 자, 하늘에 올라간 자" 즉, 하나님이시며 "인자(人子)" 즉 사람으로 말합니다.

362) "아브라함이 나기 전부터" 곧 영원 전부터 계셨습니다.

363) 종의 형체.

364) 사람의 모양.

365) 다윗의 혈통.

366) 하나님의 아들.

367) 육체로. 즉, 신성이 육체 가운데서 인성으로 거하시는 것입니다.

368) 하나님도 아니요 사람도 아닌 존재가 되며, 그러므로 그런 존재는 하나님 편에도 사람 편에도 속하지 않는 전혀 별개의 존재로서 중보도 아니요, 존재할 수도 없는 것입니다. 왜냐하면 하나님이 신성을 창조하실 수는 없고, 인간이 신성을 창조하는 것은 더더욱 불가능한 일이며, 인간이 아니기에 인간의 문제를 알 수도 없고, 하나님이 아니기에 하나님께 직

접 나아갈 수조차 없으므로 중보로서의 그리스도사역도 성립할 수 없는 것입니다. 이러한 예수 그리스도의 독특함은 인간의 이성으로 설명되지 못하므로 받을 수가 없고, 오직 하나님의 계시(성경) 안에서만 받을 수 있는 것입니다.

369) "하나님이 성령을 한량없이 주심"입니다.

370) "내가 스스로 아무것도 하지 아니하고 오직 아버지께서 가르치신 대로 이런 것을 말하는 줄로 알리라"고 하셨으니, 중보와 직책에 있어서도 성부 하나님으로 말미암아 수행하시는 것입니다.

371) "그 안에는 지혜와 지식의 모든 보화가 감추어 있느니라"고 하였습니다.

372) 성부에게서. "스스로 영광을 취하심이 아니요 오직 말씀하신 이가 저더러 이르시되 너는 내 아들이니……네가 영원히 멜기세덱의 반차를 좇는 제사장이라"한 구절에서 알 수 있습니다.

373) "나를 보내신 이" 로 말미암아 수행한다는 것입니다.

374) "이를 내게서 빼앗는 자가 있는 것이 아니라, 내가 스스로 버리노라"고 하셨습니다.

375) "우리를 위하여 자신을 버리사 향기로운 제물과 생축으로 하나님께 드리셨"다 하였습니다.

376) "본래 하나님을 본 사람이 없으되……독생하신 하나님이 나타내셨느니라"고 하였습니다. 영(靈)이신 하나님은 볼 수 없는 존재이신데, 예수 그리스도께서 자신을 낮추사 인간성을 취하시므로 하나님이시지만 사람의 모습으로 보여지신 것입니다.

377) "태초부터 있는 생명의 말씀" 곧 하나님의 이 위격이신 그리스도께서 자신을 낮추시어 사람으로 오심으로 말미암아 이제 "들은 바요 눈으로 본 바요 주목하고 우리 손으로 만진 바"되었다고 하였습니다.

378) 부활하심입니다. 죽음이 가장 낮아진 것이라면, 부활은 이를 극복한 높아지심의 첫 시작입니다.

379) 승천하심은 자기 백성들의 선구자로서 중보의 일을 완수하기 위함임을 말해줍니다.

380) 하나님의 우편은 중보가 직책상 최고의 영광과 행복과 그리고 모든 이름을 다스리는 최고 지배자의 자리로 높여졌다는 것을 알립니다.

381) 심판하러

382) "자기를 낮추시고 죽기까지 복종하셨"다 하였습니다.

383) "영원하신 성령으로 말미암아 흠 없는 자기를 하나님께 드린"만큼 그러한 그리스도의 희생이 "양심으로 죽은 행실에서 깨끗하게 하고 살아 계신 하나님을 섬기게" 하기에 전혀 부족하지 않음을 말하였습니다.

384) 그리스도

385) 택하셨기
※ 택하심이란, 그 대상이 '모두'는 아니라는 사실을 기본적으로 내포한 용어입니다.

386) "율법의 저주에서 우리를 속량"하신 것입니다.

387) "흠없고 점 없는 어린 양 같은 그리스도의 보배로운 피"로 구속한 것이기 때문입니다. 그런데 18절은 "은이나 금같이 없어질 것"을 언급하여 그와는 다르게 가장 엄밀하면서도 완전한 그리스도의 구속을 말하고 있음에 유의하기 바랍니다.

388) "그의 피로 우리 죄에서 우리를 해방"하심이 필요합니다.

389) "무서워하는 종의 영을 받지 아니하였고 양자의 영을 받았"기 때문입니다. 이처럼 죄 사함은 하나님의 진노에 대한 화해로 이어집니다.

390) 후사

391) "창세 이후로"의 모든 사람들 입니다. 본문은 반대로 녹명되지 못한 자들을 언급하지만, 그러한 언급은 녹명된 자들에게도 마찬가지로 적용되기 때문입니다.

392) "예수 그리스도는 어제나 오늘이나 영원토록 동일"하시기 때문입니다. 삼위일체 하나님의 불변하시는 속성은 그의 작정과 섭리에 그대로 반영되며, 영원 전에 계획하신 목적들도 모두 성취되는 것은 그 같은 하나님의 불변성과 주권성에 근거하는 것입니다.

393) 그리스도의 신성. 때문에 13절은 옛 제사제도 가운데서의 육체의 정결을 다루어서 14절의 "영원하신 성령으로 말미암아 흠 없는 자기를 하나님께 드린 그리스도"와 대비를 이루게 합니다.

394) 육체

395) 영

396) '예수 그리스도'입니다. 분명 피를 흘린 것은 그리스도이시지만, 삼위(三位)의 하나님을 분리됨이 없이 일체(一體)적으로 호칭하여 "하나님이자기 피로 사신 교회"라고 한 것입니다.

397) 인자(人子)이신 그리스도. 하늘에서 내려 오셨다는 표현은 분명 그리스도의 신성에 적합한 말이지만, 여기서도 그리스도의 호칭은 신성과 인성이 분리되지 않

고 통일되게 사용되고 있습니다.

398) "내게 주신 자 중에 내가 하나도 잃어버리지 아니하고"라 하였으니 그리스도에게 속하도록 하나님의 택함을 입은 자들(전 인류가 아니라 오직 택함을 입은 모든 인류)은 전혀 예외 없이 구속함을 입으리라는 말씀입니다. 여기서 구속은 우리의 믿음이나 기타 어떤 것들에 의해서가 아니라 "보내신 이의 뜻"과 그리스도의 뜻에 의해서 확실하고도 유효하게 전달되고 적용되는 것입니다.

399) 하나님 우편에 계시어 "우리를 위하여 간구"하시기 때문입니다. ※ 참고로 우리를 위한 간구는 성령님에 의해서도 이루어지는데(26~27절) 성도들의 가까이는 성령께서 말할 수 없는 탄식으로 우리를 위하여 친히 간구하시며, 하나님 우편에서는 예수 그리스도께서 우리를 위하여 간구하시므로 양심이나 율법이나 사단이 우리를 송사하지도 정죄하지도 못하는 것입니다.

400) "그가 모든 지혜와 총명으로 우리에게 넘치게 하사 그 뜻의 비밀을 우리에게 알리"신 것입니다. 여기서 "비밀"이란 그리스도의 복음("그 기쁘심을 따라 그리스도 안에서 때가 찬 경륜을 위하여 예정하신 것")을 가리키며, 비밀처럼 감춰어진 복음이 예수 그리스도로 말미암아 온 세상에 알려졌으며, 그렇게 알려졌어도 성령을 받은 자 외에는 그 나타난 복음을 깨닫지 못합니다(롬16:25~26). 간단히 말하자면 "그 뜻의 비밀" 즉, 성경에 담긴 복음의 비밀(예정하신 것)을 예수 그리스도께서 알리신다는 말입니다.

401) '성경'입니다. 6,8,12절을 함께 살펴보면 아버지께서는 그리스도께 말씀들을 주셨고(8절), 그리스도께서는 주신 말씀들을 우리에게 주셨으며 우리는 그것을 통하여 예수께서 아버지께로부터 오신 그리스도인 줄 믿었고(8절), 이제는 우리가 아버지의 말씀을 지키어(6절) 우리로 보전케 되었으니, 아버지께서 그를 보내사 저희를 보전하고 지키시는 그 모든 것이 아버지의 말씀 즉, 성경을 응하게(9절) 함인 것입니다.

402) "길이요 진리요 생명"이라 하셨습니다. 그러므로 믿음에 관한 모든 이해와 굳건함이 예수 그리스도로 말미암아 얻어지는 것입니다.

403) "믿음의 주요 또 온전케 하시는 이"라 하였습니다. 역시 믿음에 관한 모든 것이 그리스도로 말

미암습니다.

404) '성령'이십니다.

405) "하나님의 말씀"인 '성경'입니다. 26절 본문에서 "내가 너희에게 말한 모든 것"을 생각나게 하시고 그 뜻을 가르치신 성령으로 말미암아 성경으로 기록된 것입니다. 그러므로 성령께서는 세상에 그 말씀(성경)을 생각나게 하시고, 성경의 모든 것들을 가르치시는 분이십니다(요 14:22,23; 요일 2:27 참조).

406) '예수 그리스도'이십니다. 고전15:20~24절 참조

407) 자유롭게 나누며 토론해 보시기 바랍니다.

Chapter 9 - 자유의지

408) "선악을 알게 하는 나무의 열매는 먹지 말라"고 하셨고 만일에 그것을 먹는다면 진정 죽으리라고 말씀하신 것에서 알 수 있는바, 인간은 하나님의 명령에 순종할 수도, 불순종할 수도 있는 자유로운 의지를 지니고 있었음을 알 수 있습니다.

409) "사람의 마음이 계획하는 바가 어려서부터 악함이라"고 했습니다.

410) 아담에게 있습니다. 왜냐하면 아담이 그렇게 범죄한 것은 선악 간 어떤 강요에 의해서거나 필연적인 인과관계로 말미암은 것이 아니기 때문입니다. 아담은 자발적으로 죄를 범했습니다.

411) 죽을 수 있는 상태입니다. 하나님께서는 아담에게 "네가 먹는 날에는 반드시 죽으리라"고 말씀하셨습니다.

412) 실제로 죽었습니다. 창5:5절에서 아담은 "구백삼십 세를 살고 죽었더라"고 했습니다.

413) 자기들이 벗은 줄을 알고, 하나님의 낯을 피하여 동산 나무 사이에 숨었으며, 잘못에 대한 책임을 남에게 전가했습니다.

414) 사람의 죄악이 세상에 가득하며 마음으로 생각하는 모든 계획이 항상 악할 뿐이었다고 하셨습니다.

415) 그들 마음(헬라어에서는 지식)에 하나님 두기를 싫어하여 수많은 합당하지 못한 일들을 행합니다.

416) "내 아버지께서 오게 하여주지 아니하시면 누구든지 내게 올 수 없다"고 하셨는데, "누구든지 올 수 없다"는 것은 아무도 올 수 없다는 말입니다.

417) 하나님의 주권 안에서의 선택

의 문제를 언급하고 있습니다. 더욱이 18절에서는 더욱 "하나님께서 하고자 하시는 자를 긍휼히 여기시고 하고자 하시는 자를 완악하게 하시느니라"고 했습니다. 구원과 관련해서 철저히 하나님의 주권 가운데서 설명하고 있는 것입니다.

418) "죄의 종"이라 했습니다. 주님이 "자유롭게 하리라(32절)"고 말씀하시자 육신적으로 자유로움을 누리고 있다고 생각하던 당시의 유대인들은 자신들이 남의 종이 된 적이 없는데 "어찌하여 우리가 자유롭게 되리라 하느냐(33절)"고 했고, 주님께서는 그들을 "죄의 종"이라고 말씀하시어 죄의 자연적 속박과 노예상태에 그들이 있음을 지적하신 것입니다.

419) "죄의 종"이라 했습니다. 과연 사람의 자연적인 상태를 보면 죄의 속박 가운데 있는 죄의 종이라는 사실을 깨달을 수 있습니다. 아담이 범한 원죄는 하나님의 금지명령에 순종하기보다 스스로의 의지와 판단에 따르는 형태의 죄악이었는데, 이후로 사람들은 무언가 결정을 내리는 매 순간마다 하나님께 순종하는 것이 아니라 자신에게 최선이 되며 기쁨이 되는 것을 택한다는 점에서 근본적인 죄의 노예상태에 있습니다.

420) "죄의 종이 되었을 때에는 의에 대하여 자유로웠"다고 했습니다.

421) "그가 우리를 흑암의 권세(죄의 속박)에서 건져내사 그의 사랑의 아들의 나라로 옮기셨"다고 했습니다.

422) "너희(흑암의 권세에서 건져낸 바 된 성도들) 안에서 행하시는 이는 하나님이시니 자기의 기쁘신 뜻을 위하여 너희에게 소원(의지하고)을 두고 행하게 하신다"고 했습니다.

423) "선을 행하기 원하는 나에게 악이 함께 있"다고 말합니다. 또한 15절에서는 "내가 원하는 것은 행하지 아니하고 도리어 미워하는 것을 행함이라"고 했으니, 사도바울조차도 이처럼 전혀 죄를 짓지 않는 상태가 아니라 여전히 원하지 않는 죄를 지으며 사는 상태 가운데서 이르기를 "오호라 나는 곤고한 사람이로다"라고 고백했던 것입니다.

424) 육체의 소욕과 성령이 서로 대적하는 상태 가운데 있습니다. 그리하여 성령을 따라 행하면 육체의 소욕을 거스르지만, 육체의 소욕이 또한 성령을 대적해 성령을 따라 원하는 것을 하지 못하도록

하는 이중적인 상황 가운데 있는 것입니다.

425) "온전한 사람을 이루어 그리스도의 장성한 분량이 충만한 데까지 이르리니"라고 했습니다. 즉, 우리가 앞으로 이르게 될 상태는 아담의 상태와 같은 것이 아니라 "그리스도의 장성한 분량이 충만한 데까지 이르"게 될 것을 말합니다.

426) "그가 나타나시면"이라고 했으니, 마지막 때에 그리스도께서 참모습으로 나타나실 때에 우리들도 그와 같이 참모습에 이르게 될 것입니다.

427) "그에게는 죄가 없느니라"고 했습니다.

Chapter 10 – 효과적인 부르심

428) "하나님이 처음부터 너희를 택하사 성령의 거룩하게 하심과 진리를 믿음으로 구원을 받게 하심"에 대해 감사함을 말하고 있습니다.

429) "성령의 거룩하게 하심과 진리를 믿음으로 구원을 받게 하심"입니다.

430) "우리의 복음으로 너희를 부르사"라고 했습니다.

431) "율법이 육신으로 말미암아 연약하여 할 수 없는 그것을 하나님은 하시나니"라는 구절을 통해, 우리는 육신으로 말미암는 연약으로 구원을 택하지 못하기 때문에 구원은 우리의 선택의 여부에 달린 것이 아니라는 사실을 알게 되며, 그러한 무능력 가운데 있는 우리가 하나님의 택하심에 의해 구원에로 부르심을 받는 만큼, 그러한 하나님의 은혜의 구원은 우리의 능력이 아니라 전적인 하나님의 능력에 의한 것임을 알 수 있습니다.

432) "아버지께서 이끌지 아니하시면"이라고 했으니, 하나님 아버지께서 우리를 그리스도께로 이끄신다는 것입니다.

433) "우리의 행위대로 하신이 아니요 오직 자기의 뜻과 영원 전부터 그리스도 예수 안에서 우리에게 주신 은혜대로 하심이라"고 했습니다.

434) "죽은 자들"입니다. 죽은 자라는 것은 육적으로나 영적으로 죽은 것을 말함과 아울러서 죽은 자와 같이 하나님의 아들의 음성을 들을 수 있는 능력이 전적으로 그들에게 없음을 말합니다. 하나님께서 죽은 심령을 생명에로 이끄심으로 비로소 우리들은 하나님의 아들의 음성을 듣고, 그 부르

심을 향해 살아나기도 하는 것입니다. 이렇듯 하나님의 효과적 부르심에 대해 인간은 전적으로 수동적입니다.

435) "어린 아이들"입니다. 예수 그리스도께서는 모인 무리들에게 항상 말씀을 가르치셨는데, 어린 아기를 품에 안고 오는 사람들에 대해 예수님의 제자들이 나무라며 꾸짖자(아마도 예수님의 가르침을 듣고자 수많은 사람들이 모여드는 상황에서 어린 아기까지 안고 오는 것이 들음에 방해가 될 것이라고 제자들은 생각했을 것입니다) 예수님께서는 하나님의 나라가 이런 어린 아기의 것이라고 하셨습니다. 즉, 하나님의 나라는 들음이 불가능할 것 같은 어린 아기에게도 얼마든지 허락된 나라인 것입니다. 왜냐하면 그 나라가 허락되는 것은 우리의 공로가 아니라 하나님의 택하심으로 되는 것이기 때문입니다.

436) "이 약속(성령의 선물)은 너희와 너희 자녀와 모든 먼 데 사람 곧 우리 하나님이 얼마든지 부르시는 자들에게 하신 것이라"고 했습니다. 스스로 생각하기에 예수님과 원수 된 자들, 베드로의 설교를 듣고 이해할 만한 나이가 아닌 어린 자녀들, 먼데 있어서 눈앞에서는 복음을 들을 수도 없고 반응할 수도 없는 먼 데 사람이라도 하나님께서는 얼마든지 부르시어 약속하신 성령의 선물을 주실 수 있다고 말합니다.

437) "바람이 임의로 불매 네가 그 소리는 들어도 어디서 와서 어디로 가는지 알지 못하나니"라는 말씀에서 알 수 있듯이 거듭나게 하시는 성령의 역사는 그가 기뻐하시는 방법으로 일어납니다.

438) 아닙니다.

439) 제3절은 분명 "모든"이라는 말을 사용하지만, 동시에 그 모든 이라는 단어는 "택함을 입은"이라는 문장에 의해 한정되기 때문입니다. 즉 제3절의 문장은 "모든 택함을 입은 사람들"이라고 말하고 있는 것입니다.

440) "예수 그리스도의 이름"이라고 했는바, 오직 중보자 예수 그리스도의 이름으로서만 구원에 이르게 됩니다.

441) 지각 능력이나 사고 능력이 부족한 사람들. 즉 지적 장애인이나 치매환자 등입니다.

442) 아닙니다. 이들도 모두 택자, 곧 그리스도 안에서 구원에 이르도록 택함을 입은 사람만 그처럼 구원에 이르게 되는 것입니다.

443) "우리에게 지각을 주사 우리로

참된 자를 알게"하시는 분은 오직 예수 그리스도십니다.

444) "청함을 받은 자는 많되 택함을 입은 자는 적으니라"고 하셨습니다.

445) "너희가 나를 찾은 것은 표적을 본 까닭이 아니요 떡을 먹고 배부른 까닭"이라고 했습니다. 이처럼 겉으로는 예수를 따르고 찾는 가운데 있어도 그 마음에는 구원을 얻기 위함이 아니라 당장의 삶에 필요한 양식을 얻기 위함일 뿐인 자들도 있었던 것입니다. 예수님께서 이 땅에 육신을 입고 계실 때조차 말입니다.

446) "주의 이름으로 선지자 노릇하며 주의 이름으로 귀신을 쫓아 내며 주의 이름으로 많은 권능을 행"했음에도 불구하고 주님께서 도무지 알지 못한다 하시는 자들도 있을 것을 말씀하셨습니다.

447) "그리스도 밖에 있었"다고 했습니다.

448) "다른 이로써는 구원을 받을 수 없나니 천하 사람 중에 구원을 받을 만한 다른 이름을 우리에게 주신 일이 없음이라"고 했습니다.

449) 아닙니다. 그리스도의 복음 외에 다른 복음은 없다고 했습니다.

450) "누구든지 주를 사랑하지 아니하면 저주를 받을지어다"라고 했습니다.

Chapter 11 – 칭의에 관하여

451) 은혜로 값없이 의롭다 하심을 얻었다고 했습니다.

452) 미리 정하여 부르신 자들(효과적으로 부르신 자들)입니다.

453) 로마 가톨릭이 있습니다. 가톨릭에서는 죄의 용서와 함께 은혜의 주입(注入)을 주장합니다. 로마 가톨릭도 우리가 타락하여 온전히 선을 행할만한 능력이 없다는 것을 인정하지만, 세례 시에 그리스도의 의가 주입되므로 그러한 은혜의 주입이 이뤄지는 세례를 필수적이라고 말합니다.

454) "일한 것이 없이 하나님께 의로 여기심을 받는 사람"이라고 했습니다.즉, 우리를 의롭다 칭하신 것은 우리의 어떤 일(공로)로 말미암지 않고 오직 예수 그리스도로 말미암아 의로 여기심을 받는 것입니다. 만일 우리에데 조금이라도 의로 여기심에 기여하는 바가 있었다면, 그것은 삯이지 은혜가 아니었을 것입니다(롬4:4절 참조).

455) 법정적 개념의 배경 가운데서 언급되고 있습니다. "그 죄를 인정하지 아니하실 사람"이라는 표

현에서 볼 수 있듯이 의롭다하심(칭의)은 하나님께서 심판자로서(요3:18절 참조) 하시는 법정적 용어의 개념입니다.

456) 아닙니다. 우리를 의롭게 하는 것은 그리스도께서 이 땅의 생애를 통해 성취하신 의를 하나님이 우리에게 속한 것으로 여기시기 때문입니다.

457) "그리스도는 모든 믿는 자에게 의를 이루기 위하여 율법의 마침이 되시니라"고 했습니다.

458) "믿음으로 하나님께로부터 난 의"라고 했습니다.

459) "하나님이 죄를 알지도 못하신 이를 우리를 대신하여 죄로 삼으신 것은 우리로 하여금 그 안에서 하나님의 의가 되게 하려 하심이라"고 했습니다.

460) "주 예수를 믿으라"했습니다.

461) "율법의 행위로 말미암음이 아니요 오직 예수 그리스도를 믿음으로 말미암는 줄" 안다고 했습니다. 여기서 "율법의 행위"라는 말은 단순히 율법을 행하는 것만이 아니라, 모든 행위들을 대표해서 말하는 것입니다. 그러므로 의는 그 어떤 우리의 행위가 아니라, 오직 그리스도를 믿는 믿음을 도구로 해서만 전가되는 것입니다.

462) 약2:24절은 "사람이 행함으로 의롭다 하심을 받고 믿음으로만은 아니라"했습니다. 또한 갈5:4-6절 말씀은 "율법(행함) 안에서 의롭다 함을 얻으려 하는 너희는 그리스도에게서 끊어"질 것이지만, "그리스도 예수 안에서는… 사랑으로써 역사하는 믿음뿐이니라"고 했습니다. 얼핏 두 구절은 서로 모순되는 주장을 하는 것처럼 보입니다. 그러나 약2:24절은 믿음에는 반드시 행함이 수반되기 마련임을 말하고 있으며, 그래서 행함을 수반하지 않는 믿음(19절 수준의 믿음)을 죽은 것이라 말합니다. 또한 갈5:6절은 믿음에 역사하는 사랑을 언급하고 있습니다. 그러므로 이러한 구절들은 서로 모순되는 것이 아니라, 믿음에는 반드시 사랑과 행함이 수반되기 마련이라는 점을 말하고 있는 것입니다.

463) "그에게 상함을 받게 하시기를 원하사 질고를 당하게" 하셨습니다. 그리스도를 향한 하나님의 계획은 영광이 아니었습니다.

464) "그는 멸시를 받아 사람들에게 버림받았고 간고를 많이 겪었으며… 마치 사람들이 그에게서 얼굴을 가리는 것같이 멸시를 당하였고 우리도 그를 귀히 여기지 아니하였도다"했습니다. 그의 영

혼을 속건제물로 드림은 수욕(受辱)가운데서 드려짐이었습니다.

465) "그가 곤욕을 당하여 괴로울 때에도 그의 입을 열지 아니하였음이여 마치 도수장으로 끌려가는 어린 양과 털 깎는 자 앞에서 잠잠한 양같이 그의 입을 열지 아니하였도다" 했습니다. 그의 죽음은 완전한 순종의 모습이었던 것입니다.

466) "그가 거룩하게 된 자들을 한 번의 제사로 영원히 온전하게 하셨느니라"했습니다. 유대의 대속죄일은 매년마다 드려지는 것이었지만, 예수 그리스도의 대속은 영원한 것입니다.

467) "허물로 죽은 우리를… 살리셨고… 함께 일으키사 그리스도 예수 안에서 함께 하늘에 앉히시니… 그 은혜의 지극히 풍성함을 오는 여러 세대에 나타내려 하심이라"고 했습니다.

468) 아브라함까지 소급되고 있습니다. 이는 아브라함에 국한하는 것이 아니라 믿음의 조상이라고 칭하는 아브라함을 대표로 이방인들을 포함하는 모든 믿음의 백성들에 대한 복과 약속이 예수 그리스도의 대속 안에서 적용되는 것을 나타내주고 있습니다(롬 4:22-24 참조).

469) "예수 그리스도는 어제나 오늘이나 영원토록 동일하시니라"고 했습니다. 즉, 예수 그리스도께서는 태초(太初)를 포함한 모든 구약의 시대에 나 신약의 시대에나, 그리고 우리들의 시대에나 항상 동일하신 구속자 이신 분이시라는 것입니다. 그러므로 신자들을 하나님께서 의롭다 하시는 것은 언제든지 예수 그리스도의 구속을 바탕으로 적용된 것입니다.

470) 믿음(예수 그리스도의 구속을 믿는)으로 말미암아 의롭다 하심을 얻는 우리의 믿음은 먼저 아브라함에게 복음으로 전해진 것으로서, 영원 전부터 하나님 안에서 알려진 것입니다. 이처럼 믿음에 의한 칭의·구원은 영원 전부터 하나님 안에서 작정된 것입니다.

471) "미리 정하신 그들을 또한 부르시고 부르신 그들을 또한 의롭다 하시고 의롭다 하신 그들을 또한 영화롭게 하셨"다 했습니다. 이처럼 칭의를 비롯한 모든 구원의 서정이 다 하나님 안에서 미리(영원 전부터) 작정된 것입니다.

472) "악한 행실로 멀리 떠나 마음으로 원수가 되었던 너희"라 했습니다. 이렇듯, 긴 인류의 역사 가운데서나 짧은 인생 가운데서나 칭의가 실제로 적용되기 전의 상

태가 있는 것입니다.

473) "우리를 구원하시되 우리가 행한 바 의로운 행위로 말미암지 아니하고 오직 그의 긍휼하심을 따라 중생의 씻음과 성령의 새롭게 하심으로 하셨"다고 했습니다. 새롭게(의롭게) 하심은 성령에 의한 것입니다.

474) "거룩하게 된 자들을… 영원히 온전하게"하신 제사입니다.

475) "영원히 멸망하지 아니할 것이요 또 그들을 내 손에서 빼앗을 자가 없느니라"고 하셨습니다.

476) "내가 회초리로 그들의 죄를 다스리며 채찍으로 그들의 죄악을 벌하리로다"했습니다.

477) "그러나 나의 인자함을 그에게서 다 거두지는 아니하며 나의 성실함도 폐하지 아니하며"라고 했습니다.

478) "이는 우리로 세상과 함께 정죄함을 받지 않게 하려 하심이라"고 했습니다.

Chapter 12 – 양자에 관하여

479) "하나님과 화평을 누리자"고 했습니다. 원래 우리들은 죄로 인해 하나님과 화평할 수 없는 자들이었고, 우리 스스로는 결코 의를 이룰 수 없기에 하나님과 더더욱 화평할 수 없는 자들이었으나 믿음으로 의로움을 얻고 하나님과 화평케 된 것입니다.

480) "평안을 너희에게 끼치노니 곧 나의 평안을 너희에게 주노라 내가 너희에게 주는 것은 세상이 주는 것과 같지 아니하니라 너희는 마음에 근심하지도 말고 두려워하지도 말라"고 했습니다. 양자 된 자들은 바로 이 같은 평안을 받게 됩니다.

481) "우리가 그의 소생이라"고 한 것에서 알 수 있듯이, 창조에 있어서의 아버지 되심을 말합니다.

482) "너는 네 하나님 여호와의 성민이라" 한 것에서 알 수 있듯이 선민 이스라엘입니다. 여호와께서는 이스라엘에 있어서 신정적 아버지가 되십니다.

483) "믿음으로 말미암아 그리스도 예수 안에서" 된 하나님의 아들들입니다. 즉 예수 그리스도를 믿는 그리스도인들을 일컫는 말입니다.

484) "아버지께서 내게(그리스도께) 주신 자"입니다.

485) "사나 죽으나 우리가 주의 것이로다"했습니다.

486) 그렇게 된다면 예수 그리스도의 구속의 은혜가 손상을 입을 것

이며, 궁극적으로는 '만인구원론 (universalism)'을 받아들이게 될 것입니다. 앞에서 언급한 바와 같이, 창조에 있어서의 보편적 아버지 되심은 아담만이 온전하게 지니고 있던 것으로서 양자로 인한 아들 됨과 같은 보증은 갖지 못했던 것입니다. 한마디로 양자로서의 아들 됨은 창조에 있어서의 아버지 되심보다 훨씬 온전하며 큰 은혜인 것입니다.